U0451179

陕西师范大学优秀学术著作出版资助

跨语言文化研究

Cross-Linguistic & Cross-Cultural Studies

第十八辑

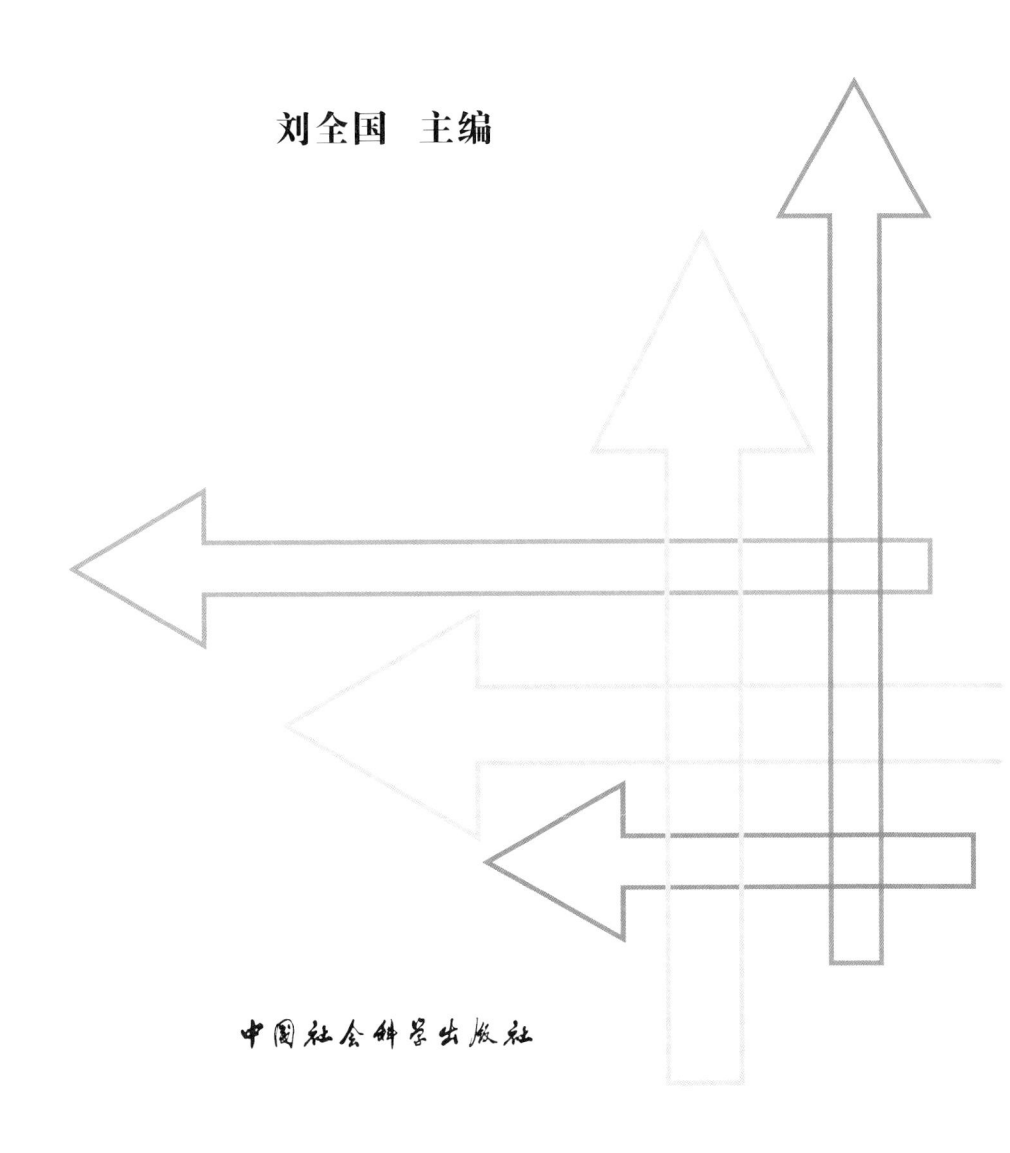

刘全国 主编

中国社会科学出版社

图书在版编目(CIP)数据

跨语言文化研究. 第 18 辑 / 刘全国主编. —北京：中国社会科学出版社，2023.6

ISBN 978-7-5227-2649-6

Ⅰ.①跨… Ⅱ.①刘… Ⅲ.①语言学—研究②世界文学—文学研究 Ⅳ.①H0②I106

中国国家版本馆 CIP 数据核字(2023)第 189414 号

出 版 人	赵剑英
责任编辑	宫京蕾　周怡冰
责任校对	李　锦
责任印制	郝美娜

出　　版	中国社会科学出版社
社　　址	北京鼓楼西大街甲 158 号
邮　　编	100720
网　　址	http://www.csspw.cn
发 行 部	010-84083685
门 市 部	010-84029450
经　　销	新华书店及其他书店

印刷装订	北京君升印刷有限公司
版　　次	2023 年 6 月第 1 版
印　　次	2023 年 6 月第 1 次印刷

开　　本	710×1000　1/16
印　　张	17
插　　页	2
字　　数	288 千字
定　　价	98.00 元

凡购买中国社会科学出版社图书，如有质量问题请与本社营销中心联系调换
电话：010-84083683
版权所有　侵权必究

主　编：刘全国
副主编：曹　婷

编委会成员：（按姓氏拼音排序）
　　Bob Adamson　　宁波诺丁汉大学
　　Lawrence Jun Zhang　　新西兰奥克兰大学
　　曹　婷　陕西师范大学
　　李雪涛　北京外国语大学
　　李　艳　陕西师范大学
　　梁茂成　北京航空航天大学
　　刘全国　陕西师范大学外语教育研究中心
　　罗　林　北京语言大学
　　罗良功　华中师范大学
　　苗兴伟　北京师范大学
　　孟　霞　陕西师范大学俄语中心
　　潘　钧　北京大学
　　彭青龙　上海交通大学
　　冉永平　广东外语外贸大学
　　邵　璐　中山大学
　　孙　坚　陕西师范大学外国语学院
　　王和平　西安外国语大学
　　王启龙　陕西师范大学国外藏学研究中心
　　许　钧　浙江大学
　　杨金才　南京大学
　　张建华　北京外国语大学
　　张　韧　陕西师范大学语言与认知研究所

目　录

特约论文

历史语言学研究专栏
主持人：李　艳

什么是历史比较法的构拟与汉语音节内的声韵互动理论
　——回忆李方桂先生对我的教诲 ················ 冯　蒸（5）
七日一周制的起源和传播 ·························· 李葆嘉（98）
论湖北竹山话的语音演变 ·························· 李　艳（133）

文学与文化

浅谈《洪堡的礼物》中犹太文化传承 ················ 吴　晶（155）
英国早期叙事文学发展演变探析 ···················· 李　莉（169）
《雨王亨德森》中的死亡叙事艺术 ·················· 张晓霞（179）

文化与教学

越界性与文化身份：
大航海文学中的边界突破 ·························· 乔　溪（191）
康熙与路易十四
　——从施政到科学态度之比较 ···················· 王燕红（203）

浅析民族高校英语教学中中华民族共同体意识的实践途径
.... 马 莹 孙 坚（215）

语言与教学

混合学习在国内英语课堂中的研究现状及趋势
——基于2005—2021年中国知网文献的可视化分析
.... 高 芬 胡际兰（227）
折中型师生双主体"日本概况"课教学模式的探索及实践
.... 乐燕子（243）
中国学习者英语一般疑问句语调的音系表征和语音实现
.... 刘 丹（254）

特约论文

历史语言学研究专栏

主持人：李 艳

历史语言学研究迄今已有二百多年，取得了丰硕的成果。19世纪是历史语言学的天下，出现了大批知名学者和许多经典理论。这些学者在语音研究、词源挖掘、语言演化方面不断推陈出新，并在方法论上不断改革，影响着一代又一代的学者。现如今，依然有很多学者孜孜以求，在历史语言学领域继续深耕细作，取得了不俗的成绩，他们的研究视角触及语言或方言的各个方面，并对已有的方法论提出了自己的新想法、新观点。本刊特约历史语言学领域在某方向有专精研究的部分专家、学者，试就相关领域的问题进行探讨，以期引导、推进中国历史语言学的未来发展。除本人外本期还特别邀请了冯蒸教授、李葆嘉教授撰写相关历史语言学专栏文章。

冯蒸教授从新的视角讨论了古音构拟的问题。他认同李方桂的观点，认为，汉语的中古音构拟并非真正的构拟，它只是在已知音类的基础上加上音值，顶多叫作"准构拟"。而上古音的构拟，才真正是历史语言学意义上所说的历史比较法的构拟。作者还讨论了其他问题，如根据谐声和通假等证据，把匣母一分为二，匣1并入群母，匣2并入云母，解决了声韵配合不均衡的问题。音变方式除合并与分化外还有一种直线式音变，这种"直承式"音变就是零变化。

李葆嘉教授基于世界各地史料，追溯七日一周制的起源和传播，尤其是传入中国的过程及其变化。从苏美尔基于月相—潮汐的七日一周，经犹太教创世纪七日，巴比伦改为七曜值。再经希腊传罗马、传日耳曼等国度。七曜值在唐代传入中国。明末多明我会士用漳州话记录一周七天。晚清规范为星期制。

本人的文章借助于湖北黄冈及周边方言，以及竹山和周边方言，探讨了竹山方言声韵调最近几十年的演化情况。黄冈周边方言的舌尖后圆唇元音［ɿ］部分保留在竹山方言里，5个声调也保留下来。但是现在的竹山方言有了自己独特的语音特征，如通摄字韵母读作əŋ，精组字与知系字合流读作tʂ，等等，这些都与方言接触、移民历史有着密不可分的关系。

什么是历史比较法的构拟与
汉语音节内的声韵互动理论

——回忆李方桂先生对我的教诲

冯 蒸[①]

摘 要：历史语言学的核心内容有两点：古音构拟与历史演变。但是，目前国内业已出版的历史语言学著作与教科书，对于如何进行古音构拟，有关论述或是语焉不详，或是不确切。究其原因，一是作者对某一语言或某一支语言的历史音韵缺乏深入的探讨，更没有从事过具体的构拟工作；二是对于西方历史语言学的构拟原理与方法缺乏准确的理解。本文认为，目前讲述历史比较法构拟方法最准确、最通俗、最权威的著作恐怕只有《李方桂先生口述史》(1988) 的相关内容。这既得益于罗仁地（Randy J. LaPolla）先生对该问题的精准提问，也得益于李方桂先生针对性的明确回答，当然还有译者王启龙、邓小咏二先生的传神汉译，这才使我们准确了解了什么是历史比较法的构拟，即只有一套语音对应关系无法进行古音构拟，必须有多套语音对应关系才能够构拟出原始语的语音形式。李方桂先生1978年9月9日给冯蒸的回信更是罕见和珍贵的历史语言学文献。李先生的汉语上古音单声母构拟得出了与黄侃的古声十九组说几乎完全一致的结论，说明黄侃古音构拟法原则的正确性——黄侃的古本声研究法并非是循环论证，而是汉语古音构拟的一种内部构拟法，这一点在汉语历史音韵学的构拟理论上是一个重大创新，本文对单音节汉语音系音节内的声韵相互影响理论作了详细论述，在古音构拟的方法论上有着重要意义。

关键词：历史比较法；构拟；《李方桂先生口述史》；单音节汉语的声韵相互影响理论；李方桂先生回冯蒸信

[①] 作者简介：冯蒸（1948.12— ），男，首都师范大学中国诗歌研究中心/首都师范大学文学院教授，博士生导师。研究方向：历史语言学、汉语史、音韵学。
本文系国家社科基金重大项目（1）"中、日、韩汉语音义文献集成与汉语音义学研究"（19ZDA318）、(2) "北京方言形成的历史音韵层次研究"（17ZDA312）的阶段性成果。本文承蒙谢丰帆、胡方、周及徐、张富海、陈筱琪、黄瑞玲、龙润田诸先生指正，谨致谢意。

目录

一 音韵学的功夫不在音韵学：历史比较法的学习不可或缺
二 困惑：国内历史语言学著作多未讲明什么是构拟
三 李方桂先生《口述史》对于印欧语历史比较法构拟的重要说明：原始语构拟时必须有"成组观念"
    例1：原始印欧语元音系统构拟例
    例2：原始印欧语辅音三套舌根音构拟例
    例3：罗杰瑞原始闽语三套全浊声母构拟例
四 原始语构拟的五个补充原则
    补充原则（一）：被比较的语言应该都是该语言最古的语音形式
    补充原则（二）：音变性质二分说——在相同的条件下不能够有不同的演变，这是自然音变；如果有不同的演变，那就是接触音变
        1. 自然音变例
        2. 接触音变例
    补充原则（三）：同源词语音与语义矛盾时以何者为准？以语音为准
    补充原则（四）：规律与例外——音变规律无例外论
    补充原则（五）：历史语言学三大音变方式的数字对比表示法
五 汉语古音构拟的特殊性：李方桂认为汉语中古音构拟非历史比较法意义上的"构拟"
六 汉语上古音构拟中的谐声分析法与历史比较法的相似性、可类比性与特殊性
七 音系学视角下的"古汉语单音节音系音节内声韵互动理论"
    （甲）总论：单音节声韵关系的语音学研究与音系学研究的分野
    （乙）分论：单音节音系学范畴内的汉语"音节内声韵互动"理论
        （一）音系性质篇
            1. 共时音系与历时音系可以居于同一音系理论（［瑞士］索绪尔）
            2. 古音即在《广韵》之中论（黄侃、李方桂、邹汉勋）
        （二）音系构造篇
            3.《切韵》音系声韵配合的规律性、类型性与差异性（李荣、王显、李方桂、黄侃）
            4. 音系构造的系统性差异是进行古音构拟和考察古今音变的窗口（黄侃、李方桂、丁声树）
        （三）古音构拟篇
            5.《切韵》声韵配合法的最大功用是构拟古音（邹汉勋、李方桂、黄侃）
            6.《切韵》声韵结合法研究上古音是一种"内部构拟法"（李方

　　　　　桂、何大安、冯蒸）
　　　7. 黄侃古本韵构拟理论修正：古本韵为32部说（冯蒸、俞敏）
　　　8. 声韵配合法构拟上古音的局限性（李方桂、邵荣芬）
　　　9. 上古音构拟应该分音类构拟与音值构拟两步论（黄侃、李方桂）
　　　10. 声韵配合法构拟上古音的方法论价值：它是一种是演绎法，不是归纳法（黄侃、李方桂、何大安）
　　（四）音韵演变篇
　　　11. 音韵构造可以反映音系演变理论，与历史比较法的音韵对应反映音韵演变理论同具重要意义（李方桂、黄侃、丁声树）
　　　12. 音变条件：《切韵》音系声韵互为音变条件与逻辑学的"循环论证"无关（董同龢、王力、李方桂、黄侃）
　　　13. 条件音变：《切韵》音系的声韵配合规律可以反映上古音，声韵所发生的变化都是条件音变（李方桂、黄侃）
　　　14. 黄侃的"声韵相挟而变"论与声韵同变论（何大安、冯蒸）
　　　15. 音变的动因：声韵强弱四种类型理论与黄侃的古本声、古本韵理论（黄典诚、冯蒸、郑张尚芳）
　　（五）理论总结篇
　　　16. 汉语音节内声韵互动理论的特点：6个"互"与一个"无关"
八　李方桂先生1978年9月9日解答冯蒸提出的古音构拟法问题的重要意义（附：李方桂先生回信原件影印）
九　结论
　　附录一：李方桂先生回复冯蒸信原件（影印）
　　附录二：李方桂先生回复冯蒸信整理版
参考文献

一　音韵学的功夫不在音韵学：历史比较法的学习不可或缺

　　已故著名古文字学家唐兰先生（1901—1979）在其名著《古文字学导论》一书中有一句名言"古文字的功夫不在古文字"，著名学者李学勤先生（1933—2019）在《谈自学古文字》（《文史知识》1981年第6期第5页）一文中引用了唐兰先生的这句名言。著名古文字学家裘锡圭先生在《谈谈学习古文字的方法》（1985）也引用了这句话，并且解释说：如果想学好古文字，必须掌握古文字学之外的很多知识。"按照我的体会，在必须掌握的那些知识里,最重要的是古汉语方面的知识。古文字是记录古汉语的。如果对古汉语很不熟悉,就没有可能学好古文字。"

我在《大匠示人以规矩——从王静如先生教我音韵学看王先生的治学方法》一文中详细讲述了我向著名音韵学家王静如先生(1903—1990)学习音韵学的经过。我在该文第四节"先生论音韵学相关学科的学习"中说道:先生给我讲授音韵学,给我感受最深的,除部分传统音韵学的知识外,主要是音韵学相关学科的学习。而这些内容在一般的音韵学教科书上是找不到的,但却对音韵学学习至关重要。而这些内容也恰恰反映了王先生治学的重要特点。这些相关学科,现在归纳起来,大致有这样四门:(一)印欧语历史比较语言学;(二)普通语音学;(三)汉藏系语言比较;(四)中亚史地语文。先生给我讲授最多的是第一门。现在我把向王先生学习印欧语历史比较语言学这一门学科的经过引录如下,供同行参考:

> 前面谈到,我在阅读高本汉书和先生的有关论文时,对他们能够熟练地写出语音变化的过程和拟测古音音值的本领最为钦佩。因为遇到那些情况,他们多能够做出顺理成章的音理解释,而同样的情况如让我处理,则不知如何下手,而且不会具有他们那样的思路,便多次询问如何能学到这些知识。先生说这主要是由于他们受过印欧语历史比较语言学的训练,所以能够处理这类问题,而没有受过这门训练的人便不知所措。先生多次给我讲,三十年代历史语言研究所派他赴欧洲访学,曾从印欧语比较语言学大师法国的梅耶(A. Meillet, 1865—1936)和本温尼斯特(Emile Benveniste, 1902—1976)学习此门课程。对此先生给我介绍了两本书让我学习,一本是英文书,即 T. Hudson-Williams 的《印欧语比较文法入门》(*A Short Introduction to the Study of Comparative Grammar* [*Indo-European*], 1935),这是一本篇幅不大的小册子,不到一百页,很简明,把印欧系语言的知识作了全面而通俗的介绍。先生嘱我要仔细阅读此书,我曾把此书的主要部分抄录下来学习,并译成了汉语。六十年代初先生曾用它给研究生授课。另一本书是法国梅耶(A. Meillet)的名著《印欧系语言比较研究导论》(*Introduction à l'étude comparative des langues indo-européennes*, 1937),这是一本法文书,篇幅较大,先生说此书系统地总结了印欧语比较语

言学，把前人的著作简单化、系统化，给后人很大的方便。先生说他原准备翻译此书，后来听说此书有了新的版本而且已经有人着手翻译，便作罢。先生多次翻着此书给我讲解有关内容，讲印欧语辅音的演变，元音的演变等。梅耶此书对所拟之音在各印欧系语言中变为什么，均列表说明，阅者一目了然。如辅音部分列了清音表、浊音表、送气浊音表。我就问，为什么没列出送气清音表，先生说因为印欧语的送气清音来源复杂，所以不列表。元音部分讲了各类长短元音的演变，还有成音节的鼻流音的演变等，均很给人以启发。记得我当时曾几次问先生，印欧语的这些音变规律能否运用到汉语中呢？先生说：人类的发音器官都是一样的，发音原理也是一样的，所以语音演变有共同性，印欧语的这些音变律完全能够运用到汉语中，当然，对印欧语的音变公式不是死记硬套，是理解它的变化道理，活学活用。由于印欧语的各种古典语言如梵语、希腊语、拉丁语，中国人比较陌生，先生又特别教导我念一下外国人写的英语史著作，主要是 Wright 写的 *Old English*（《古英语》）、*Middle English*（《中世英语》）和 *Modern English*（《现代英语》）三书，指出这三本书虽然出版较早，但内容权威，对理解印欧语学很有用处。它说明某个现象和证据时都注明了出处，你一定要找那本书去，就是说，你不但要知道它的内容而且要知道他是从哪里引的。另外 Knight 写的《英语史》也可一阅。读高本汉的书也是一样，要知道高氏的理论出自哪儿，是怎么运用印欧语那套的，不能盲目跟着高氏走，要会看出问题，否则他错了你也错了。但由于条件限制，我至今也未读到这几本英语史著作。

下面我举几个先生运用印欧语音演变律解释汉语音韵的例子，以见学习这门课程的重要性和先生的治学特点。

一个例子就是先生把原始印欧语的唇化喉牙音演变理论运用到汉语的中古音和上古音研究中。原始印欧语中有一套圆唇的舌根音，写作 k^w-、g^w-、g^wh-等，王先生称作唇化喉牙音，这套音在希腊语中，有一种特异的演变，即：

原始印欧语的 k^w、g^w、g^wh>希腊语的 p、b、φ（在 a、o 前）

原始印欧语的 k^w、g^w、g^wh>希腊语的 t、d、θ（在 i、e 前）

原始印欧语的 k^w、g^w、g^wh>希腊语的 k、g、χ（在 u 前）

王先生认为这三条音变律对汉语上古声母研究有启发，因为在谐声系统中,常有k-系音(喉牙音)与p-系音(唇音)和t-系音(舌齿音)通转的情况,中国传统音韵学者对此多束手无策。先生则认为喉牙音通唇音和舌齿音,可能都是k^w->p-系和k^w->t-系所致。所以上古汉语很可能像印欧语一样有一套唇化喉牙音(王静如1941,1990)。虽然这只是一种可能的解释(冯蒸1998),但能提出此种解释,显然须受过印欧语学的训练,研究者如不知印欧语有此项音变,这类构想是不会产生的。在中古音研究中,王先生还用唇化喉牙音理论解释中古重纽现象,兹不赘述。

第二个例子就是先生运用印欧语ε和ɔ的元音分裂作用例构拟中古纯四等韵的主元音为ε,并解释纯四等韵腭介音的产生过程以及二等江韵的合口介音产生原因。先生说:

"腭化既然不可能,那么只有在主元音方面构拟。这就很容易使我们猜想,主元音分裂,比较最为合理了。单音'ε'很容易分裂为eε,再变为iε。如印欧语中,拉丁之 petrum (pεtro),俗语变为 pietro。这个理论,正可以解释纯四等由无腭介音的ε生出腭介音的情形。这个新分裂的eε要变iε的时候,对于音近的iε起了仿效作用,于是便和iε诸韵同流了。同时,印欧语中,'ɔ'分裂为eɔ:ɔi之时,单'ɔ'亦常相伴分裂为oɔ,再变为wa。这个情形恰和江韵分裂为ɔŋ>ɔcɔŋ>waŋ相当。所以假定因主元音分裂而产生腭介音,比较最为恰当不过。"(王静如1948:57—58)先生此处的解释,令人折服。

先生此处所举的印欧语元音ε和ɔ的分裂实例,我一直想找到它的原始出处,当时也曾问过先生,他只说了这在印欧语中很常见,未再细说。但此问题一直萦绕我心。最近无意中看到日本学者有坂秀世的《音韵论》(1940,增补版1968)230—233页中对此有详细的阐释,始知先生此说乃是据此而发挥,有坂的《音韵论》一书记得当年先生常置诸案头,所以更坚定了我对先生之说是源于此的判断。今把有坂此段论述译出,作为附录,放在本文之末,以供参考。

第三例是先生对我的一次考问。在一次聊天中,先生问我,你看了高本汉的《中国音韵学研究》,不知看懂了没有。现在我问你,高氏为什么把中古全浊声母拟构成浊送气音?我当时不会回答。先生说:他是根据印欧语演变的通例:浊送气音的演变,一方面可以变成今音的送气,另一方面可以变成今音的不送气,而古印欧语的不送气浊音则没有这种演变。联系到汉语，在北京话中，全浊声母平声送气，仄声不送气。北京话以外的其他方言中也有这么变的，一方面变成送气，另一方面变成不送气，与印欧语的通则很像，所以他拟成浊送气音。高氏的这种构拟还可以从中古时期的藏文译音中得到证实。

从此三例中可以看出先生印欧语知识的精深与运用的纯熟，如未受过这方面的专门训练，实难有此成绩。先生这方面的教诲对我后来研究音韵学影响极大，如我对湖南双峰方言的见系合口等字读作 t- 系声母的解释（冯蒸1991）就是运用了王先生教我的印欧语唇化喉牙音理论。后来，我又曾用印欧语的 -aṃ>-o/-u 型音变律解释上古汉语的宵谈对转（冯蒸1994），也是先生在此方面多年教诲的结果。

由此可见，我向先生学习音韵学的经过，正好可以套用唐兰先生的那句话"古文字的功夫不在古文字"，将其改为"音韵学的功夫不在音韵学"，而印欧语历史比较语言学正是汉语音韵学学习者亟应掌握的学科之一，高本汉、李方桂、王静如等先生均受过严格的印欧语历史比较语言学的训练，他们的经历和成就正好说明了这一点。

二 困惑：国内历史语言学著作多未讲明什么是构拟

我大概从1997年开始在首都师范大学文学院给研究生讲授历史语言学课程，到2018年为止，此门课共讲授了约20年。在首都师范大学文学院，历史语言学课程是一门学位课，对所有学习语言学方向的硕士研究生和博士研究生来说，这是一门必修课。根据多年的讲授经验，我个人认为，讲授这门课要求授课老师须具备正规的专业条件，至少是如下两个条件：（1）须受过正规的印欧语历史比较语言学的训练，这绝不是自己看一些参考书就可以胜任的；（2）讲授者必须懂汉语历史音韵学。而我恰恰符合这两个条件。

历史语言学主要研究什么内容？我在给外研社出版的 W. P. Lehmann 著《历史语言学导论》（2002）撰写的导读中曾经用最简洁精练的话将历史语言学的核心内容概括为四个字："构拟+演变"。当然如果多说几句的话，构拟包括历史比较法的构拟、内部构拟、类型构拟等，演变包括音韵演变、语法演变、词义演变等。如果这些内容一一展开，就是一本完整的历史语言学教科书，目前已经出版的历史语言学教科书的基本框架就是如此。当然各位作者的知识背景、理解深度和所举的例证可以不同，这里就无须一一详述了。由此可见，此中的每一项内容，讲授者除了需要对相关的印欧语知识有所具备，还需要对汉语史的相关知识尤其是汉语历史音韵学的知识有所了解，这恐怕不是短时间内能够办到的。另外，学习者可能还要学习其他一些相关学科的知识，这样理解起来就不会感到困难。

据我所知，到目前为止，国内能够开设历史语言学这门课程的大学并不多。"文化大革命"以前，大陆只有北京大学的岑麒祥先生（1903—1989）开设这门课。岑先生曾在法国跟随著名历史比较语言学大师梅耶（Antoine Meillet，1866—1936）学习过这门课程。回国后，岑先生在北大开设这门课，使用的教材主要就是岑先生翻译的梅耶的《历史语言学中的比较方法》（1957），以及后来岑先生根据讲稿整理出版的专著《历史语言学讲话》（1981）。除了北大外，尚未听说别的大学开设过这门课。

在研究单位，我明确知道开设这门课的是中国社会科学院民族研究所的王静如先生（1903—1990），王先生当时招收了两名西夏文研究生（史金波先生和白滨先生），教学大纲中明确设定有印欧语历史比较语言学一门课，由王先生亲自讲授，教材是王先生极为熟悉且十分钟爱的一本英文书《印欧语比较语法入门》（1935），作者是英国印欧语学者 T. Hudson-Williams（1873—1961），这是一本关于印欧语历史比较语言学的入门书，简明扼要地介绍了印欧语言学理论与方法以及当时的研究结论，对印欧语语音、形态和词汇的构造与演变都有论述。该书内容虽然讲述的是印欧语的构拟与音变知识，但是对原始汉藏语和上古汉语的语音、形态与词源学研究亦多有启发。我国著名的语言学家王静如、傅懋勣（1911—1988）、周达甫（1914—1989）等先生都曾研习过此书，并十分推崇。笔者曾仔细研读此书，获益匪浅。该书出版于1935年，后于1951年、1961年、1966年三次重印，后来笔者将1966年重印本译成汉语，可以说是我国第一本全面介绍印欧语学研究成果的汉译专著。为什么要学习这本书，王静如先生曾对笔者说，因为西夏语属于汉藏语系彝语支（这是当时的普遍观点，今学界多认为西夏语属于羌语支），需要进行同族系语言的比较。我曾经在先生处看过中央民族大学编写的《彝语支语言比较概况》一部讲稿，撰人未详，字数较多，20世纪60年代后期王先生曾经让我帮他抄写过一份该书稿，但是该书稿似乎后来一直未见出版。王先生说：进行西夏语与彝语支诸语言比较研究，将有助于深入研究西夏语，但研究者必须有一定的历史比较语言学的基础，尤其是印欧语历史比较语言学的基础。王先生一直用这本书给他的研究生讲授比较语言学方面的知识。

"文化大革命"以后，岑麒祥先生故去，北京大学的徐通锵教授（1931—2006）在朱德熙先生（1920—1992）的支持下，曾专门赴美国学习这门课。归国后，徐先生把国外学者讲授将历史语言学课程的主要内容加上他自己的研究心得，结合汉语实例，撰写了中文版《历史语言学》一书，1991年在商务印书馆出版。该书是在历史语言学领域出版的第一本中文版学术性专著，兼具教科书和研究性著作之长，在语言学界影响甚大。大陆学者学习历史语言学，一般都用此书，我在首师大文学院讲授历史语言学，主要也是以该书作为蓝本，同时学生也人手一册，讲授起来十分方便。徐先生故去后，该课主要由北大的王洪君教授讲授。

北大之外，中国社会科学院语言研究所研究员郑张尚芳先生（1933—2018）在复旦大学和上海师范大学也曾讲授过历史语言学专题课，特别是汉语历史音变方面的知识（如音变链理论等）。中国人民大学的刘广和先生也给研究生讲过历史语言学，教材用的是徐通锵先生的《历史语言学》。另外，曾经在浙江大学后来回到复旦大学任教的著名语言学家陈忠敏先生也一直在两校开设历史语言学课程，已发表多篇相关论文，在学界影响很大。其近著《历史比较语言学》（2022）亦已出版，兹不多述。

笔者在讲述历史语言学课程的过程中，自己有收获、有业绩，也还有困惑。首先说一下业绩方面，我翻译和撰写了如下一些论著：

1. 《历史语言学导论·导读》（*Historical Linguistics*：*An Introduction*，Winfred P. Lehmann 著，冯蒸撰写导读），外语教学与研究出版社 2002 年版，F22—F41 页。

2. 《历史语言学的原理与方法》（*Principles and Methods for Historical Linguistics*，by Robert J. Jeffers and Ilse Lehiste），冯蒸译，《语言》第 6 卷第 332—474 页，首都师范大学出版社 2006 年 12 月。

3. 《印欧语比较语法入门》（*A Short Introduction to the Study of Comparative Grammar ［Indo‑European］*，by T. Hudson‑Williams），冯蒸译，《南阳师范学院学报》2008 年 1 期第 35—52 页，第 2 期第 25—43 页。

4. 《音变》（［美］Anthony Arlotto 著《历史语言学导论》第五章，冯蒸译），载《冯蒸音韵论集》，学苑出版社 2006 年版，第 638—646 页。

5.《音变类型》（［美］Anthony Arlotto 著《历史语言学导论》第六章，冯蒸译），载《冯蒸音韵论集》，学苑出版社 2006 年版，第 647—656 页。

6.《历史音位学原理》（［美］Roman Jakobson 著，冯蒸译），载《冯蒸音韵论集》，学苑出版社 2006 年版，第 687—702 页。

以上是对国外一些著名的历史语言学著作与论文进行的翻译，意图是把它们介绍到国内来，因为国内的有关历史语言学论著对此多有忽略，亟有必要进行引进，这样有助于历史语言学课程的学习与研究。译介都纯是引进，笔者自己在讲授该课程的过程中也有若干新的体会与见解，已发表了以下二文：

1.《原始印欧语的语音系统及其演变规律述略》，载《冯蒸音韵论集》，学苑出版社 2006 年版，第 574—590 页。

2.《历史语言学中三大音变方式的数字对比表示法——以中古音 16 摄至元〈中原音韵〉19 部的演化为例》，《励耘语言学刊》2016 年第 3 辑（总第二十五辑），第 348—354 页。

笔者虽然讲授历史语言学多年，但是，平心而论，既发现了业已出版的有关论著之不足，也有困惑，最大的困惑是没有彻底搞明白历史比较法的构拟是如何进行的，我曾于 1978 年 8 月为此专门写信求教于国际著名语言学家与音韵学家李方桂先生（1902—1987），承蒙先生不弃，于 1978 年 9 月 9 日亲笔回信赐教，笔者极为感激。但是，当时看了李先生的回信却仍似懂非懂，这个问题下面还要谈到，此处不赘。

三 李方桂先生《口述史》对于印欧语历史比较法构拟的重要说明：原始语构拟时必须有"成组观念"

《李方桂先生口述史》（下文简称《口述史》）是一部问答体的口述史论著。唯其如此，该书在形式上并不是一部刻板的学术专著，但是这丝毫也没有降低该书的巨大学术价值，在指导学习历史比较法的构拟方法和古汉语音韵构拟的特殊性方面尤其如此，这在一般的历史语言学教科书中很少看到。该书英文版于 1988 年以美国口述史办公室的名义在美国出版打印版，2005 年又正式出版。汉译本于 2003 年 9 月在清华大学出版社出版，译者是王启龙、邓小咏二先生。书中有很多在历史语言学教科书上找不到的精彩内容，这是提问者罗仁地先生切中肯綮的专业提问和李方桂先生具有权威性的回答共同成就的结果。笔者认为，该书在某种程度上甚至超过了那些写作刻板的历史语言学教科书。加之汉译文准确、流畅、口语化，简直可以称之为"传神之笔"，使得该书在中国语言学界广为流传，影响极大，出版不久便销售一空。2008年又出版了《李方桂全集本（13）》，是为第二版，译文对第一版有少许修正。笔者读该版汉译本后的第一感觉就是如闻其声、如见其人，令人百读不厌。至少我的感觉是这样。所以下文的有关讨论依据的是 2008 年版汉译本。《口述史》共分六章，具有多方面的史料价值。但我最感兴趣并且与本文直接相关的是第五章"对历史比较语言学的主导原则和方法论的讨论"，该章共分七节，从多方面阐述了李先生对历史比较语言学的看法，具有极高的学术价值。由于该章是专门探讨历史比较法的构拟原则与方法，所以，与此无关的其余五章本文均不涉及。为方便讨论，我们根据内容的需要，对译文做了适当的节略、拆分、个别改译和内容整合。现把李先生的有关论述归纳为如下七个问题，依次是：

（一）印欧语历史比较法的原则与方法（《口述史》第五章第一节"比较法"、第二节"方法论"）。

（二）汉语中古音的"音类+音值"的所谓"构拟"法不是印欧语历史比较法意义上的"构拟"（《口述史》第五章"高本汉著作评析"部分）。

（三）汉语上古音的构拟与所谓中古音的构拟性质全然不同，其与印欧语历史比较法构拟也不同（《口述史》第五章"高本汉著作评析"部分与第六节"关于中古汉语与上古汉语的性质"）。

（四）汉语上古音与中古音之间不是直线发展关系。以《广韵》为代表的汉语中古音不是单一音系（《口述史》第五章第六节"关于中古汉语与上古汉语的性质"）。（本文从略）*

（五）《诗经》押韵看不出方言现象。（《口述史》第五章第六节"关于中古汉语与上古汉语的性质"）。（本文从略）*

（六）上古音研究者用谐声分析法构拟汉语上古音复声母，但未明言此种方法与印欧语历史比较法的性质异同（《口述史》第五章第六节"关于中古汉语与上古汉语的性质"第一小节"（一）关于上古汉语复辅音"）。

（七）汉语诸原始方言特别是罗杰瑞构拟的原始闽语可以尝试（《口述史》第五章第六节"关于中古汉语与上古汉语的性质"第二小节"（二）关于原始方言的构拟"）。

上述七个问题，除（四）（五）两个问题（已标星号）本文暂不涉及外，其余五个问题这里分别依次引述罗仁地和李方桂二先生的相关问答。为了便于理解和下文的解释性论证，笔者除对这五个问题的原文次序适当做了少许调整外，对汉译文除个别字句外基本上不做任何改动。因为罗、李二先生的问答实在是太精彩了，内容十分珍贵。表面上看来，李先生的回答信手拈来，颇为轻松，但是，读者细读后可以发现，李先生的这些口语化的学术性回答，对于没有受过严格专业训练和无相关研究经历的人来说，内容并不好懂。加之李先生说的比较简明，而且是针对专业人士的专门性提问，亟有必要进行再解释。下面就依次加以评介。

关于历史比较法的具体原理与构拟步骤，《口述史》做了有关论述，我之所以把李方桂先生有关历史语言学的构拟原理与方法的说明列为首要问题，是基于以下这几点原因，同时对有关问题做一说明：

1. 首先，该著作中的内容是世界第一流的权威语言学家李方桂先生的回答，论述的准确性、可信性和权威性无可置疑。

2. 李方桂先生对罗仁地先生提问的论述与回答与我 1978 年 8 月向李方桂先生请教的信中所提出的问题几乎完全一致（李先生原信见本文附录一、二），足证我们提的历史语言学构拟的具体问题有共同性、普遍性与核心性，而且是极为重要、无可回避的大问题。

3. 基于《口述史》体裁的特点，李方桂先生的回答完全是针对提问者的直接正面回答，全然不是教科书式的刻板说教，是十分口语式的回答，与教师在课堂上回答学生的提问时的情况几乎一模一样，读起来无比亲切，而且易于理解接受。

4. 采访者罗仁地先生的提问极有水平，所提的问题均是历史语言学研究中的关键性问题和前沿问题，而且有的问题在一般的历史语言学教科书中找不到。

5. 提问者罗仁地和陈宁萍二先生均是汉语和汉藏语研究领域卓有建树的著名语言学家，问题的设计经过周密的考虑，问题的引入也是逐步深入的。李先生的回答完全无拘无束，信手拈来，足见李先生的学问已到了炉火纯青的地步，不愧为举世闻名的著名语言学大师。

6. 王启龙和邓小咏两位先生的汉译文极为流畅，如行云流水，读起来十分亲切，译文没有丝毫生涩之感，足见译者水平之高。

7. 为了便于读者理解，笔者对个别译文和术语做了少许改动，无碍于译文的正确性和译文风格。这些改动将不会在引文中一一注明。

李先生关于历史比较法构拟原则的论述答问见于《口述史》的第五章"对历史比较语言学的主导原则和方法论的讨论",该章共分七节,与本文有关的是第一节"比较法"和第二节"方法论"。所以下文的部分节录性引述也仅限于这两节。另外,该书第六节为"关于中古汉语和上古汉语的性质",第五节"借词"和第六节之间还夹有一段独立的内容"高本汉著作评析",从内容上看,似乎是第六节的一个引子,但是并没有标明节号,这部分李先生关于汉语古音的构拟答问虽与此处有关,但是又有相对的独立性,这些我们另做专题讨论。现把与本题有关的李先生的答问引述如下,引文一律用仿宋体,其中特别重要的问答录我们改用黑体字。(下引文中的罗代表罗仁地先生,李代表李方桂先生。)

第五章 对历史比较语言学的主导原则和方法论的讨论
(《口述史》汉译本,2008,75—81页)

一 比较法

罗:李教授,您可否谈谈如下问题:在语言学方面,您觉得自己的主要贡献是什么?您的这些思想又是如何形成的?

李:我所做的,主是运用印欧语历史比较语言学的方法去研究不同系属的语言。其中之一就是美洲印第安诸语言,其次是汉语,再次就是台语支语言。由于这些不同的语言结构不同,就必须采用不同的方法。但是,一般来说,印欧语比较语言学的理论原则还是相同的。所以,我所做的全部工作——那是1928—1929年,大约是30年代的事了。那时我所做的全部工作运用的方法是——

罗:您刚才说原则是相同的。您可否解释一下那个原则是什么?您刚才还说原则相同,但方法有些不同。您能否解释一下原则是什么,方法又是如何不同吗?

李:由于上述这些语言系属不同,无论在语音方面还是词汇方面,具体操作时都必须采用略为不同的技巧去处理所要研究的不同问题。

比如说,我最初试着搞的研究,是美洲印第安语言。其中特别是音位学部分,就可以非常容易地采用印欧语研究方法找出其不同的古音阶段及其在现代美洲印第安语言中出现的形式。当然啦,词法部分就大不相同了,不能轻易地采用印欧语词汇研究法去研究任何一种美洲印第安语，甚至不能用来研究汉藏语。为此，必须找出自己的研究方法和路子。

罗：您提到印欧语研究法时，确切地说，您指的是什么？

李：我所指说的印欧语研究法，主要是指比较法（comparative method）。

罗：（包括）文献方面的比较吗？

李：是的。即使是研究史前的原始的美洲印第安语时，如果看看现在的情况，看看它们是如何变成这个样子的，就能运用比较法找出来。比如某些拉丁语语音，事实上如果把它们与希腊语或与梵语比较就会发现，它们原来是另一些语音形式。

处理这样的美洲印第安语时，也同样可以这样做。就是说，如果你懂一组印第安语言，又懂其他的一些相关语族的语言，就会发现——至少可以设法推测出——原始语音系统是什么样子，它是如何变化到现存形式的，即你正在研究的这种语言的音位系统的。

这的确是我最先研究美洲印第安语时所采用的方法；当然啦，正如我刚才所说，这种方法叫古印欧语比较法。后来情况变化了。人们研究语言时，多多少少不再那么重视历史比较法了。他们只需要描写法（descriptive method）。因此，后来就有了各种不同的描写。

罗：在您做历史比较之前难道不需要描写吗？

李：我想，有段时间曾有某种观点认为，人们习惯于完完全全地运用描写法分析一门语言，也就是分析它的音位。也就是不管其原始语音状况如何。这是后来所谓的描写法成为语言学界最为流行的观点的事了。在早期的印欧语研究方法中，流行的观点是历史方法，主要是历史方法。

罗：您说过，在做比较研究时，您比较的是同系属的语言。您用什么标准去确定哪些语言有系属关系，哪些没？比如说，中国人觉得台语与汉语有联系，但许多西方语言学家——我认为包括您本人——也感到台语并不一定与汉语有关。您以什么作为标准，去决定自己是否能做那种比较工作呢？

李：我认为在这方面我们仍处于相当低级的阶段。这些语言是否有系属关系至今还是问题。

人们想法找出语言系属关系的方法有几种。当然啦，其中之一是讨论某些语音相似点（phonetic similarity）。例如，汉语有声调系统，许多别的语言也有相似的声调。人们可以据此认为它们有联系，因为它们都有声调系统。另外，有些人也会说："噢，这是完全不同的事情。它们没有什么（相似之点），"继而不把这些语言联系起来。

可见，在证明语言同源的方法中，运用这种证据——声调是其中一种；但还有其他的语音特征——因此，有人会说："噢，这两种语言有联系，因为它们有同类的声调系统，同类的辅音和元音系统；所以，它们一定有联系，否则不会如此相似。"也有人会说："噢，这是普遍现象，所有的语言都有这些特征，没有任何地方可以证实它们有联系。"于是就会得出不同的结论，如果使用不同的——即便使用相同的证据，也会得不出不同的结论。

比如说，台语有一种声调系统与汉语的非常相像，那该说什么呢？说它们有联系，因为它们有同类的声调系统，在这方面或多或少比较发达吗？人们会说，"噢，这种相似一定有某种原因。所以它们可能从根本上是相互有联系的语言。"而别的人又会反驳说："哎，这种语音变化在任何古语里都会产生。它们并不表示任何明确的、根本的关系。"所以，我认为可以得出不同的结论，但其中没有一种确定无疑。

如果它们有（相似之处），比如说，有同类的声调系统，一种可能是：它们一定多多少少有联系，因为它们有同类的声调系统，同样的发展历史。其他人又会说："噢，这种发展在东亚语言中普遍存在，它毫无意义。"由于有了这种想法，也就得出不同的结论。

罗：您说什么？

李：太难说清楚了。我虽然不能相当明确地下结论说某些语言有联系，但我们确实会了解到哪几组语言存在同类的语音相似点。这种情况下，可以推论，它们之间有关系；或者又可以说它们之间不一定有关系。另外，我们可以假定一组语言具有某些相似点，于是根据这些相似点把它们归为一组。不管这些相似点根本上说是不是发生学上的关系，这都是人们将从不同的角度另外得出的结论。

因此，比如说，如果你研究台语就知道，台语声调系统与汉语声调系统非常相似。同样，苗瑶语声调系统也同台语，还有汉语非常相近。另外，像藏语这样的语言就有非常不同的声调系统——不同于汉语，不同于台语，也不同于苗瑶语。但是人们认为："藏语与汉语是发生学上的关系"。反而认为"苗瑶语和台语与汉语之间没有亲属关系"等等。这些观点，大多是想方设法根据这样一种观念形成的：

什么样的相似点可以构成某种发生学关系。

罗：那正好有点像我的问题：对您来说，做这些比较研究时最根本的是什么？

李：归根结底，我认为，要判定语言之间是不是有发生学上的关系，必须采用几种标准。具有发生学关系的语言间可以有许许多多相似特征，而一种非发生学关系的语言是不会具备这么多相似特征的。然而，它们也可具有某些（少数）相似特征，但仅仅凭此无法说明它们一定具有发生学关系。

（下略）

二　方法论（《口述史》汉译本，2008，79—81页）

罗：我们可否再谈谈方法论？比如说，您能否谈谈您在《比较台语手册》这本书里做比较和构拟时所运用的方法论？也谈谈它与您在《上古音研究》一书中的研究有何不同？因为后者是研究上古汉语，前者是研究古台语，似乎方法上会有所不同吧。

李：是的。方法论的不同主要取决于所研究的语言材料种类不同。方法——即如何运用语言材料——也会有所区别。例如，假使是在谈论上古汉语（Old Chinese），上古汉语有书面系统可资研究。而台语很晚才有书面语，大约是在13、14世纪才有的；在此之前，在有关文字出现之前的情况一无所知。所以，研究史前台语时完全依赖现代方言，运用的是纯粹的比较方法。当然，研究汉语的方法，也可以借助方言来研究，但早期的文字记载必须考虑。谈到上古汉语构拟时，许多美国人和某些中国人说："既然我们在没有任何古老的书面材料的情况下都能构拟某些更加古老的语言，我们干嘛还为汉语发愁呢？"……（下略）

罗：您能否就您在《比较台语手册》中做构拟工作时运用的方法论谈得更加具体一些？

李：可以。这确实是非常简单的方法。研究一组语言——比如说，我们想构拟它的辅音声母。在一种语言里发现了30至35个辅音，在另一些语言里发现25或21个辅音等等。然后将这组语言的词汇与另一组语言进行比较，就会发现其中某些语言与其他语言的某个音对应，有些语言与另一个音对应。因此，就会发现虽然这种对应在这种语言里只有一个音，但它却与别的语言的两个音或有时甚至三个不同的音对应。就可以指出，在原始语里有三个不同的辅音。

这就是比较法的具体应用。如果你发现这个音与某个辅音对应，这个音——完全相同的音——却又与另一个辅音对应。也就是说，这一个音可以追溯到两个原始音（proto-sound）。仔细地考察这类对应关系，可以找出若干原始音。我们这样得到的结果不一定全对，但这种做法至少是我们尽其所能了。

罗：您遇到了两套不同的辅音时怎么办呢？比如说，在这两本书里，您有时都构拟了复辅音声母（consonant cluster）。您怎么知道什么时候是两套不同的音？什么时候是复声母呢？

李：噢，复声母相当清楚，因为我们讨论的不是有关台语的历史资料，这是我们目前所知的全部情况而已。你会发现某些音对应一个简单的特定音，但是在其他情况下，这个音又与别的音对应。因此，你不得不得出结论，这个音一定对应着另一组音。

这样，其不同之处可能非常独特。比如说，在某个语言里的某个辅音声母发音是 p，但在另一个语言里这个辅音发音是 t。如果 p 和 t 作声母时对应相当严整，人们就会说："啊，原始语音是什么呢？p 是如何变成 t 的或 t 是如何变成 p 的呢？"明白吗？于是你就开始列出所有那些各种奇特的对应关系，就可以得出结论，p 与 t 对应，因为 p 原来是一个复辅音声母，是 pl。现在谈谈 pl，由于 l 的影响，pl 在别的语言里变成了 t。因此，在这种情况下，你就开始构拟一定数量的不同的辅音丛。就可得出所谓的辅音丛。我就这样研究过好些台语语言。

同样，我们也这样研究了汉语，但是所用的方法会有所不同，因为我们所研究的上古汉语时期没有那么多的方言可用。可是我们有特定的文字系统，它也表现出同样的独特性。比如，你会发现某个形声字现在读 h。[此处指形声字的声符——原编者] 同样见于该声符的字却读 m。很奇怪，从此得声的字为什么有些应该念成 h，有些字念成类似 m 的音呢？你明白吗？

于是，我们就开始构拟某个音。它不可能是 m，也不可能是 h，它一定是某个既不同于 h 又不同于 m 的音，就得了解这个音在不同方言中这种特殊的演变。因此，你就开始推测出上古汉语里有某类辅音，你因此发现了这类音的不同之处。然后，就会逐渐明白，在我们的构拟中出现了一些成系统的东西。

比如，要是有一个现在发 t 音的字，而另有一个同谐声系列的所谓"声符"现在却发 l 音，t 和 l 一定有某种关系，因为它们见于同一谐声系列中。

然后，我们开始用这种方法排列对比，将它与别的语言比较，与别的辅音比较，这样就会形成某种系统的东西。那样的话，如果我们的系统变得合情合理得多，并且符合语音的一般变化规律，我们就能为汉语或任何其他语言构拟一套新的系统。

台语和汉语的区别在于，台语里有许多现代方言可以研究。在建立某个（古语）系统时就要容易些。但汉语稍难一些，因为我们研究的是上古汉语，没有可供研究的上古汉语方言材料。不过，我们当然还有某些相关的东西可以考察，依然能够创立某些特殊的系统代表上古汉语音系。所以，我们认为两种语言都差不多。当然啦，无论如何也不能肯定自己所做的百分之百正确，其中有一些或许是错误的。

即使我感到自己构拟的东西不会百分之百正确，但我想可以利用它；如果另外还有可以利用的资料，依然可以改进原有的系统。

罗：您在语音学方面的功底厚实。但是某些语音更容易变为别的语音，而不是相反，这种语音变化的可能性，（在构拟的时候）您认可到何种程度？比如说：k 更易变为 t，而不是相反，即 t 变为 k。这方面的知识您在构拟研究中运用了多少？这是否很重要？

李：我认为，解决这种问题时没有任何普遍原则。我们从印欧语类型的辅音可以得知——比如说，印欧语有唇音，然而某些别的印欧语里这个唇音却发成舌尖音。当然啦，其中某些语言有所解释。其他的语言里只说："这无须解释，这种语言就是把唇音发成舌尖音。"所以，我想在拉丁语里，印欧语——原始印欧语的语音 bh 变成了 d 音。除了解释为"那是拉丁语在作怪"，你无可奈何，对吧。[笑了]同样，日耳曼族语言也会有同样有趣的音变发生。

当然，有时可以根据语音知识对某些语音变化作出解释，但多数情况下，有麻烦问题时是无法构拟的。比如说，印欧语的工具格词尾，在梵文里是个 b，即 bis。那是工具格。但在日耳曼语里是个 m，即 mis。那是为什么？有人会说，"它们非常非常接近"，但为什么不同呢？无法解释。于是，日耳曼族语言和斯拉夫族语言就有鼻音 m，这在梵语、拉丁语等语言里却是 b。我们谁也无法解释为什么会出现这样的差别。

罗：那您的意思是说，在描写历史音位学规则时，您不一定都得有某种条件环境喽？

　　李：噢，在很多情况下，能找出这种差异和变化的条件。但在某些情况下找不到，无法找到。

　　罗：也就是说，无法写出一套永恒不变、逻辑严密的规则系统吗？

　　李：可以写出那些规则，但规则没有特定的原因。

　　罗：噢，我明白了。那仅仅是一种讨论的方式。

　　李：对。那是表达方式，"这里有——"（下略）

用问答体的方式把历史语言学中的古音构拟法讲得如此生动、到位，李先生可以说是首屈一指。但是对汉语历史音韵学和汉藏系语言历史比较研究如果缺乏较为深入的了解，以上的问答并不好懂。我认为亟有必要加以解释。此处把李先生的回答简单概括为如下四点：

1. 根据被比较的两个或多个语言的同源词找出语音对应关系。

2. 对于一对多的语音对应关系，对应关系"多"的一方就是构拟原始语的音类数目。具体言之，一对多的音韵对应如果是有条件的，则"一"反映较古音类，"多"经历了分化演变。反之，一对多的音韵对应如果是无条件的，则"多"反映较古音类，"一"经历了合并演变（见表1）。

表1　　　　　历史比较法对应的原始语构拟模式

	音韵对应类型	音韵对应条件	原始语构拟类别	音变类型
类型Ⅰ	"多"对"一"	无条件	"多"	"多"/"一"音变：合并型
类型Ⅱ	"一"对"多"	有条件	"一"	"一"/"多"音变：分化型

3. 一对多的语音对应关系存在语音演变的关系。一般是"多"的音类发生合并音变。

4. 具有语音对应关系的两个或多个语音，是不是二者或多者之间在音理上存在普遍的音变关系，目前尚无普遍性原则。

下面我们举三个例子来证明李方桂先生上面的说法。

例1：原始印欧语元音系统构拟例

印欧语系（Indo-European Languages）通常分为11个语族，这11个

语族是：印度—伊朗语族、希腊语族、安纳托利亚语族、波罗的语族、斯拉夫语族、意大利语族、日耳曼语族、吐火罗语族（已消亡）、亚美尼亚语族、阿尔巴尼亚语族、凯尔特语族。现在通常把波罗的语族、斯拉夫语族合称为波罗的—斯拉夫语族。另外还有一些濒危或者已经消亡的小语言，此处不多说。

根据 T. Hudson-Williams 所著《印欧语比较语法入门》所举之例，可以理解印欧语史新语法学派历史比较法的构拟原理。请看如下二表。下表（表2、表3）仅分别列举了印欧语五个语族的元音对应情况来看其构拟原理。其余语族的元音对应情况从略。

原始印欧语的元音系统分为短元音和长元音，印欧语学界构拟的原始印欧语长元音有五个，短元音有六个。下面我们先讨论短元音，然后再讨论长元音。

表2　　　　　　　　　原始印欧语短元音对应与构拟表

	原始印欧语	梵语	希腊语	拉丁语	凯尔特语	哥特语
1	ă	a	a	a	a	a
2	ĕ	e	e	e	e	ou（=e）
3	ŏ	a	o	o	o	a
4	ĭ	i	i	i	i	i
5	ŭ	u	u	u	u	u
6	ə	i	a	a	a	a

表2最左边一栏是印欧语学界特别是新语法学派构拟的原始印欧语，该栏以右是被比较的五个语族的元音情况。这五个语族分别是：梵语、希腊语、拉丁语、凯尔特语、哥特语。在这里可以清晰地看到被比较的诸语言既有一对一的情况，也有一对多的情况。在短元音表中，除了梵语有一对多的情况，其余四个语族都是一对一，即梵语的 a、i 分别对应于其他四个语族的两组音，而梵语的 e、u 则分别对应于其他四个语族的一组音，这样形成的六组对应关系，原始印欧语构拟为六组音。初步结论就是：有几组对应关系，原始语就构拟为几套，此表是六种对应关系，原始语就构拟为六套音。印欧语短元音的构拟情况还不十分典型，原始印欧语长元音的构拟情况则充分展示了历史比较法的构拟原理。

表 3 是印欧语长元音对应与原始语构拟表。在长元音表中，除了梵语只有三个元音：ā、ī、ū，有一对多的情况，凯尔特语是三个元音，哥特语是四个元音。最显著的对应就是梵语的 ā 对应于其余四个语族三组音，即一对多，于是就给印欧语比较语言学家提出了一个难题，到底是梵语的三元音系统古老，还是另外四个语族的其他元音特别是五元音系统古老？这个原始印欧语的元音系统该如何构拟？这个例子具有十分典型的意义。印欧语比较语言学家经过深入的研究和讨论，最终确认了原始印欧语的元音系统是五元音系统，而不是梵语的三元音系统，即梵语的 ā 对应其他四个语族的三组音，分别是 ā、ē、ō。新语法学派由此得出结论，构拟的原则是：如果被比较的诸语言对应关系是一对一，那么原始语就是一套音，如果被比较的诸语言对应关系是一对多（如表 3 的一对三），那么原始语就是多套音（本例是 3 套音），这就是历史比较法的原理，似乎并不复杂，但是不少历史语言学著作都没有把这个构拟原理讲清楚。笔者认为只有《口述史》和李先生给笔者的信讲明白了这个问题。由此可对此问题做一小结：如果被比较的诸语言对应关系是一对一，那么原始语就是一套音，如果被比较的诸语言对应关系是一对多（如表 3 的一对三），那么原始语就是多套音。这就是历史比较法的基本原理。当然也有比较复杂的情况，请见例 2。

表 3 　　　　　　　　　原始印欧语长元音对应与构拟表

	原始印欧语	梵语	希腊语	拉丁语	凯尔特语	哥特语
1	ā	ā	ā	ā	ā	ō
2	ē	ā	η (ɛː)	ē	ī	ē
3	ō	ā	ω (ɔː)	ō	ā	ō
4	ī	ī	ι (i)	ī	i	i
5	ū	ū	υ	ū	ū	u

例 2：原始印欧语辅音三套舌根音构拟例

原始印欧语辅音的三套舌根音构拟例对于说明历史比较法的构拟原理具有非常重要的意义，也是原始印欧语辅音系统构拟的一个经典案例，在印欧语比较语言学史上占有重要地位。下面先看一下目前印欧语学界构拟的原始印欧语的辅音系统总表。

原始印欧语的语音系统总表（音段音位）由辅音和元音两部分组成。这里仅列出辅音系统总表。该表包括 25 个辅音，分为 5 类，即塞音（stops）、鼻音（nasals）、流音（liquids）、半元音（semivowels）和擦音（spirants）。半元音又称滑音（glides），擦音又称连续音（continuant）。鼻音、流音、滑音三小类又称响音（sonorants）(Szemerényi 1996：69)（见表 4）。

表 4　　　　　　　　　原始印欧语辅音系统表

构拟例	辅　音				
	塞　音	鼻　音	流　音	半元音	擦　音
双唇音	b　p　bh　ph				
舌尖音	d　t　dh　th	n	l	y	s
腭化舌根音	ǵ　ḱ　ǵh　ḱh	m	r	w	
舌根音	g　k　gh　kh				
圆唇舌根音	gʷ　kʷ　gʷh　kʷh				

从表 4 可见，这个辅音表的双唇音、舌尖音无特殊之处，唯一值得注意的就是舌根音的构拟。显而易见，这个辅音表把原始印欧语构拟了三套舌根音，实在令人惊异。这三套舌根音分别称为腭化舌根音、普通舌根音、圆唇舌根音。一个语言当中竟然有三套舌根音，实在是罕见现象。但是，印欧语的舌根音语音对应关系使得学者们不得不如此构拟。请看下面的具体音韵对应表。

表 5 横分三栏，表明舌根音有三种对应关系，所以原始印欧语完全有理由构拟成三套舌根音，此中的两套舌根音：普通的舌根音 k、g、gh 和圆唇舌根音 kʷ、gʷ、gʷh 均好理解，至于第三套舌根音，印欧语构拟者构拟成 ḱ、ǵ、ǵh，称之为腭化的舌根音。表面上看，似乎也不难理解，因为根据国际音标表的规定，很多音包括舌根音，既可以有唇化的，也可以有腭化的，但均用附加符号表示，并不与普通的舌根音并列。但我认为原始印欧语的这套音有可能相当于国际音标的舌面中塞音 c、ɟ、ɟh，这尚有待于进一步的研究。

表 5　原始印欧语三套舌根音在十一个语族中的反映（Beekes 1995：110）

原始印欧语	梵语	阿维斯塔语	古教会斯拉夫语	立陶宛语	亚美尼亚语	吐火罗语	赫梯语	希腊语	拉丁语	古爱尔兰语	哥特语
$\acute{k}$	ś	s	s	š	s	k, š²	k	k	c	c	h, g⁴
$\acute{g}$	j	z	z	ž	c	k, š²	g	g	g	g	k
$\acute{g}^h$	h	z	z	ž	j, z¹	k, š²	kh	h, g³	g	g	g
k											
g		同下					同上				
g^h											
k^w	k, c⁵	k, c⁵	k, č, c⁶	k	kˊ	k, š²	ku	p, t, k⁸	qu, c⁹	c¹⁰	hw
g^w	g, j⁵	g, j⁵	g, ž, dz⁶	g	k	k, š²	ku	b, d, g⁸	gu, g, v⁹	b	q
g^{wh}	gh, h⁵	g, j⁵	d, ž, dz⁶	g	k, j⁷	k, š²	ku	ph, th, kh⁸	gu, g, v, f-⁹	g	g, gw, w¹¹

1. j＝［dz］；在元音中间是 z。2. 在原始印欧语 e，ē，i 之间是 š。3. 在词首和在元音之间是 h，在其他地方是 g。4. 在词首和直接在原始印欧语重音之后是 h。5. 在原始印欧语 e，ē，i，i̯ 的前面是 c，j，h。6. 在原始印欧语 e，ē，i，i̯ 的前面是 č，ž；在 ě＜＊oi 前（在 b，i，ę＜i，iH，iN 后）是 c，（d）z。7. 在原始印欧语 e，ē，i，i̯ 前是 j。8. 在 u 的前后和在 i 的前面是 k，g，kh；在 e 和 i 前（Aeol 语中，只在 i 前）是 t，d，th；在其他地方是 p，b，ph。9. 在 u，o 或辅音前是 c，g；在 n 后是 gu；在词首是 f。10. 在 Orgam 语中仍然是 q＝［kʷ］；在英式英语中是＝p。11. 还不很清楚：在 n 后面是 gw，在 u，o，C 前面是 g？。

据表 5 可知，原始印欧语舌根塞音的对应关系和构拟情况的确复杂。舌根塞音是拟成一套 k-，还是拟成两套 k-、kʷ-，还是拟成三套 k-、ḱ-、kʷ-，对于后两种，印欧语学界至今尚无定论。正是由于舌根音在十一大语族中的复杂对应情况，学者们才提出了把印欧语系分成 K 类语言（Centum）和 S 类语言（Satem）两大类的构想。根据历史语言学的构拟原理，原始印欧语舌根塞音构拟为腭化舌根音 ḱ-、普通舌根音 k- 和唇化舌根音 kʷ- 三套的看法似乎更合理一些。因为这也正是典型的一对三情况，如果是一对多，则原始语构拟就是"多"。这个问题在原始印欧语构拟史上占有重要地位，而且是经过了数十年的讨论才有的结果。

苏联著名语言学家 A. B. 捷斯尼切娅在所著《印欧语亲属关系研究中的问题》（劳允栋汉译本，科学出版社 1960 年版，第 61—63 页）中说：

> 印欧系语言比较语音学中最困难的问题之一，便是舌根音的问题。各族语言间舌根音的对应是很复杂的，只要拿下面的一件事实做

例子便可以看出其复杂性：希腊语、拉丁语、凯尔特语和日耳曼语的一部分舌根音与印度伊朗语、斯拉夫语和波罗的语中的咝音或嘶音相当……（中略），这种复杂情形不能不引起研究者的注意。

葆朴就曾指出，凡是希腊语、拉丁语和凯尔特语有古代 k 音的地方，雅利安语（即印度伊朗语）和波罗的-斯拉夫语就有擦音。根据这一点，他曾假定雅利安语和波罗的-斯拉夫语之间有更密切的关系，他认为 k 是原始共同印欧语的音。

施莱赫尔从他的所谓"有机严整性"与和谐的"简单性"观念出发（在他看来，这好像就是印欧"母语"语音组成的特征）。只给印欧"母语"构拟了一组舌根音：k，g，gh。在各族印欧语中，对古代舌根音的反映有相同之点，也有相异之点，可是施莱赫尔并不以为这对构拟共同印欧语语音系统的原始状况有任何意义，反而天真地、直截了当地认为这是原来"统一的"*k，*g，*gh 在每一个语族中各自发生"分裂"的结果。至于这种"分裂"的原因何在，这个问题他并没提出来。对这个时期的比较语言学家来说，这"分裂"的假设就是他们对历史语音学方面的许多现象的普遍解释。

可是这样解决语言历史问题的方法甚至不能使那些学会了仔细深入钻研被研究的现象的语言学家满意。1870 年著名的意大利语言学家阿斯戈里（G. I. Ascoli）提出了关于印欧语系语言舌根音问题的新观点。他把印欧系语言各语族之间的舌根音对应公式整理出来，确定共同印欧语的语音系统具有三组不同的舌根音：（1）*k 型的印欧语舌根音——保存在各种语言中的"纯粹"舌根音，以后在印度伊朗语和斯拉夫语中，在相应的条件下发生腭化；（2）*k^i 型的印欧语舌根音——借助于特殊的 i 型介音的"粘腭"舌根音，在一部分印欧系语言中成为纯粹的舌根音（如［古希腊语］、［罗曼语］、［凯尔特语］k、［日耳曼语］h），在另一部分印欧系语言中成为擦音（如［古印度语］ç、［阿维斯塔语］sz、［立陶宛语］sz、［斯拉夫语］s）；（3）*k^y 型的印欧语舌根音——"不定粘附"舌根音，在印度伊朗语和斯拉夫语中作为纯粹舌根音被保存下来（以后可能发生腭化），在希腊语、罗曼语中被保存为唇音（在希腊语中带有"腭音影响"的痕迹）。

当然，阿斯戈里的公式绝不是完全正确的，可是它毕竟可以做进一步研究这个问题的基础，这个问题一方面是比较语音学中最复杂的问题之一，另一方面对印欧系语言的历史分类法又具有特别重要的意义。（按照腭化舌根音所反映的特征分成 Centum 和 Satem 两类。）有些语言学家（如勃鲁格曼、奥斯特霍夫和彼特逊）继续发展了阿斯戈里的观点，认为印欧母语具有三组舌根音——腭化舌根音、软腭化舌根音和圆唇软腭化舌根音，另一些语言学家（如费克、佛尔图纳托夫、梅耶和现时的库里洛维奇）却只构拟了两组。直到现在，这个问题还不能算是彻底解决了的。可是舌根音的对应和这些音在各族印欧系语言中发展的基本规律，正是在前一世纪的 70—80 年代跟历史语音学其他一些极其重要的发现同时确定的。

原始印欧语三套舌根塞音的构拟，特别是圆唇舌根音的构拟，对汉语音韵研究很有启发。王静如（1941）、李方桂（1971/1980）的上古音构拟系统均有圆唇舌根音，恐怕是受到原始印欧语圆唇舌根音构拟系统的启发。所以，本文所举的这个印欧语例子是很典型的构拟例。

例 3：罗杰瑞原始闽语三套全浊声母构拟例

根据现代闽语的对应材料，罗杰瑞（1973，1974）为原始闽语构拟了一套复杂的辅音声母。他关于原始闽语塞音和塞擦音的构拟如表 6 所示：

表 6　罗杰瑞（1973，1974）构拟的原始闽语的塞音和塞擦音声母

1	*p	*t	*ts	*tš	*k
2	*ph	*th	*tsh	*tšh	*kh
3	*-p	*-t	*-ts	*-tš	*-k
4	*b	*d	*dz	*dž	*g
5	*bh	*dh	*dzh	*džh	*gh
6	*-b	*-d	*-dz	*-dž	*-g

下面以原始闽语的浊塞音声母构拟为例，说明罗氏的构拟方法。罗杰瑞在《闽语声调的演变》（1973/1985）"2.1 原始闽语的浊塞音"中说：

当我们考察和《切韵》中的浊塞音相当的闽语方音时，很明显就能看到，闽语不是从《切韵》传下来的。比较一下《切韵》中带 b- 声母的几个字在闽语中的读音，就可说明这点（《切韵》的拟音引自高本汉〔1954〕，只是略去浊塞音后的送气符号）

表 7　　　　《切韵》浊唇塞音声母在闽语方言中的反映

	切韵	福州	厦门	建阳	邵武
爬	ba	pa²	pe²	pa²	pʰa²
病	bieŋ-	paŋ⁶	pĩ⁶	paŋ⁶	pʰiaŋ⁶
白	bak	pa⁸	peʔ⁸	pa⁸	pʰa⁶
皮	bjie	pʰui²	pʰe²	pʰu²	pʰei⁷
被	bjiê	pʰui⁶	pʰe⁶	pʰu⁶	pʰei³
鼻	bi-	pʰei⁵	pʰĩ⁶	pʰoi⁶	pʰi⁵
雹	băk	pʰoi⁸	pʰauʔ⁸	pʰo⁸	pʰau⁷
瓶	bieŋ	piŋ²	pan²	vaiŋ⁹	pʰen²
步	buo-	puo⁶	pɔ⁶	vo⁶	pʰu⁶
薄	bâk	po⁸	pɔʔ⁸	vɔ⁸	pʰo⁶

仔细考察这种情况，还是找不到造成《切韵》浊塞音和闽语之间这种一对三的对应关系的原因。可以假定原始闽语有三套不同的浊塞音，可标作：

　　b　　d　　g
　　bh　　dh　　gh
　　-b　　-d　　-g（原文误作-d）

现在去考虑具体的音值，还为时过早；我更感兴趣是，到底有几套影响声调演变的浊音声母，以及这几套声母之间的相互关系。在这一段，我将满足于去考虑遍及现代方言一直到原始语言的那些语音特点。从一般的类型上看，假定这三套是浊音：像闽语这样复杂的声调系统是从一个比较简单的声调系统发展演变而来，主要是由于声母的主要特征，如浊音的脱落造成的；我们假定的原始闽语的浊声母字，在和闽北相邻的吴语中依然保留。我拟的第一套浊音（*b,*d, *g）在今方言中变成不送气清塞音；也可暂时把它们看作不送气的浊塞音。同样，第二套浊音（*bh,*dh,*gh）用来表示送气清音，它们在现在方言中读送气清音。第三套浊音（*-b,*-d,*-g）从一开始就和那两套不同，只用于闽西北的建阳话和建瓯话；在建阳话中，现在读作带浊流的响音或者零声母。我怀疑，这第三套浊音，是受某种浊音前缀的影响而致；而前缀之后的主辅音则经历一种弱化的过程，导致产生目前建阳话的声母现状。在这个过程中，第三套浊音可看作弱化的塞音。以下标明原始闽语的三套浊音在现代闽语中的读音。

表 8　　　　　　　原始闽语三套浊塞音声母的闽方言反映

原始闽语	福州	厦门	潮州	建阳	建瓯	邵武
*b	p	p	p	p	p	p'
*d	t	t	t	t	t	t'
*g	k	k	k	k	k	k'/h
*bh	p'	p'	p'	p'	p'	p'
*dh	t'	t'	t'	t'h	t'	t'
*gh	k'	k'	k'	k'	k'	k'
*-b	p	p	p	v	p	p'
*-d	t	t	t	l	t	t'
*-g	k	k	k	k/Ø	k	k'/h/f

原始闽语的弱化声母*-g在今建阳话中或读作k，或读作零声母Ø，或者两种读法可以自由变读。这条规则好像是这样：建阳话中，凡没有腭介音时，读零声母Ø；带有腭介音的，则读作k或零声母Ø都可以，即可以自由变读。原始闽语的*g、*gh、*-g在邵武话的腭介音前全都读作k'；在其他情况下，邵武话读作h（在邵武话中，h在u前总是读f；如果这个u是介音，那么在f之后就脱落了：fəi<*huəi，fu<*hu）。

罗氏所举例子及其构拟很好地说明了印欧语所建立的历史比较法在原

始闽语构拟中的应用。

　　罗杰瑞此文把原始闽语的浊声母构拟成三套，简直是前所未有的创见。根据闽语的声调和《切韵》的声母特征，这些字在《切韵》中均是全浊声母并、定、群。理论上其方言反映应该只有一套音，或者是相应的全浊声母，或者虽然是清声母，但是读阳调，两种情况均可。奇怪的是，《切韵》的一套全浊声母在闽方言的反映居然出现了三种情况，形成了该文中所说的一对三的对应情况。面对这种情况该如何构拟原始闽语的浊声母？我们在前面已经介绍过原始印欧语构拟的例子，在找到语音对应情况后，除一对一的情况外，只要出现一对多的情况，又没有其他分化条件，根据历史比较法的构拟原则，原始语的构拟数量就是一对多的"多"，此处是一对三，所以原始闽语的构拟就是三套音，至于这三套音的符号如何写？从发音方法的角度看，首先是全浊声母，按照目前的国际音标表，只能够有送气和不送气两套，那么第三套应该如何构拟？罗氏提出了所谓"弱化的浊声母"说，可以说是一种前所未有的大胆创新。

　　罗杰瑞的原始闽语有三套浊塞音声母的主张，除了《闽语声调的演变》（1973/1985）外，在《闽北方言的第三套清塞音和清塞擦音》（1986）中亦有较为详细的说明。如上所述，罗杰瑞（1973/1985：108）将其所设想的三套浊塞音声母标作：*b *d *g，*bh *dh *gh，*-b *-d *-g。罗文认为前两套声母在《切韵》音系中都能找到，但第三套浊音（*-b, *-d, *-g）与另两套不同，目前只见于闽西北的建阳话与建瓯话中，"是受某种浊音前缀的影响而致；而前缀之后的主辅音则经历着一种弱化的过程，导致产生建阳话目前声母的现状。从这个过程，这第三套浊音可以看作弱化的塞音"。

　　应该说，罗杰瑞构拟的三套原始声母，确实能够较好地解释闽方言全浊声母清化后送气与不送气比较混乱的问题，也是历史比较法的杰出运用。但这种构拟在学界引起了很大的争议。支持的学者主要有韩哲夫、秋谷裕幸等，反对的学者主要有平田昌司、王福堂、陈忠敏等。王福堂先生所做的总结较为详细，他认为闽北方言古浊平字中的弱化声母是由吴语借入的，其声母音值和调值都照搬自吴语，而来自清声母的浊音同样来自吴方言的影响。陈忠敏认为罗氏的这个构拟存在两个问题：（1）原始祖语不应包含外来层次，罗氏所构拟的祖语破坏了原始语的单一性问题；（2）从类型学的角度来看，三套声母缺乏语言共性。有待进一步研究。

四　原始语构拟的五个补充原则

补充原则（一）：被比较的语言应该都是该语言最古的语音形式

进行语言的历史比较，关于被比较的诸语言或诸方言的词汇以何种语音形式为代表？选择的标准是什么？这个问题很多历史语言学著作均没有涉及。不难想象，理论上都应该选用被比较的该语言或该方言的最古形式，从而才可以追溯更古的共同语，印欧语比较均是如此。但是，在汉藏系语言的比较研究中，这个问题就十分突出了。首先，古汉语方面是选用中古汉语形式还是上古汉语形式？诸家的做法就各不相同。无疑应选择上古汉语形式，因为汉语的中古音来自上古音，而历史比较法是推求比汉语上古音更为古老的共同语形式。但必须说，这一点是20世纪70年代我向俞敏先生当面请教后得知的。至今在汉藏语学界，未必所有的研究者都有如此清晰的认识。实际上，以汉语中古音形式进行汉藏系语言比较的仍然不乏其人。就汉语的情况来说，因为系统的汉语古音构拟始于高本汉，高本汉于1923年出版了《汉语与汉日语分析字典》，标注了约12000字的汉语中古音，但没有上古音，因当时的上古音研究尚属起步阶段。其后 *Grammata Serica*（《汉文典》，1940）以及更完善的 *Grammata Serica Recensa*（《修订汉文典》，1957）发表，每个汉字均有上古音、中古音和现代音标注。现已有了潘悟云等先生的汉译本。目前汉语上古音的构拟情况已与此前大不相同，主要有五家：（1）王力；（2）李方桂/龚煌城；（3）郑张尚芳/潘悟云；（4）白一平/沙加尔；（5）斯塔罗斯金。此中，（1）（3）两家不但有自己的上古音构拟体系，而且有了古音构拟字表或相关工具书。2009年出版的许思莱（Axel Schuessler）《汉语上古、后汉音系极简本：〈修订汉文典〉指南》是一部工具书，该书列举了所收每个汉字的四段读音：（1）现代普通话读音；（2）中古音；（3）后汉音；（4）上古音。其中第四项上古音的标注主要根据美国白一平（William Baxter）的《汉语上古音手册》（1992/2020）一书的构拟，不过又有他本人的少许修改意见，基本上可以作为检索白一平上古音体系字表的工具书来用。特别要指出的是，郑张尚芳先生的《上古音系》后附的第四表《古音字表》，每个字都有郑张先生构拟的上古音形式。藏缅语自然应该选用该语族具有文字形式的语言作为最古形式的代表。李方桂、白保罗（Paul K. Benedict）、俞敏、龚煌城、郑张尚芳、潘悟云、内藤丘（Nathan W. Hill）等先生均认为藏文的某些形式尚不能够代表原始藏语的形式，尚需做进一步的形式改进。至于侗台语，李方桂先生的《比较台语手册》（1977/2011）是台语比较构拟的权威之作。至于苗瑶语的古音构拟，由于没有文字形式，只能够从属于该语族的各个代表性方言的同源词比较研究中求出最古的语音形式，这已与传统的印欧语历史比较法的构拟原则十分相似了。目前苗语古音构拟的权威之作有王辅世的《苗语古音构拟》（1994）和王辅世、毛宗武著的《苗瑶语古音构拟》（1995）二书，近年还有 Martha Ratliff 所著《苗瑶语历史研究》（2010），该书也是白一平、沙加尔新著《上古汉语新构拟》（2014）进行汉语上古音构拟的重要依据。

笔者对这个问题的认识是有一个过程的，冯蒸（2017）回忆俞敏先生的教诲，这是笔者在跟王静如先生学习汉藏语比较语言学的过程中产生的一个疑问。我发现，德人西门华德（Walter Simon）在《汉藏语词汇比较试探》（1929）中所做的汉藏语词汇比较，汉语古音的构拟形式采用的是高本汉构拟的中古音，而不是汉语上古音，于是产生了这个疑问，某一天就当面请教俞先生。俞先生告诉我：根据历史比较法的比较原则，被比较的两个或两个以上的语言，每个语言的语音形式必须是该语言的最古形式，换言之，必须是两个顶头儿的语言相比较，所以必须用汉语的上古音，不能用中古。西门的汉藏语词汇比较由于较早（1929），那时的汉语上古音构拟还没有完成，所以西门只能用高本汉《汉语与汉日语分析字典》（1923）所构拟的汉语中古音形式去比较。至于藏语方面，用藏文就行了，藏文形式早于所有的藏语方言形式，只有个别方言词偶供参考，所以藏语方言在汉藏比较中作用较小，有人说，藏文相当于一部被构拟好的《广韵》，大致不差，当然通行的藏文词形与甘肃敦煌和新疆吐鲁番发现的古藏文形式有的亦有所不同，但差异毕竟有限，所以一般用藏文就可以了。

补充原则（二）：音变性质二分说——在相同的条件下不能够有不同的演变，这是自然音变；如果有不同的演变，那就是接触音变

音变条件与条件音变虽然只是"音变"与"条件"两个词的词序颠倒了一下，但是内容却全然不同。这是两个各自独立的历史语言学概念。简言之：音变条件讲的是条件，寻找音变条件是历史语言学音变研究的一项重要任务。而条件音变讲的是音变，音变有条件音变，也有非条件音变。这里要讨论两个原则性问题。

1. 自然音变例

王力先生在《汉语史稿》（上册，1957）对于历史比较法，说了一段非常重要的话，这段话在一般的历史语言学教科书中似乎论述不多，我们则认为这是一个极为重要的构拟原则，现把原话引录如下：

> 关于古音的重建，有一个重要的原则，值得提出来谈一谈。
>
> 语音的一切变化都是制约性的变化。这就是说必须在完全相同的条件下，才能有同样的发展。反过来说，在完全相同的条件下，不可能有不同的发展，也就是不可能有分化。杰出的古音学家江有诰在这一点上也想不通。他在他所著的《诗经韵读》中，说友音以，喈音饥，家音姑，泳音养，驹音鉤，角音谷，夜音豫，牙音吾，革音棘，下音户，三音森，訛音怡，来音釐，阔音缺，等等。假定"友"和"以"在上古完全同音，那就是在完全相同的条件下，后来的分化就是不可能的了。这是历史比较法的一个最重要的原则，我们不应该违反这一个原则。
>
> 这一个原则并不排斥一些个别的不规则的变化。由于某种外因，某一个字变了另一个读法，而没有牵连到整个体系，那种情况也是有的。不过，那只是一些例外，我们并不能因此怀疑上述的原则。

如上文所引，王力先生所讲的历史比较法的原则，即通常所说的"在相同的条件下不能够有不同的演变"，这就是自然音变原则对于一个同质性（homogeneous）语言或者方言来说，这个原则无疑是正确的。这个原则可以说是历史音韵研究者从事古音构拟的基石。

2. 接触音变例

但是，近年来，对历史音变理论的研究，有了很大的进展，当今的历史语言学界，通常把音变性质划分为自然音变和接触音变二类。最早将音变分为自然音变（或内部音变）与接触音变的学者是美国语言学家Weinreich在1953年的专著《语言接触》（*Languages in Contact*）一书中提出的。他认为，语言变异可以分为两种类型，一种是自然演变的结果，即内部音变，另一种是外部接触的结果，即接触音变。这一观点对后来的语言学研究产生了很大的影响，成为了语言接触和变异领域的一个重要理论框架。在之后的研究中，学者们不断完善和发展这一理论，并将其应用于更广泛的语言和语言社会学研究中。其后，美国语言学家拉波夫（William Labov）的《社会分层中的音韵关联》（Phonological correlates of social stratification，1964）认为自然音变和接触音变是相互作用的，并且可以共同导致语音变异的出现和扩散。在社会阶层化和语音变异之间的关系中，自然音变和接触音变都扮演了重要的角色。自然音变通常发生在一种语言内部，并且会随着时间的推移而逐渐发展和扩散。而接触音变则发生在不同语言或方言之间的接触中，可以导致语音变异的传播和扩散。因此，自然音变和接触音变都可以影响语音变异的发展，并且在社会阶层化的背景下具有重要的作用。语音学专家认为拉波夫 1964 年这篇文章更值得引用，理论性比较强。拉波夫 1994 年、2001 年出版的二书（汉译本 2019、2021）是其 1964 年文章内容的延伸。现把这二类音变的区别列表如下：

表 9　　　　　　　　音变性质二分表（冯蒸暂拟）

名称	传递方式	特点（1）	特点（2）	主要依据	备注
1. 自然音变	纵向传递	渐变	历时音变	《语言变化原理：内部因素》（[美]拉波夫，1994，汉译本，2019）	1. 音变性质二分说最早见于 Weinreich1953 年的专著《语言接触》（*Languages in Contact*），其后的重要论文是拉波夫（William Labov）的《社会分层中的音韵关联》（Phonological correlates of social stratification，1964）。拉波夫 1994、2001 年出版的二书是其 1964 年论文的延伸。 2. 拉波夫著作的"内部因素"对应于自然音变，无异议。而"社会因素"对应于"接触音变"，非拉波夫本人意见，乃是笔者意见。拉波夫的"社会因素"只说是变异，这个变异除包括音系内不规则音变外，还包括由接触借用带来的音位的增加。 3. "横向传递"一名为美国沈钟伟（2017）所创立。 4. 特点（1）（2）为冯蒸提出。
2. 接触音变	横向传递	突变	共时音变	《语言变化原理：社会因素》（[美]拉波夫，2001，汉译本，2021）	

上表笔者还参考了如下论著：（1）陈忠敏：《音变研究的回顾与前瞻》（载《民族语文》2008 年第 1 期）；（2）William Labov：Resolving the Neogrammarian controversy.（载 *Language* 57：267-308，1981）；（3）新出版的拉波夫两本著作汉译本（2019、2021）。

自然音变就是历史比较法的同质性音变，接触音变则是一种异质性（heterogeneous）音变，对于接触音变来说，我们认为上述的历史比较法构拟原则已不适用。那么，如何区分这两类音变？学界容有不同意见。笔者对此有自己的看法。下面我们以王力《汉语史稿》（上册）中所举出的"照二化精"音变例加以说明。

"照二化精"音变在近代汉语语音史上的地位及其音变条件，前人的论述不多，正式提出这个问题似乎首见于王力先生的《汉语史稿》（上册，1957）。他在第二章第十九节（121—122页）论述现代汉语 ts、ts'、s 的来源时说："现代汉语里的 ts、ts'、s 有两个来源：大部分的字来自精清从心邪；小部分的字来自庄初崇山。"然后，王先生把它们从来源上分成甲乙两类，甲类是来自精清从心邪的，乙类是来自庄初崇山的，甲类来源与本文无关，兹从略。王力（1957：118—119）关于乙类音变的论述如下（乙类音变今音韵学界通称"照二化精"）：

> （乙）来自庄初崇山的
>
> 照系二等和三等在《广韵》反切中区别甚严，这不是偶然的。在上古语音系统中，照系二等（庄初崇山）和精系相近，三等（章昌船书禅）和知系（即端系）相近。有了这个历史渊源，庄初崇山到后来虽然有一部分并到章昌船书去了，还剩下一部分字并到精清从心里来。分化的条件不很清楚，但是有一种现象是非常明显的，就是只有庄初崇山变的 ts、ts'、s，没有章昌船书禅变的 ts、ts'、s。例如：
>
> | 所 | ʃǐwo → suo | 俟 | dʒ'ǐə → sʅ | 厕 | tʃǐə → ts'ʅ, ts'ə |
> |---|---|---|---|---|---|
> | 邹 | tʃǐəu → tsou | 骤 | dʒ'ǐəu → tsou | 搜 | ʃǐəu → sou |
> | 岑 | dʒ'ǐěm → ts'ən | | | 森 | ʃǐěm → sən |
> | 涩 | ʃǐěp → sə | 测 | tʃ'ǐək → ts'ə | 色 | ʃǐək → sə |
> | 责 | tʃæk → tsə | 策册 | tʃ'æk → ts'ə | 缩 | ʃǐuk → su, suo |

王力先生的这段论述十分重要，我认为有两点值得注意：

1. 王力把北京话 ts、ts'、s 音变的形成分为甲、乙类两类，来自精清从心邪的称为甲类，并称之为是"大部分字"的音变；来自庄初崇山的称为乙类，并称之为是"小部分字"的音变。把音变分为"大部分字"的音变和"小部分字"的音变两类，这种分类是与印欧语的音变律分类原则一致的。

2. 王力没有指出这两类音变的分化条件。王先生说："分化的条件不很清楚，但是有一种现象是非常明显的，就是只有庄初崇山变的 ts、ts'、

s，没有章昌船书禅变的 ts、ts'、s。"如何解释这种现象？

如上文所述，王力认为中古音精组字和部分庄组字在今北京话中读成舌尖前音 ts、ts'、s，即有甲、乙两类来源，这在汉语语音史中并不罕见，它是历史语言学中一种司空见惯的音变方式，即合流音变。但是，当我们仿照王力先生的分类命名，把中古知庄章三组声母在今天北京话中的读音也分成两类，即读成 tʂ、tʂ'、ʂ 的称之为甲类，是一种多数字音变；把照二化精的字读成 ts、ts'、s，称之为乙类，是一种少数字音变，情况就完全不同了。换言之，本文把王力先生对今北京话读音为 ts、ts'、s 的两类转化为今北京话知庄章三组声母的两种反映形式时，音变的性质就完全不同了。它既非合流音变，也不是一般意义上的分化音变，而是一种尚待论定的特殊音变。理论上，"照二化精"可以说是在同一音变条件下产生的两种反映，这里也仿照分称为甲类和乙类。甲类是多数字的音变，即在北京话中变为 tʂ、tʂ'、ʂ，这里暂称为主流音变；乙类为少数字的音变，即在北京话中读成 ts、ts'、s，这里暂称非主流音变。可称之为音变的主次说。王力认为乙类读音目前尚找不到明确的分化条件，那它是一种什么性质的音变？

如上文所述（表9），根据历史语言学界把音变性质分成自然音变和接触音变二类的理论并与"照二化精"音变联系起来，可以认为知庄章的甲类多数字音变是自然音变，即主要音变，读成 tʂ、tʂ'、ʂ，乙类少数字音变是接触音变，即次要音变，读成 ts、ts'、s。所以，"照二化精"音变极有可能就是一种接触音变。如此看来，北京话知庄章组的音变则是一个既有自然音变又有接触音变的复合型音变。换言之，"照二化精"音变很可能是外方言影响导致的结果。

我们认为：中古知庄章组的这两种演变，恰恰是自然音变和接触音变这两种不同性质音变的反映。通过照二化精变例，我们可以得出如下一个结论，就是：众所周知的"在相同的条件下不能够有不同的演变"，这就是自然音变，反之，"在相同的条件下有不同的演变"，这就是接触音变。后者是我们提出的一个创新性看法。接触音变的另一佳例见于崔荣昌记录描写的四川境内湘方言，该方言有一套送气浊塞音和塞擦音，是方言接触导致的音变，见崔荣昌（1996），何大安先生在《规律与方向：变迁中的音韵结构》一书中最早指出了这一点，具有重要的历史语言学意义，兹不多述。

补充原则（三）：同源词语音与语义矛盾时以何者为准？以语音为准

汉藏语比较，经常会出现语音与词义方面的冲突，此时，是以语音为标准，允许词义有较大变化，还是以语义为标准，允许语音有较大差异？

关于这个问题，我因为当时正从王静如先生学习汉藏语比较，他让我先看一下外国人写的有关著作，我发现了这样一个问题，就是汉藏两语比较，经常会出现汉藏两语语音或者词义方面的冲突，有时汉藏两语语音对应严整，但是词义差别较大，有时汉藏两语词义相合，但是语音又差别较大。如何解决这个问题？是以语音为标准，允许词义方面有较大变化，还是以语义为标准，允许语音有较大差异？我把这个问题提出来，向俞敏先生请教，俞敏先生明确地告诉我，汉藏语比较一定要以语音为标准，不能根据词义，因为语音的规律性强，而词义则容易变化。俞先生的话一锤定音，对汉藏语比较研究具有原则性的指导意义。

补充原则（四）：规律与例外——音变规律无例外论

补充原则（四）这个标题与徐通锵先生《历史语言学》的第五章的标题完全一样。的确，语音规律与例外关系的研究无疑是历史语言学的一项重要研究课题。这个问题也是在印欧语历史比较研究中发现并提出来的。印欧语比较研究者在构拟原始语的过程中，发现无论是语音对应还是音韵演变，一方面发现了严整的语音对应规律，但是也发现了若干例外。如著名的格林定律（Grimm's Law）、维尔纳定律（Verner's law）、格拉斯曼定律（Grassmann's law）都是用来描述印欧语语音演变的重要定律，通常被称为辅音三律。正如维尔纳在解释他的定律时说的"不规则必定有规律"，他还把当时人们所说的"没有一个规律没有例外"改为"没有一个例外没有规律"，又说，"每一个规律的例外，都必有一个原因"，可以想见当时对语音规律的一些看法（王静如1981）。我在向王静如先生学习印欧语历史比较语言学的时候，先生曾经多次强调，至今记忆犹新。

产生例外的原因很多，汉语历史悠久，更是不乏其例，对此，李荣先生有4篇重要论文：《语音演变规律的例外》（1965）、《方言语音对应关系的例外》（1965）、《论北京话"荣"字的音》（1982）、《论"入"字的音》（1982）。李方桂、郑张尚芳等先生的上古音研究中都曾涉及上古音中对于例外现象的处理，请看如下三例：

1. 王力《汉语史稿》（上册）的52条上古音"不规则变化"多因拟音不合理所致，实四分之三可归为规则变化。郑张尚芳《我的语言研究历程》（2011：70）说：

1957年……王力先生《汉语史稿》上册出版了，我在兴奋地学习时也发现了不少疑问，尤其是王先生在正文和注中直言不讳地指出的52条"不规则变化"，经重新排比觉得好像四分之三是可以归为规则变化的，比如只要在之职蒸三部加设二等，就可把"埋、怪、骸、革、戒、麦、宏"6条规则化，把重纽三等字另外自列成等，就可把"龟、丕、悲、备、器"5条规则化，把元部分出仙部，则"间、产、遣、辨"等条也规则化了。于是我试图从系统性出发，对《汉语史稿》上古拟音中一些空档和不规则音变提出修改建议。

2. 李方桂先生《上古音研究》构拟匣母、喻三和群母上古为同一声母所导致的例外。李方桂先生假定匣母、喻三、群三母的变化条件如下：

上古 *g+j-（三等）>中古群母 g+j-

上古 *g+（一、二、四等韵母）->中古匣母 ɣ-

上古 *gw+j->中古喻三 jw-

上古 *gw+j+i->中古群母 g+j+w-

上古 *gw+（一、二、四等韵母）->中古匣母 ɣ+w-

邵荣芬（2009）指出：

　　这些条件倒是各不相同，但当把它们纳入李先生所假定的韵母体系时往往造成一些不规则现象，比如阳部庚三开口字拟作-jiang，阳韵开口字写作-jang，合口字写作-wjang，作为阳韵合口的"狂"字，其韵母照理也应当写作-wjang，但因为"狂"是群母字，不得不写作 gwjiang，结果变成了与上古庚三合口同韵母。既然这样，它中古就该变入庚三，可是庚三没有群母字，就只得变入阳韵，以致造成了韵母演变的不规则。又如"永"字是庚三合口喻三字，跟韵母拼合时，写作 gwjiang，声母却变成了群母。依理中古当变为 gjweng，但实际上中古这是个喻三字，所以变成了 jwang，于是造成了声母演变的不规则。又如耕部庚韵三等合口的"荣"字是喻三字，跟韵母拼合时，写作 gwjing，结果却跟清韵合口的"琼"字同式，依例中古当变为 gjwäing，但实际上中古却变成了 jwɐng。不仅造成了声母不规则，也造成了韵母不规则。以上这些不规则现象说明李先生的假设还不是一个十分合理的假设。假设的这种不完整或不合理，会对假设的可信性产生严重的影响。可见语音在完全相同的条件下,不可能有不同的变化这一原则对分析、解释音变是多么的重要了。

3. 邵荣芬关于匣、云、群三个声母的上古音新构拟最为恰当,详见邵荣芬(1991,1995)。邵荣芬(2009)说:

> 又如匣、云、群三母上古的关系有很多说法,其中高本汉说、曾运乾和董同龢说、周法高说在声韵配合上都有缺点。请看下表:
>
> | | 声母 | 读音 | 所配等 |
> |---|---|---|---|
> | 高说 | 匣群 | g' | 四等全 |
> | | 云 | g | 三等 |
> | 曾、董说 | 匣云 | ɣ | 四等全 |
> | | 群 | g | 三等 |
> | 周说 | 匣群 | g | 四等全 |
> | | 云 | ɣ | 三等 |
>
> 各说都将三母并成两母,而跟等列的配合一是四等都配,二是只配三等,配合不均衡,一目了然。邵先生曾根据谐声和通假等证据,提出三母的上古假设如下:
>
> | (邵说) | 匣$_1$群 | g | 配四个等 |
> |---|---|---|---|
> | | 匣$_2$云 | ɣ | 配四个等 |
>
> 把匣母一分为二,匣$_1$并入群母,匣$_2$并入云母,这样声韵配合不均衡的问题就解决了。

由以上三例可见,对待各家构拟体系中出现的所谓"例外",必须逐一仔细甄别,根据材料找出最合理的解释,很多所谓"例外"实是假例外,是研究者构拟的不合理所导致的。因此,学者应做出更科学的构拟,以排除那些"假例外",才能获得音韵之真谛。

补充原则(五):历史语言学三大音变方式的数字对比表示法

首先,研究汉语历史音变,须先说明音变单位。西方历史语言学基本上都是以元音、辅音为音变单位,但就汉语音韵来说,并非全然如此。汉语的音系分析,素有声韵调分析法与元辅音分析法两种。所谓声韵调分析法,就是在分析音节时,将音节分为三个部分:处于音节开头的辅音叫声母，声母后面的成分为韵母，贯穿整个音节的音高变化为声调。这种分析方法还将组合较为复杂的韵母部分再进一步分为韵头、韵腹和韵尾三个部分。这就是所谓声韵调分析法。声韵调分析法是我国传统的语音分析方法，它适合汉语的特点，能显示音节的结构层次。元辅音分析法则以元辅音为基本分析单位，一般把中古以后的音节结构分为 V、C—V、V—C、C—V—C 四种基本类型。其中的 V 代表元音，C 代表辅音。声韵调分析法和元辅音分析法并非对立、互相排斥，可以看作是音节结构分析的两个不同层面。本文采用声韵调分析法，即以声、韵、调为音变单位，具体到本文来说，是考察韵母中韵部（韵腹+韵尾）的演变方式及其与历史语言学有关音变理论的关系如何。

历史语言学关于语音的音变方式，通常是分为音素变化（phonetic change）和音位变化（phonemic change）两大类。其中音位变化，有的历史语言学教科书又称为音位重组（rephonemicization），一般又分为合并（merger）或称合流与分化（split）两种情况，这两种情况，历史语言学教科书或称为音变方式，或称为音变类型，本文取前一名称。此项内容已成为历史语言学讲授的基本常识。

顾名思义，"合并"音变就是指早期的两个或两个以上的音类（音位）在后来的演变过程中合并为一个音类（音位），合并式音变多是非条件音变，但也有是条件音变的。

"分化"音变就是指早期的一个音类（音位）在后代分化为两个或两个以上的音类（音位），分化音变多数是条件音变。

合并与分化是历史音变的两种主要方式，一般的历史语言学教科书对这两种音变方式的说明，除确定两类概念并加以命名外，通常都用文字叙述来说明，鲜见有其他表示法。

但是，不难想象，除这两种音变方式外，应该还有一种直线式音变，它既不是分化，也不是合并，即音变前和音变后都是一个音类，甚至在音值上亦无甚变化。这种早期是 1 个音类，后代仍然是 1 个音类的音变，我们称之为"直承式"音变，意思是音变的起点和终点之间是一种直接的继承关系。王力先生在《汉语语音史》中也注意到这种音变方式，他称为"无变化"式。可能正是因为无变化，一般的国外历史语言学教科书并不涉及。我们认为"无变化"也是一种变化，可称为零变化。最近，我们看到已有少数国外历史语言学教科书亦认可"直承式"也是一种音变方式，如 Terry Crowley 和 Claire Bowern 合著的《历史语言学导论》(*An Introduction to Historical Linguistics*，2014) 第四版把此种音变称为 shift。

在汉语语音史中，任何前后两个阶段的语音演变，不管是声母演变，还是韵母演变，或是声调演变，都符合这三种音变方式。但如选择一个较少例外，而又能恰好说明这三种音变方式的汉语语音史例，汉语中古音的 16 摄至元代《中原音韵》的 19 韵部的演变，最为恰当，因为这两个时代的韵部音变相对简单、明晰，可以用图表的方式一目了然地呈现出来。

其次，上述三种音变方式，除通常的文字叙述法外，有没有更为直观的表述方式？经过思考，我们提出一种数字标示法（参见冯蒸、任文博 2017），这种方法可以直观、明确地表明这三种音变方式。如下：

直承式音变（1 对 1）：早期 1 个音类，后代形式仍然是 1 个音类，数字标示法是"1 对 1"。

分化式音变（1 对 2）：早期的 1 个音类，后代演变为 2 个或者 2 个以上的音类，数字标示法是"1 对 2"。这里的"2"是泛指，具体的演变结果未必是 2 个音类，可以是 3 个或者更多的音类，具体数目需视具体情况而定。

合并式音变（2 对 1）：早期的 2 个或者 2 个以上的音类，后代演变为 1 个音类，数字标示法是"2 对 1"。这里的"2"也是泛指，具体的演变结果未必是 2 个音类，有可能是 3 个或者更多的音类，具体数目亦需视具体情况而定。

以上三种数字关系式，可以说代表了古今音类演变的全部方式，简明易懂，比只用文字说明直观多了。我们曾用中古的 16 摄至《中原音韵》19 部的演变情况对上述三种音变方式做一具体实验。详见上述拙文。

如果我们举上古韵部至中古的《切韵》音系为例，则合并式与分化式占主流，几乎见不到纯粹直承式的例子，那是因为上古至中古的语音变化太大，即使有极少量的直承式音变例，也不是音变主流，反倒不易于说明音变方式。

五 汉语古音构拟的特殊性：李方桂认为汉语中古音构拟非历史比较法意义上的"构拟"

汉语历史音韵构拟有一种特殊性，就是：中古音构拟与上古音构拟性质是否相同。这个问题李方桂先生在《口述史》中有专节论述，如前所述，李先生关于历史比较法构拟原则的论述问答已见于《口述史》的第五章"对历史比较语言学的主导原则和方法论的讨论"，该章共分七节，第六节"关于中古汉语和上古汉语的性质"专门论述了汉语古音构拟。此外，第五节"借词"和第六节之间还夹有一段独立的内容"高本汉著作评析"，从内容上看，似乎是第六节的一个引子，应该并入第六节，但是并没有标明节号，这部分内容与下文的第六节直接相关，同样涉及李先生关于汉语古音的构拟问题，所以这里把它与李先生《口述史》的第六节一并在此处加以论述。请看罗仁地先生与李方桂先生的如下对话：

[高本汉著作评析]（《口述史》汉译本，2008，89—90页）

罗：李教授，对高本汉的构拟您有何看法？您认为自己的方法与他有何不同？

李：对此，你必须弄清他的那些构拟属于哪些时期。我不知道他是否会把它——至少是其中的一部分称之为构拟。因为对于公元600年前后的语言称之为中古汉语，已存在足够的语音特征，所以我不知道你是否把它称之为构拟。我想甚至连高本汉也不认为这是一种构拟。

以辅音为例。公元6世纪的辅音（声母）在汉语音韵学里早已为人所熟知了，比如"见、溪"等等。也就是说有了牙音（velar）、舌音（dental）、唇音（labial）等等，因此不能把它称之为构拟——尽管不得不把汉语"帮、滂、并、明"等转写成音标符号。不管这些字是否写成清音 [p]，清送气音 [ph]，还是浊音 [b] 等，它们（帮滂并明）显然是唇音，可以用文字描写。但我想高本汉也不会称之为构拟，他只是简单地把传统的汉语音韵学术语改用一套音标符号。因此就有所不同。……（下略）

如果要把中古汉语的音类加上标音的工作称之为构拟，那么问题就不会太难，因为汉语音韵学家已经提供了足够的某种语音学上的知识信息。比如说，唇音，好了，有［b, p, ph］等；如果是牙音，他们已经研究出［g, k, kh］等；还有舌音……所以，要做的构拟工作是极少的。难的是上古汉语（Archaic Chinese）的构拟。所以，构拟的问题——你们称之为构拟，我认为高本汉并未把公元6世纪的汉语言的这种研究称之为构拟。那是中古汉语（高本汉称作 Ancient Chinese，有人称作 Middle Chinese）。可在上古汉语里问题就难多了，那是公元前4世纪的汉语，是周朝时期。当然，上古汉语语音的研究要难得多，我们（指李方桂与高本汉）在构拟上的不同之处大多在于此。

对于这段问答录，笔者的第一个感觉就是：提问者罗仁地先生的高水平提问，据我所知，这个问题是目前为止几乎所有的历史语言学著作都没有涉及的问题，以至于当今的诸多汉语历史音韵研究者恐怕也未必明白问题的症结点。而李方桂先生的回答竟是如此精彩，纠正了迄今为止在汉语音韵学界的诸多误解，实在是功莫大焉。

根据《口述史》的内容可以提出这样两个问题：1. 由于汉字非拼音文字，直接从字形上看不出该字的历史读音。高本汉开创性地给《广韵》音系的声母和韵母都加上了具体音值，这算不算是构拟？2. 此前中国学者基本上都认为汉语中古音的构拟与上古音的构拟无甚区别，这个观点对不对？

宏观地说，既然是讲构拟，虽然是古汉语音韵的构拟，应属于历史语言学的范畴无疑，但是，李方桂先生在这里阐述了他的一个重要观点，即他认为汉语中古音的构拟与上古音的构拟性质全然不同。中古音的构拟最多只能够认为是一种笔者称作的"准构拟"，与真正的印欧语历史比较法明显不同。因为它只是给已知的中古汉语音类加上合适的音值，这种"音类（已知）+音值（未知）"的过程，高本汉等学者也称之为是一种"构拟"（reconstruction），显然，这已经与印欧语历史比较法的构拟有了本质上的不同，这里暂时把这种中古音的加音值行为称之为"准构拟"。而上古音的构拟，才真正是历史语言学意义上所说的历史比较法的构拟。那么两者的根本区别在何处？《口述史》的有关表述清晰地展示了李方桂先生的观点：在这种已知音类的基础上加上音值，并不是印欧语历史比较法意义上的构拟,《口述史》一书对高氏的这种工作从方法论角度做了精彩的评析,认为那不应该叫作构拟,至少不是印欧语历史比较语言学所说的构拟。下面再把这个问题简单讨论一下。

关于汉语中古音的构拟,众所周知,一般是基于公元 601 年的《切韵》,该书以四声为纲,分为 193 韵部。后来通常使用的中古韵书是《广韵》,该书虽然分为 206 韵,但是本质上与《切韵》性质无殊。《切韵》系韵书的韵部加上《韵镜》等反映《广韵》音系的中古等韵图,即加上等位开合关系,中古音系的韵母基本上可以求出来。但是所求的只是中古音韵母的音类,并未涉及音值问题。此外,《切韵》系韵书除了反映韵母的四声和韵部外,尚缺乏明确的声母信息,但是由于还有反切,清人陈澧运用反切系联法,在宋人三十六字母的基础上求出了《广韵》的声类,经过近现代学者的后续研究,求出了《广韵》的声母数目,一般认为在 36—38 个之间,但是这也只是音类研究,并没有涉及音值问题。直到高本汉《中国音韵学研究》的出版,才首次有了《广韵》音系声母和韵母的音值,这是一个具有划时代意义的事件,目前已经被音韵学界所普遍接受,这就是至今音韵学界一般所称的构拟。至于高氏是如何把《广韵》音系的每一个韵母、每一个声母都一一构拟出来,在高氏的书中有详细的论述,主要是根据汉语方言和域外译音构拟出来的,可信度很高。李方桂先生认为:这种"构拟"只是在已知中古音类的基础上加上音值,并不是印欧语历史比较法意义上的构拟。构拟指的是,在音类与音值均未知的情况下,根据语音对应关系所做的构拟。所以李先生在《口述史》一书中对高氏的这种工作从方法论角度做了评析,认为那不应该叫构拟,至少不是印欧语历史比较语言学所说的构拟,笔者完全赞同(见冯蒸 2010)。这是李先生对汉语音韵学的一个重要贡献。

另外,根据《口述史》可知,李先生认为汉语中古音的构拟与上古音的构拟全然不同。上古音的构拟原则上可以与印欧语的历史比较法相挂钩。但是这个问题相当复杂,需要另辟专节讨论。

六 汉语上古音构拟中的谐声分析法与历史比较法的相似性、可类比性与特殊性

如前所述,汉语中古音的构拟与上古音的构拟全然不同。那么,汉语上古音音系音值的构拟,与中古音音系音值的拟测有哪些本质上的不同?

这种不同是否就是印欧语历史比较语言学意义上的构拟？这里显然有必要加以辨析。

音韵学界一般认为，构拟汉语上古音的材料主要有三种：（1）《诗经》用韵；（2）谐声系统；（3）《切韵》投影。首先是《诗经》用韵最早引起古音学家的注意，学者们一直据以做古韵分部研究，《诗经》韵分30—33部是目前音韵学界的最后意见。正如著名音韵学家董同龢先生在《上古音韵表稿》（1944/1948：67）中所说："清儒的古韵分部工作，用现在的眼光去看，可以说是上古元音系统大类别的划定（自然还附带有韵尾的关系）。"这当然仍是音类的划分，没有涉及音值的问题。《诗经》用韵当然与声母问题无涉。如果要想对上古声母问题进行系统的构拟，就必须研究上古谐声系统。所谓运用谐声系统研究汉语上古音的声母，通常是看在一个谐声系列中主谐字与被谐字的声母关系。当然是以中古声母为出发点，考察《说文》中的全部谐声系列可知，上古谐声系对声母的反映十分复杂，对此，瑞典高本汉（1923）首先提出了10条"谐声说"（参见冯蒸1998），后来有不少学者加以修正。目前最新的研究成果，是所谓"李方桂的谐声说"（李方桂1971/1980），其后，郑张尚芳先生在《上古音系（第二版）》一书中提出了他的"词根谐声说"，这是目前关于上古谐声理论研究的现状。

李方桂先生《口述史》中更多的内容是涉及汉语上古音的构拟，《口述史》中的李先生原话如下（《口述史》汉译本，2008，第90—91页）：

李：我在许多方面与高本汉不同。这是我写的有关上古音的论文《上古汉语》一文（拿出论文），既谈元音，又论辅音。我论述了全部的辅音和元音。这篇论文发表于吉德炜（David Keightley）编的《中国文明的起源》（*The Origins of Chinese Civilization*）一书中。这篇文章表明，我的体系与高氏体系大不相同。比如说，辅音比较容易构拟，问题很少，问题多在元音方面，我的体系非常简单明了。你们从这里可以看出来：我只有四个元音和有规律的一些辅音等；因此，要明白为什么我在上古音构拟方面与高本汉所谓的"上古汉语"构拟不同，就必须从这里看起。上古汉语高本汉称为 Archaic Chinese，许多人称为 Old Chinese。

当然，有许多人有各种不同的构拟，特别是对上古汉语的构拟。

如包拟古（Bodman）教授，他汉语懂得不多，但知道汉藏系许多语言。他更多的是受汉藏系语言的影响，并据此去反映上古汉语的构拟。因此，对此问题至今仍存在好些分歧。我并不认为，这是一个一蹴而就的问题，但一般来说，已经有了许多一致意见。但也存在某些不同看法。

比如，我的理论是，上古汉语只有四个元音，其中有两个高元音 [i] 和 [u]，一个央元音 [ə] 和一个低元音 [a]。这样，[i, u, ə, a] 这些音就是我所拟测的上古汉语四元音系统。再以包拟古为例，他认为有 [i, u, e, o, ə, a] 六个元音，他保留了两个低元音 [a] 和 [o]。那是因为他的构拟受藏缅语所影响。而根据我的研究，运用汉语本身的材料，上古汉语里当然没有 [e] 和 [o]。在更早时期可能是有的，但到了上古代汉语时期，如有的话也可能消失了……因此，上古音的研究依然存在大量的问题。

六　关于中古汉语和上古汉语的性质

（《口述史》汉译本，2008，91—92 页）

罗：您认为上古汉语（Archaic Chinese）和中古汉语（Ancient Chinese）是属于同一系统的两个部分吗？或者说，它们是系属不同的音韵系统吗？即两个各自独立的语言系统。

李：你的话是什么意思？

罗：有些人，比如高本汉，在某种意义上的说，他的构拟认为上古汉语和中古汉语是在同一条线上发展的，系属同一范畴。其他语言学家——比如张琨或别的一些人认为，上古汉语和中古汉语之间的发展并不真正是一条直线。您对此有何感想？

李：啊，对这些事情难以说清。上古汉语后来一定发展成了中古汉语。它们是如何发展的？在这一发展过程中哪些方言受过影响？诸如此类的问题就很难说了。谁也不能说中古汉语（Ancient Chinese，或 Middle Chinese）没有源头，上古汉语（Archaic Chinese）没有去处。对此难以提出一种学术理论。另外，也可以总结出一些语音规则。说明上古汉语可以变成中古汉语的规则。如果现在这么做了，有些人会认为，噢，这就是它的发展过程，从上古汉语到中古汉语的发展过程。另一些人对此可能意见不同。然而，谁也不能说它们没有联系。

罗：我不是说它们没有联系，而是说其中的组成部分。也就是说，有些人认为，中古汉语（Ancient Chinese）或者说我们所处理的语料总汇，主要是《切韵》反映的中古音面貌并不是一个真正单纯的方言，而是由同一时期的许多不同方言构成的某种凝聚体（conglomeration）。

李：我认为这是一个大问题；我也认为这是一个问而无用的问题。因为正如我们所知，中古音系源出于一种韵书（rhyme dictionary）。即使是现在，某种语言的词典也不可能是完全单纯的一种方言。如英语，看看英语词典。我们以《当代英语词典》为例，当代英语词典里所收的语汇并不只是一种方言语汇。一本《当代英语词典》里面收词一定有来自英国各地的种种方言语汇。

我们知道，现代英语中有相当数量的苏格兰方言词汇（Scotch words），也还有其他方言词汇，南方英语方言词汇或曾经收入里面的其他一些方言的词汇。其实无论是哪一部词典，你都不能推测说，它是一种纯粹的方言。或许还有别的许多方面进入词典里。我认为必须从这个角度出发去看待汉语的《切韵》，而不要以为《切韵》是一个单一的方言音系。所以，我想那些推测《切韵》是一种单一方言音系的人，可能是中国学者会有那种观点。但是我不相信那种观点是——我们知道，从《切韵》时代就有许许多多字词……你知道，《切韵》里有这么多的异读字。异读倒没什么，因为即使在英语词汇里，也有这种情况，同一个词儿这儿这么念，那儿那么念。《切韵》时期的韵书里就有了如此众多不同的读法。这种现象是如何产生的是另外的问题；但是它没有使我们感到这部《切韵》是一种语言、两种语言或三种语言。因为像这样一部高度完备的文学语言（标准语言）韵书，里面常常有许多方言词汇。从英语里就可看出来，许多词汇以这种方式念，其他一些词汇又以那种方式念。那可能是从苏格兰来的，是苏格兰词，它融入了现代英语。

我们在汉语里的情况相似。在这一特定方面，我们感到汉语并不会有什么不同。所以，我们说，《切韵》系语言不是一种语言（方言），它由几种语言（方言）组成，而英语也是如此。英语也不是一种语言，你们知道，英语里含有各种语言成分。汉语亦然，不是一种语言。《切韵》的语言里含有各种成分，所以我认为，如果说我们去编一部当代英语词典是件徒劳无益的事情。我会说:"那是什么语言?那是一种什么语言?难道里面没有苏格兰词,没有南部英语方言词,没有中部所谓的伦敦式英语方言词吗?"这样问是没有用的。当代英语就是一种混合体,各种成分的混合体。这方面我感到汉语《切韵》不应该与英语有什么大的区别。

罗:那么《诗经》怎么样呢?对于上古音韵构拟所主要依据的《诗经》您有何看法呢?有些人,比如说,杰佛利·里埃格尔(Jeffey Riegal),他刚刚完成《诗经》的翻译,他宣称它是一个统一的语言,《诗经》里的宫廷语言、原始民歌及其他各种东西都是被编成了用一种语言。您认为这种说法可信不可信?因为,如果说《诗经》也不是一种语言,那么就有些意味着,许多构拟工作都不太可信。

李:好啊,有各种不同的理论。我们有的,除了某历史文献记载外,主要是根据所谓的《诗经》——当时的诗歌总汇。现在我们还不知道这些诗歌是不是确实来自不同方言或者说它们是不是从不同方言搜集起来的。但是,它们多多少少地已经规范化为一种文学方言(标准方言)了。因此,我的感觉是,读这些诗歌时——它们是押韵的,是一种——仿佛已经相当规范化了。根据这些诗歌所出现之不同时期推测,当时有10到15种方言,但《诗经》里再也看不出两种不同的方言。这是一个我们永远不能解决或相当难以解决的问题;但有解决的可能性。只要你看看《诗经》的押韵系统等等,就知道它们一定是规范化了。

(一) 关于上古汉语复辅音(《口述史》汉译本,2008,93页)

罗:您在大著《上古音研究》里谈过上古汉语的复辅音。有人认为其中有些复辅音可能源自藏缅语的前缀,您对此有何看法?您是认为汉语曾经有过前缀音呢?还是只有过稳定的复辅音?

李:对于所谓的中古汉语(Anicient Chinese),我们这方面没有例证。但对于上古汉语(Archaic Chinese)来说,很有可能。比如,至少现在念为/k/的某个字里,存在这样的一些迹象。同一声符加上某个不同的偏旁组合之后的形声字就念成/s/了。那又如何呢?怎么把/k/和/s/扯在一起,使它们一致呢?这可以有不同的说法。/k/和/s/可能来源于一个复辅音/sk/,这样,对这种东西就会有各种不同的解释了。在《上古音研究》中，我对这种解释发表了一些粗浅的看法，当然啦，我们的意见仍然非常——

罗：但是，我的问题主要是，如果它们是复声母的话，您觉得它们是稳定的复辅音吗？或者说，对于同一声符的这些不同发音，是否可能由于有一系列的前缀音所致？

李：当然，其中有些，你能感受到的其间的语义关系。比如："亡"：死了，走了，消失了就是——亡。还有一个字与死亡之义相当，就是"丧"。这样亡和丧就是有语义关系的词。/s/和/w/可能是某种前缀音，使亡变成了丧。这种你不能过于忽视，而目前尚不能满意地解释的词，另外还有许多。最近，梅祖麟写了关于上古汉语（Old Chinese）前缀音*s-的文章。某些带*s-前缀的字就可能表示某种使役性——

罗：众所周知，藏缅语里也有这种情况。

李：噢，这在很久以前孔好古（August Conrady, 1864—1925）就说过了。那是一本名著，是用德文写的。我想不起书名了（冯蒸按：该书书名是 *Eine indochinesische Causativ - Denominativ - Bildung und ihr Zusammenhang mit dem Tonaccenten*，汉译名是《印支语系（汉藏语系）中使动名谓式之构词法及其与声调别义之关系》，1896年出版）。大约在五十年前我读过这本书。他学过汉语，也学过藏语。在藏语里非常清楚，s-表示使役性，对吧？你查查词典，就能看出藏语——。但是，s-在多数情况下是个使役性前缀，而 s-不是唯一的使役性前缀，还有别的一些前缀，但它们不是如此容易辨认。所以说这方面可有某些迹象表明。现在梅祖麟发现在上古汉语里有某种似乎是表使役的前缀 s-。我认为，这非常有意思。它表明藏语和汉语之间存在大量重要的关系。

上文罗仁地先生的提问的确都是汉语语音史中最为重要的关键性问题，学界一直有不同看法。那么，李方桂先生的意见如何呢？可以说是创见极多，这里归纳为如下四个问题：

（1）**元音系统的构拟问题**。李先生与高本汉的上古元音系统构拟相差极大，李先生只有四个主要元音（外加上三个复元音），而高氏构拟的上古音竟然有十几个主要元音，如果是这样，汉藏语的比较将难以进行，因为藏语、缅语的元音系统都非常简单，难以找到对应规律。但使用了李先生的构拟系统后，汉藏缅的元音对应则十分明显，这是李先生对汉语上古音构拟的一大贡献。另外，李先生认为藏语和缅语的五元音系统中的e、o两个元音是后起的，这也是一个创见（参见龚煌城2005）。

（2）**复声母系统构拟问题**。关于上古音有无复声母问题，现在几乎已经很少有学者否定上古音有复声母的存在。但是如何构拟上古复声母？上古音有哪些类型的复声母？音韵学界尚有不同意见。在《口述史》中，李先生提出了他自己的一些看法。如果用最简单的语言概括李先生的贡献的话，我认为只有四句话：上古音有复声母确然无疑；上古复声母的构拟内部证据主要是谐声分析法；在谐声分析法的基础上，参考汉藏语的比较成果；上古音复声母可能与前缀音有关，但目前尚无肯定性结论。

（3）**上古音与中古音之间是否有直接的承继关系？** 李先生认为这是一个大问题，尚需进一步加以研究。

（4）**《诗经》有没有方言性？是否是内部完全一致的同质语言？** 李先生认为此问题尚待进一步研究，目前尚看不出有明显的方言区别。

以上（1）（3）（4）三个问题这里暂不讨论。这里只简单说明一下（2）复声母系统的构拟问题。因为它涉及到历史比较法有关的构拟问题。

如前所述，李方桂先生在《上古音研究》（1971/1980）中提出了两条声母的谐声原则。这两条原则是：

（一）上古发音部位相同的塞音可以互谐。
(a) 舌根塞音可以互谐，也有与喉音（影及晓）互谐的例子，不常与鼻音（疑）谐。
(b) 舌尖塞音互谐，不常跟鼻音（泥）谐。也不跟舌尖的塞擦音或擦音相谐。
(c) 唇塞音互谐，不常跟鼻音（明）相谐。
（二）上古的舌尖塞擦音或擦音互谐，不跟舌尖塞音相谐。

李先生说："依这两条原则当然实际上可以发现些例外，这些例外也许另有解释的必要，但是我们不妨严格的运用这两条原则来考察近人对上古声母的拟测，看看他们的声母是否合乎这两条原则。如果不合的话，我们也许对上古声母系统应当有一个新的估计。以下四条就使我们对他们的上古声母系统发生疑问的地方。"

下面举一例说明李先生运用此原则构拟的一套上古清鼻、边音声母例，李荣先生高度评价李方桂先生的这个构拟。李方桂先生认为上古音的鼻音边音各有清浊两套：

  浊音 m n ŋ l

  清音 m̥ n̥ ŋ̊ l̥（也写作 hm hn hŋ hl）

这里介绍他关于上古有清 [n̥] 声母的论证。

李荣先生（1988/2012）说：

[n-] 很少跟 [t- d-] 谐声，特殊的是有些 [n-] 往往跟送气的 [th-] 谐声。比方说，

  能 n-：態 th- 難 n-：嘆 th- 餒 n-：妥 th-

如果说同部位的鼻音和塞音可以自由互相谐声的话，浊音 [n-] 该多跟 [d-] 谐声，因为都是浊音。但是 [n-] 并不多跟 [d-] 谐声反而跟送气清塞音 [th-] 谐声。这类送气清塞音跟鼻音互谐，一定有他的缘故。李先生在贵州调查苗语时，发现苗语除了鼻音声母 [n-] 之外，还有不带音的鼻音声母 [n̥-]，听起来仿佛是 [n̥th-]。[n̥a] 跟 [n̥tha] 是很相近的，不带音的 [n̥-] 变成 [th-] 不是不可能的。[th-] 母字能够跟鼻音 [n-] 谐声，是因为这一类 [th-] 母字是从上古 [*n̥-] 来的。（[t- th- d- n-] 分别表示"端透定泥"四母。(这一段节引自《上古音研究》，商务印书馆本 19 页，100—101 页)。

  构拟古音是个"摆事实，讲道理"的工作，不能"想当然耳"。就当前的问题说，"摆事实"是指出 [n-] 跟 [th-] 谐声而少跟 [t- d-] 谐声。据作者所知，以前似乎没有人明白点出这个事实。上述 [n-] 跟 [th-] 谐声的例都是常用字。可是以前认为这是鼻音跟同部位塞音谐声的少数例外，跟"百拍白陌"是"帮滂並明"四母字谐声，"更硬"是"见疑"两母字谐声相同：

  百 p-：拍 ph-：白 b-：陌 m- 更 k-：硬 ŋ-

不再深入思考。"事实"很多，需要识别、选择、分类的工夫。假设跟 [n-] 谐声的 [th-] 来自清鼻音 [*n̥-]；同时举出苗语有

[n-]又有[n̥-]，[n̥-]听起来像[n̥th-]的旁证，这是"讲道理"。

这个例子很有说服力。继董同龢（1944/1948）之后，李方桂先生把清鼻、流音系统全面引入到汉语上古音构拟，其贡献不可磨灭。

李方桂先生的谐声说，是对声母说的，一共有两条，可以看出，同一谐声系列并不要求声母相同，只要求发音部位相同。其第一条讲的是塞音，下分三小条，可知同一个谐声系列的中古音声母虽然必须发音部位相同，但是在发音方法即清浊和送气与否方面可有不同。但是这又有特殊性，舌尖塞擦音 ts-系与舌尖塞音 t-系发音部位亦相同，但是不能谐声，这是为什么？李先生没有解释。有学者认为，清浊和送气问题是发声态（phonation type）的不同，还不是真正意义上的发音方法（manner of articulation）的不同，我则认为，上古音的谐声原则除了有共时方面的原因，恐怕还有历时方面的原因。据我观察，舌尖塞擦音 ts-系与舌尖塞音 t-系虽发音部位相同，但是二者却不能谐声的原因是二者没有历时关系，即没有历时渊源，所以不能够谐声。这个问题还有待进一步的研究。

需要特别说明的是：现代学者运用谐声分析法构拟上古复声母，与印欧语的历史比较法的构拟情况虽有相似之处，即二者虽然有一定的可比性，但仍然有着较大的不同。目前的上古音研究诸家，以李方桂、龚煌城、郑张尚芳、潘悟云、白一平、沙加尔、斯塔罗斯金、叶玉英、张富海等先生为代表，即认为同一谐声系列的词根声母虽出自同一来源，基本上以声符为词根，但并不要求同一谐声系列的字都是声母同音。这派学者认为，根据某一声符的中古声母分布来构拟其上古读音，和历史比较法确实有相似之处，但性质还是不一样。不同语言的声母对应有一个共同的来源，而同声符不同中古声母的上古读音只是相近关系。有人说同声符的词根一定相同，似可商榷。举例来说，叶玉英教授曾举过如下一例，可以说明问题。从共时的层面来看，人们造字的时候所依据的谐声原则是同一谐声系列字所记录的主要音节的发音部位要相同或相近，但发音方法可以不同。以"出"声系为例，汉代以前，"出"的声母为 *qhl-，因此在汉代以前造出来的"出"声系字的声母为 *qhl-、*kl-、*khl-、*ŋqʰl-或 *ŋqʰ-。词根的发音部位都是喉牙音，但存在送气与否的区别。汉代以后"出"已音变为透母字，因此，汉代以后造出来的"出"声系字有的是端、透母字，有的则是二级谐声的"屈"声字（叶玉英 2009；张富海 2021）。

郑张尚芳的《上古音系》后附的"第四表《古音字表》"依声符排列，基本上是根据《广韵声系》，然后用《说文》、《十三经不二字》和古文字进行校订，剔除了不见于先秦的字，在音韵学界影响甚大（参见冯蒸 2019）。

七 音系学视角下的"古汉语单音节音系音节内声韵互动理论"

（甲）总论：单音节声韵关系的语音学研究与音系学研究的分野

汉语或者汉藏语系的语言或方言基本上都是单音节语言，这种单音节语言一般由声母、韵母、声调（有时没有）三方面组成。具体言之，此处"音系"指的是汉语或者汉藏语系的一个语言或者方言中声母、韵母、声调这三项元素各自的数量、结构特点及其拼合关系，这种拼合关系现代语言学者又称之为"音节表"，在古汉语音韵学中表现为"等韵图"。

李方桂先生在《论声韵结合——古音研究之二》（1985）开头部分就说："声母与韵母接触后，一定会有互相影响的情况，这是一般语言的现象。"关于一个音系内的声母、韵母（含元音、辅音，下同）之间的相互影响问题，既是语音学的研究对象，更是音系学的研究对象。作为这两个领域的共同研究对象，它们各有各的研究特点，也形成了各自不同的研究理论。一般说来，语音学尤其是实验语音学视角下的元音辅音相互影响理论，主要是研究微观语音变化，如王韫佳教授翻译的《声学与实验语音学》（第三版）（2021）就谈到塞音发音部位对后接元音起始段的影响，这主要是语音学上的探讨，并由此产生了语音学上的"元辅音相互影响理论"，即"协同发音"（coarticulation）理论，它是主要研究元辅音互相影响而产生的理论，与音系学的"声韵相互影响理论"（详见下文）之间虽然存在一定的联系，但是却有着本质上的区别。音系学研究的都是音位变化，是一个音系内两个完全不同的音位之间的接触、影响与变化。所以，本文所研究的对象完全是音系学视角下的"声韵相互影响理论"，更确切地说是单音节的汉语音系中的"声韵相互影响理论"，而不是语音学尤其是实验语音学领域提出的"协同发音"理论。当然，二者有时也不可截然分开。我们知道，人类的发音器官不可能从前面突然移动到后面，基于"省力原则"等因素必然会做出妥协。从实验语音学产生的这个理论，虽多数是"语音学上"的，但在现代音系学理论里，这些语音现象也可能经由音系化（phonologization）进而形成音系规律（phonological rules）。但是这方面的研究成果甚少，尚是一个有待开发的处女地。所以本文只涉及音系学范畴的"声韵相互影响理论"。

音系学领域的"声韵相互影响理论"都是哪些理论？据了解，在世界范围内，到目前为止，基本上未见到有什么特别值得称道并且马上拿来可用的理论，所谓 phonotactics（音系配列学），显然这也是一个有待于音韵学者深入发掘的重要领域。而汉语历史音韵学的有关探讨，基本上都是音系学范畴的研究内容，对此，中国学者已经有不少贡献，亟待总结与发扬。

本文研究的是历史语言学的构拟问题，考察的对象是汉语中古音的代表作《切韵》一书（及反映该音系的以《韵镜》为代表的中古等韵图，下同）。根据目前的研究结果可知，《切韵》音系的声韵配合关系，既反映当时的中古音系特点，也可以窥出上古音的本质特征。所谓共时结构可以反映历时演变。对此，李方桂和黄侃两位先生均有重要论述。音系学范畴的"声韵相互影响理论"虽是一般语言的现象，但是我们此处仅以汉语研究为例。因为古汉语是典型的单音节语言，而且是汉藏语系的代表性语言，对该语言的探索成果无疑具有代表性。

从时间上来说，黄侃（1886—1935）从《切韵》音系出发对上古音进行探讨并提出有关看法的时间约在 1914—1918 年之间，其观点虽然提出得早，是 20 世纪初期的事，当时黄侃三十多岁，但是由于黄说基本上没有什么论证，多是一些结论性话语，以致后来引起了巨大争议。李方桂先生是当代音韵学大师，他 1971 年发表的《上古音研究》和 1985 年发表的《论声韵结合》两文，运用一个全新的观点探讨上古音的声母问题，其结论与黄侃早年的上古声母考订结论居然一致，都是确认古声 19 纽，李先生文中明确肯定了黄侃的这一成果。这一事件在汉语音韵学界引起了极大轰动。李先生的成果充分肯定了黄侃早年研究成果的正确性，李先生是世界著名的音韵学家，黄说得到李先生的肯定，说明黄侃的理论无疑是可信的，其上古音结论的正确性绝非偶然，否则不会得到这种殊途同归的研究成果。这一音韵学史上的佳话也掀起了音韵学界重新认识黄侃所用古音研究方法论探索的高潮。近年来，已有不少学者撰文对此加以探讨。但是，毋庸讳言，黄、李二先生的这一成果显然尚需要具有现代语言学训练的学者加以全面总结，从音系学理论上加以详细阐述，本文就是向这一方向进行探索的初步成果。

下列的音系学范畴内的单音节汉语音系的声韵关系理论框架和具体理论是根据冯蒸和李方桂、黄侃、丁声树、李荣、黄典诚、何大安等人的研究成果综合而成，这个体系可以成为今后相关研究的基础。音系学范畴的"声韵相互影响理论"应该包括如下四类15个具体理论，这四类分别是：（一）音系性质；（二）音系构造；（三）古音构拟；（四）音韵演变。为何如此排序？我们是这样考虑的：首先确认音系的性质，音系是共时历时复合体，不持历时与共时对立的观点，所以把它放在首位，这个观点是其后诸理论的基础。其次是音系构造，声韵配合是有规律的，但是也有差异，规律性是音系的基础，差异性是进行古音构拟和考察音变的窗口。再次是古音构拟。因为如前所述，历史语言学研究的根本任务是研究"构拟+演变"，所以构拟在前，因为有了古音构拟，才会有音变的出发点，没有构拟，就重建不了古音，就谈不上演变。最后是谈音系学范畴内的音变理论，这里既涉及一般历史语言学的音变理论，更有音系学内的独特音变理论。现把这四类及其各类所属具体理论分述如下：

（乙）分论：单音节音系学范畴内的汉语"音节内声韵互动"理论

（一）音系性质篇

1. 共时音系与历时音系可以居于同一音系理论（［瑞士］索绪尔）

著名瑞士语言学家索绪尔（Ferdinand de Saussure，1857—1913）对于现代语言学的诸多贡献这里无烦赘述。其中一个重要贡献就是创立了共时态（synchronie）与历时态（diachronie）这一对立的观念。这已经成为现代语言学的常识。但是，他在《普通语言学教程》的第三章"语言学的对象§1.语言；它的定义"中说，"在任何时候，言语活动既包含一个已定的系统，又包含一种演变"（见索绪尔《普通语言学教程》汉译本第27页）。索绪尔的这句话，我的理解就是他认为共时态与历时态可以同时居于一个系统中，就是说二者表面上是对立的，但实际上是统一的。换言之，在一个音系中，其结构现状既反映该语言或者方言的共时音系面貌，又包含着历时音系的面貌。《广韵》音系就证明了这一点。这个思想可以说是音系学范畴的"声韵相互影响"说的理论基石。有关论述详以下有关各条具体理论。

2. 古音即在《广韵》之中论（黄侃、李方桂、邹汉勋）

据李葆嘉（2022）考证，黄侃在《音略·今韵》（1919）中收钱夏《韵摄表》（1915—1916），但其古音学则成于1913—1914年。1914年秋冬，黄侃受聘于北京大学。1915年春，钱玄同（1887—1939）借黄侃《音学八种》手稿转录，并有《小序》：

> 乙卯仲春，黄君季子来都中，语余曰：顷紬绎声韵，有所著录。……古音即在《广韵》之中。凡舍《广韵》别求审古音者，皆妄也。又曰，古纽止十有九。古韵则阴声、阳声之外，入声当别立。顾、江、段、孔诸公，皆以入声散归阴声各部中，未为审谛。谓宜埻戴氏分阴、阳、入为三之说，爰就余杭师所分古韵二十三部，盖为二十八部。余闻其论而韪之。因假取其稿，迻箸是册。其中颇有未定之论，季子谓此乃草创，他日尚须修正云。

"乙卯"，即1915年；"顷"，不久前，谓1914年。黄侃所说的"古音即在《广韵》之中。凡舍《广韵》别求审古音者，皆妄也"，是黄氏考订上古音的出发点。但是黄侃的这一思想，自称是受到了邹汉勋（1805—1854）说的启发。李葆嘉还指出：黄侃其古韵分部立目，虽可远绍郑（郑庠六部之说）、顾、江、戴、段、王等，但其直接来源却是刘逢禄的二十六部格局。而古本音在一、四等、古音（声纽）十九纽之说，皆源自邹汉勋《五均论》。李葆嘉（2022）指出：

> 十九声之说略同于新化邹君，二十八部之说略同于武进刘君。予之韵学，全恃此二人及番禺陈君而成，不可匿其由来也。（《古韵谱稿》扉页题记，1918）
>
> 邹汉勋谓等韵一、四等为古音，此为发明古声十九纽之先导。（黄侃述、黄焯编，1983）

但邹氏没有进一步论证。李方桂（1985）同样是根据《广韵》推测上古音，与黄侃的思想一致。

（二）音系构造篇

3.《切韵》音系声韵配合的规律性、类型性与差异性（李荣、王显、

李方桂、黄侃）

《切韵》的声韵配合很有规律，可分为三种类型，各种类型内有的还可细分小类（详见李荣1956，王显1964，李方桂1985）。按照等韵学的观点，一、四等韵是一类，二等韵是一类，三等韵是一类。黄侃则只分为两类，一、四等韵是一类，二、三等韵是一类。诸家分类的依据有二：一是等位标准，二是与声母的拼合标准。这种分类既有规律性，又有类型性，还有差异性。一般来说，声母数量、类型同型则韵母同类型。同型韵母结合的声母类型、数量也是一定的。但各型之间的系统性差异，传统音韵学家对此分布缺乏解释。李方桂先生则从高本汉及他本人的构拟音值出发给出音理解释，极为重要。

4. 音系构造的系统性差异是进行古音构拟和考察古今音变的窗口（黄侃、李方桂、丁声树）

如前所述，历史语言学研究的根本任务是研究"构拟+演变"。印欧语历史比较研究所创立的历史比较法的构拟建立在语音对应规律上，而且这种语音对应必须是成组的，单一的语音对应无法构拟（见李方桂先生给冯蒸的信，本文附录一、附录二）。音系学的音系构造当然不存在什么诸语言或者诸方言的语音对应问题，它被限制在一个语言或者方言之内。一个单音节语言或方言音系的声韵配合是有规律的，但是这种配合也有差异，差异性是考察音变的窗口，或称之为考察的切入点（丁声树1952/2020）。历史比较法语音对应的"成组性"＝音系学声韵配合的"差异性"。所谓"成组性"就是指历史比较法语音对应关系的一对多或者多对一，详见上文。黄侃和李先生根据音系构造的差异性（就是《切韵》音系声韵配合的一、四等韵是一类，二、三等韵是一类）成功地进行了古音构拟。这可以说是基于汉语（含汉藏语系，下同）音系特点创造的一种独具特色的历史语言学音系构拟法，应视为是对传统历史语言学的一个重要贡献，当然它是一种"内部构拟法"，详见下文。

（三）古音构拟篇

5.《切韵》声韵配合法的最大功用是构拟古音（邹汉勋、李方桂、黄侃）

音韵构造既可用于古音构拟，也可用于研究音韵演变，同印欧语的历史比较法的语音对应规律既是古音构拟问题，也是音韵演变问题的情况一样。但这是一个不易分开讨论的问题。那么，把这一理论置于何处为妥？

笔者颇费踌躇。但"构拟"与"音变"毕竟是历史语言学中的两个问题，因为音韵演变涉及的问题较多，如音变类型、音变方式、音变条件、音变原因等。而且音系学视角下的单音节语言音变条件又独具特色，与印欧语有着诸多不同。所以把它列为一个单独理论是无可置疑的。考虑到声韵配合理论的最大贡献就是可以用来构拟古音。没有了构拟，就确定不了古音，也就谈不上演变了，所以我们把此问题放在构拟篇中，演变部分只略提一下。原则上，《切韵》音系的声韵配合普遍规律即声母与韵母配合的类型、数量、名称决定古本声、古本韵、今变声、今变韵（暂用黄侃术语）。黄侃、李方桂认为见于一、四等韵的声母为古本声；《广韵》一、四等韵为古本韵，这是一种音类构拟，与音值构拟相关而不相同，尚需把构拟的古音类音值化。古本声、古本韵均指的是上古音，见于《广韵》二、三等韵的声母为今变声。《广韵》二、三等韵为今变韵，这是音韵演变问题了。

6.《切韵》声韵结合法研究上古音是一种"内部构拟法"（李方桂、何大安、冯蒸）

我们把李方桂先生创立的汉语"声韵结合法"和黄侃的"声韵相挟以变法"算作汉语历史语言学的一种"内部构拟法"。这里需要略作一点解释。如前所述，历史语言学的核心内容就是四个字：构拟+演变。而李方桂先生创立和命名的"声韵结合法"和黄侃的"声韵相挟以变法"恰恰符合如下这两项核心内容：

（1）音韵构造和分布的规律性与不平衡性，可以启示我们确定出古本声、古本韵，排除今变声、今变韵（这里暂时使用黄侃的术语，以便说明直接，下同），也就是说可以据此构拟出古音的音类，与历史比较法的功能相同。

（2）历史比较法的音韵对应可以反映音韵演变，此处是音韵构造反映音韵演变。本质上，二者的作用是一致的。

基于以上两点，可以确定李方桂先生的汉语"声韵结合法"和黄侃的"声韵相挟以变法"在历史语言学中的地位，因为它们既可反映构拟，也可反映演变，完全反映了历史语言学的构成要件。

（3）为什么说它是"内部构拟法呢"？那是由于它完全根据一个语言或一个方言内部的材料，根据一个音系内部声母或者韵母分布的不平衡性，即系统与结构上的差异来构拟古音。既不是如通常的历史比较法那样同时比较多个语言或者方言材料的语音对应规律的异同来构拟古音，也与历史语言学所举的印欧语例证不同，这虽然与以曲折形态为主的印欧语的内部构拟有所不同，但本质无殊。所以，何大安先生（2001）首先认定这是一种"内部构拟法"，笔者后来也自悟到这是一种具有汉语或汉藏语系特色的音系内部构拟法（当时尚未拜读到何先生的大作，何文是后来读到的），无疑应该进入历史语言学的范畴。

7. 黄侃古本韵构拟理论修正：古本韵为32部说（冯蒸、俞敏）

黄侃的古韵28部说如下表（黄侃2006），并附对应的王力古韵部名称（甲、乙、丙三类亦是王力命名）（王力1982）。

表10　　　　　　　　黄侃古韵二十八部表

		阴声	入声	阳声
乙类		歌开 　　洪（王力歌部） 戈合	曷开 　　洪（王力月部） 末合	寒开 　　洪（王力元部） 桓合
			开 屑细（王力质部） 合	开 先细（王力真部） 合
		灰合洪（王力微部）	没合洪（王力物部）	痕开 　　洪（王力文部） 魂合
甲类		开 齐细（王力支部） 合	开 锡细（王力锡部） 合	开 青细（王力耕部） 合
		模合洪（王力鱼部）	开 铎洪（王力铎部） 合	开 唐洪（王力阳部） 合
		侯开洪（王力侯部）	屋合洪（王力屋部）	东合洪（王力东部）
		萧开细（王力幽部）		
		豪开洪（王力宵部）	沃合洪（王力沃部）	冬合洪（王力冬部）
		咍开洪（王力之部）	开 德洪（王力职部） 合	开 登洪（王力蒸部） 合
丙类			合洪　（王力缉部）	覃洪　（王力侵部）
			帖细　（王力叶部）	添细　（王力谈部）

黄侃此表是根据他的古本韵理论得出的，为了说明的方便，我们在黄侃的每个韵部之后加标了相应的王力先生上古韵部名称。

但是，我们如果把《广韵》的一、四等韵与黄侃的古韵 28 部（实际上是 32 部）表中的韵部名称仔细核对一下，可以发现如下三个问题：

（1）**一等韵遗漏了平声韵"谈"韵及其相配的入声韵"盍"韵**。何以至此？原因不明。通常认为是《诗经》入韵字少，难以与其他闭口韵分开。后来黄侃撰写了《谈添盍帖分四部说》，把此二韵补上，使得收 -m/-p 的闭口韵三分，与收 -n/-t 的韵部三分平行，获得学界普遍认同。

（2）**一等韵遗漏了去声韵"泰"韵**。此韵的遗漏与前述"谈"韵及其相配的入声韵"盍"韵遗漏性质全然不同。本来，黄侃的 28 部名称只取《广韵》一、四等韵的平声韵（含阴声韵和阳声韵）和入声韵。换言之，黄侃的 28 部说是阴阳入三分，正如表 2 所示。因为黄侃并没有含有具体《广韵》韵部和韵字的各部字表，所以我们不太清楚黄侃各韵部的具体内容。学界一般认为刘赜的《声韵学表解》（1934）可代表黄侃的古韵分部理论。理论上，由于黄侃对《广韵》韵目是举平以赅上去声，入声单列。那么似乎《广韵》中所有的去声韵均应归在其所对应的平声韵当中。但是须知，黄侃的这个原则虽然没有错，但是《广韵》中的"祭泰夬废"四个去声韵实是独立韵部，它不是一般意义上的去声韵，需与《广韵》全部平声韵同等看待。我们知道，一般意义上的去声韵是音高特征，而这四个去声韵并没有相配的平声、上声和入声，是独立为一类，无疑应是音段特征，我们曾经认为这四个韵在《广韵》系统中有韵尾 -h（参见冯蒸 1989），这个韵尾来自更早的 *-s 尾（见郑张尚芳 2013），这两种去声不应混为一谈。所以，黄侃的举平以赅上去声体系中不应该包括一等韵泰韵。既然如此，那此韵就应该作为一个独立的一等韵出现，但是在黄氏的古韵 28 部表中却未见此韵。至于该韵部的具体上古音归属，王力持古无去声说，把它们一律归在入声月部，我们不赞成古无去声说的意见。董同龢（1944/1948）、罗常培、周祖谟（1958）与李方桂（1971/1980）则一致把它归在独立的去声韵"祭"部，我们赞成后一派学者的意见。笔者曾经提议的上古 33 韵部表（冯蒸 2006）如下：

表 11　　　　　　　冯蒸提议的上古音 33 部表（参见冯蒸 2006）

		阴声韵	去声韵	入声韵	阳声韵
甲类韵	一	1. 之		2. 职	3. 蒸
	二	4. 幽		5. 觉	6. 冬
	三	7. 宵		8. 药	
	四	9. 侯		10. 屋	11. 东
	五	12. 鱼		13. 铎	14. 阳
	六	15. 支		16. 锡	17. 耕
乙类韵	七	18. 脂	19. 至	20. 质	21. 真
	八	22. 微	23. 队	24. 物	25. 文
	九	26. 歌	27. 祭	28. 月	29. 元
丙类韵	十			30. 缉	31. 侵
	十一			32. 葉	33. 谈

该表的特点是不是阴、阳、入三分，而是阴、阳、入、去四分，即多分出了一组去声韵：至、队、祭三部。此处的去声韵不是音高特征，是音段特征，具有独立的韵尾 -h（< *-s），它们是与阴、阳、入声平行的一组独立韵部，且只与收 -t 尾的入声韵相配。黄氏对泰韵的遗漏不知道是无意还是有意，虽不至于影响他的古本韵和古本声理论，但影响他的古韵分类格局。如果保留泰韵，似乎不能够归入一般的阴声韵。从理论上说，我们认为该部无疑相当于董同龢（1944/1948）、罗常培、周祖谟（1958）与李方桂（1971/1980）的上古去声韵"祭"部。

（3）**一等韵开合韵的处理方式有误，痕魂及其入声非开合韵关系**。如黄侃古韵 28 部表（表 10）所示：该表原含 32 个韵，其后将四对开合韵加以合并，最终成为 28 韵部。考察其所列出的四对开合韵分别是：歌戈韵、曷末韵、寒桓韵、痕魂韵，这 4 对黄侃认定的开合关系韵的前三对——歌戈韵、曷末韵、寒桓韵，确认其为开合韵并且加以归并，学界均无异议，因为早于《广韵》的《切韵》系韵书都把它们合并不分，直到《广韵》时期才一分为二，探索古音，自应该以《切韵》为准。但是对于第四对痕魂韵的归并则是错误的。这一点黄侃本人似乎未认识到，大概是因为他受了晚于《切韵》的中古等韵图如《韵镜》以及《切韵指掌图》所标注的开口与合口的蒙蔽，忽略了《切韵》本身，推寻古音，自然应该根据《切韵》，而不是《广韵》。俞敏先生（1984）指出：目前现存的所有早期《切韵》写本，凡是保存有痕魂韵的，没有一本把这两个韵合并的，而且痕魂韵字极少，如果它们是开合韵关系，早就应该合并了，因为比这对韵收字多得多的开合韵均已合并，唯独收字极少的这一对所谓开合韵不合并，足见这个被后来认定为开合韵的痕魂韵，原来一定不是开合韵，而应是主元音全然不同，并非是介音的关系。据此，这两个一等韵亦应独立。俞敏先生（1988）还指出："按照黄侃古本韵的理论，古本韵不应是 32 个，而是 34 个。因为《广韵》的谈、盍两韵都是一等韵。后来黄侃重新解释了这个问题，他采取以收 -ŋ 尾的韵部与收 -m 尾对校的方法，认为谈相当于痕，盍相当于籺（冯蒸按：原文作没，本文把籺字放在括号中），应该独立。但是因为例字太少，他没有把这个主张正式公布。"（按：黄侃后来撰写了《谈添盍帖分四部说》论文，可参。）根据俞敏先生（1984）的意见，笔者加上其他资料，曾经撰写了专门论文（见冯蒸1991）支持俞说，至于把这个观点运用到上古音的分部，则是笔者的意见。据此，黄侃的古韵部应该是如下 32 部（见表 12）。此表的最大特点是痕魂两部及其入声分立，为前人所未言，这应该是我们对于黄侃古韵分部结论的一个重要修正。而且还需要指出的是，中古等韵图如《韵镜》以及《切韵指掌图》所标注的开口与合口除一等韵的这对痕魂韵外，还有咍灰韵，它们的性质与痕魂韵的情况相同，但是黄侃把同是一等韵的咍灰韵分为两部，而将情况完全相同的一等韵痕魂韵合并，原因未详。黄侃把一等韵的咍灰韵分为两部是正确的。同理，我们认为也应该把痕魂韵系分为两部。

自黄侃的古韵 28 部说提出以来，似乎从未有学者对他所确定的《广韵》一、四等韵的韵部数目和四个去声韵部"祭泰夬废"的安排做过仔细的核对和提出过异议，也未见有人对黄氏的四对《广韵》开合韵说提出过不同意见，本文作者在此斗胆质疑，不妥之处，请同行学者指正。

综上所述，纯然根据黄侃的古本韵理论，理论上其格局当如表 12 所示：

表12　《切韵》一、四等韵32韵所配19个声母表

		阴声韵						阳声韵								入声韵							去声韵
		-∅		-i		-u		-m		-n				-ŋ		-p		-t			-k		-h
韵部 声母		模 1	歌/戈 2	灰 3	哈 4	豪 5	侯 6	覃 7	谈 8	魂 9	痕 10	寒/桓 11	东一 12	冬 13	唐 14	登 15	合 16	盍 17	没 17	(갵) 19	갈/末 20	屋 21	沃 22	铎 23	德 24	泰 25
	一等																									
	四等			齐 26		萧 27		添 28			先 29			青 30			帖 31		屑 32							
唇音	1 帮																									
	2 滂																									
	3 并																									
	4 明																									
舌音	5 端																									
	6 透																									
	7 定																									
	8 泥																									
	9 来																									
牙音	10 见																									
	11 溪																									
	12 疑																									
齿音	13 精																									
	14 清																									
	15 从																									
	16 心																									
喉音	17 影																									
	18 晓																									
	19 匣																									

此表列出了《切韵》的全部一、四等韵，共 32 个，分为阴、阳、入、去四类韵，表的左边是黄侃确定的古声 19 纽，黄侃据此提出了他的古本韵与古本声理论。所以修改后的黄侃古韵分部理论上应该是如上 32 部，且阴、阳、入、去四分。《切韵》的一、四等韵均配相同的 19 个古声母，那么，一、四等韵的区别何在？郑张尚芳先生在《〈切韵〉四等韵的来源与方言变化模式》（2002）一文中说：

> 笔者在以前的文章中曾大略论及四等韵的来源，说明纯四等韵主要来自上古前元音 i、e 的长元音韵，它们与声母的配合关系全同一等韵，两者是互补的：大致上一等韵来自上古长元音的央、后元音，四等韵来自长的前元音。王李二氏的 ia 我认为原是单长元音 ee，王氏的 ie 原是 ii 或 ee，因此它们上古的确本无介音 -i-，而是本身属长前元音，以后各长元音复化了才带上 i 介音（马学良、罗季光只拟为长 i）。

8. 声韵配合法构拟上古音的局限性（李方桂、邵荣芬）
李方桂先生（1985）说：

> 声母与韵母接触后，一定会有互相影响的情况。这是一般语言的现象。现在拿《切韵》时代的声母与韵母的结合作研究，我们必需明了《切韵》时代的声母与韵母已经是受过影响后的结果，要从这个结果来推求他们演变的痕迹是我们的主题。但是不要忘记这个方法有他的限制，有些问题不是他所能解决的。比方说古代声母有些在《切韵》时代已经合并了，从声韵结合的情况看不出本来有两个或者两个以上的声母合并的情形。前人从韵图的研究认为古音有十九个基本声母。这些声母是《切韵》时代留下的声母，古代也许有更多的声母，到了《切韵》时代已经合并或者消失了。从韵图看不出来。但是也有方法寻出线索来。现在只就声韵结合去研究就不能不明了这种限制。

我们完全赞同李说。具体实例可参邵荣芬（1991，1995）两篇论文。
9. 上古音构拟应该分音类构拟与音值构拟两步论（黄侃、李方桂）
汉字不是拼音文字，中国传统学者对于上古音的声韵推求，没有使用国际音标，也没有依据历史语言学的构拟理论。这并不影响中国学者对古音的考求努力，他们考求出的是古音的音类，而不是具体的音值。我们认为，这种古音音类的考订，也可以称为是一种构拟，即音类数量与名称构拟法。其实，对某些古代学者来说（如戴震、章太炎、黄侃等），他们对音类的考订，可能也暗含着他们对某音类读音的假定，只不过没有用合适的符号表示出来而已。这是一种中国传统古音研究者的构拟模式，不能够因为没有使用音标而否定这种上古音探索的巨大学术价值。但是，章黄以前的学者对上古音声韵的考订多是局部的，并没有给出上古音的全面声韵格局。直到黄侃的古声19纽、古韵28部说提出后，才首次提出了一个完整的上古音方案。对于黄侃的古音考订法，在没有李先生的声韵结合理论提出前，黄说并未得到学术界的公认，直到李先生上古音体系提出后特别是声韵结合理论提出后，才彻底改变了对黄说的负面评价。李说与黄说的上古单声母结论一致，清楚说明了黄侃理论的科学性。但是二人的说明并不一样，李方桂是从高本汉的中古音构拟的音值出发考察其声韵配合关系，黄侃则纯然根据《广韵》的声韵配合关系出发，但却得出了与李先生同样的结论，这说明黄侃和李方桂两位先生的方法都是可信的、科学的，也说明声韵配合理论是可信的、科学的。

10. 声韵配合法构拟上古音的方法论价值：它是一种演绎法，不是归纳法（黄侃、李方桂、何大安）

李方桂先生提出的声韵配合法具有重要的方法论价值。具体来说，这种方法可以用于系统地构拟上古音，这是演绎法，不是归纳法。就是从一般性的前提出发，通过推导即"演绎"，得出具体结论的过程。

以古音声母的构拟为例，规律的重要功用之一就是可以根据配合规律预测某些分布特殊的古声母或古韵母的缺失与重新归类，可以发现问题，决定某些声母的归类与去取。黄侃对上古音古本声的探求是建立在中古《广韵》声类的基础上，并综合考虑了等韵学知识求出来的。其所根据的《广韵》声类是指清陈澧《切韵考》考订的41声类说（陈澧反切系联法原只得出《广韵》40声类，黄侃则进一步把明、微二母分开）。下表的"为"类今通称喻三，"喻"为喻四，"神"为船母，"疏"为山母。黄侃的19纽说，是在继承前人古纽研究成果的基础上提出来的，认为凡是在一、四等韵（即古本韵）中出现的声纽就是古本纽，共有19个（表13括号内的小号字是黄氏所谓今变声）。它们是：

表 13　　　　　　　黄侃古声十九纽表（据黄侃《声韵通例》）

五音＼清浊	全清	次清	全浊	次浊	备注
喉音	影（为喻）	晓	匣		括号外为黄氏所定"古本声"，凡十九类；括号内为黄氏所谓"今变声"，凡二十二类。
牙音	见（群）	溪		疑	
舌音（舌头）	端（知照）	透（彻穿审）	定（澄神禅）	泥（娘日）	
半舌音				来	
齿音（齿头）	精（庄）	清（初）	从（床）	心（邪疏）	
唇音（重唇）	帮（非）	滂（敷）	并（奉）	明（微）	

　　黄氏古音十九纽说，有的归并是正确的（如正齿音照二归精，照三归端），有的归并是错误的，他之所以这样去归并，就是由于使用了演绎法。他认为二、三等韵的声母都是后起的，一、四等韵的声母是固有的，是古本音，于是把见于二、三等韵的声母都归并到相应的一、四等韵的声母中，这是他运用演绎法的前提，这没有错。他的错误在于除了正齿音的归并，其他归并只考虑等位，未考虑实证，所以他的其他归并都是错误的。但演绎法有助于预测后起音的再研究方向则无可疑。

（四）音韵演变篇

11. 音韵构造可以反映音系演变理论，与历史比较法的音韵对应反映音韵演变理论同具重要意义（李方桂、黄侃、丁声树）

　　声韵配合法的最大功用是可以用来构拟古音，但也可用于研究音韵演变，同印欧语的历史比较法的语音对应规律既是古音构拟问题也是音韵演变问题的情况一样。这种音变方式，可参笔者提议的三种数字表示法（详见冯蒸、任文博 2017）。至于音变条件，详见下文。

　　如李方桂（1985）所述，《切韵》的声韵配合有着严格的拼合规律，李荣（1956）、王显（1964）都有归纳说明，并且分成了五种类型。不同的拼合类型反映音韵演变关系。换言之，正是音韵演变导致《切韵》的诸种拼合类型。现在黄侃、李方桂先生的工作是根据这种拼合类型而反推造成这种拼合关系的原因，以探寻出古音，并且解释古音如何变成今音。黄侃正确地指出了《广韵》见于一、四等韵的声母为古本声，一、四等韵为古本韵。《切韵》音系的声韵配合的特殊现象反映今变声、今变韵。

见于《广韵》二、三等韵的声母为今变声,二、三等韵为今变韵。原则上今变声来源自古本声,这有踪迹可寻。至于今变韵如何来自古本韵,则情况复杂,尚待进一步研究。丁声树(1952/2020)论文举了汉语历史音韵具体实例,阐明了汉语音韵构造与语音演变的关系。

12. 音变条件:《切韵》音系声韵互为音变条件与逻辑学的"循环论证"无关(董同龢、王力、李方桂、黄侃)

音变条件与条件音变虽然只是"音变"与"条件"两个词的词序颠倒了一下,但是内容却全然不同。这是两个各自独立的历史语言学概念。简言之,音变条件讲的是条件,在古汉语音系学中,根据古汉语单音节特点,寻找音变条件是历史语言学音变研究的一项重要任务(详见下文)。而条件音变讲的是音变,音变有条件音变,也有非条件音变。

古汉语的音变条件,董同龢(2003)说:

> 关于古今音变,有几点可以先提一提,就是:(1)声母的演变多受韵母的介音(开合、等第)以及声调的影响。(2)韵母的演变多受声母发音部位的影响。(3)声调的演变多受声母清浊的影响。

这些已经成为汉语历史音韵研究者的共识。所以,声母变化以韵母为条件,韵母变化以声母为条件。这种一个音系内无可否认的声韵依存关系,实与逻辑学的"循环论证"无关。

关于音变条件,汉语历史音变的音变条件与印欧语的音变条件有着本质上的不同,王力(1964)第二节"声母系统和拟测的关系"中说的一段话,非常重要,今略引如下:

> 在语音发展中,正常的情况是有条件的变化。注意到了变化的条件,则复杂变为简单;不注意变化的条件,则简单变为复杂。关于元音所受的影响,在印欧语系中有重音关系,有后面的元音与前面元音的关系(如日耳曼语系的 umlaut)。古代汉语以单音节为主,所以重音关系和后面元音影响前面元音的关系都是罕见的。汉语发展有一个特点,就是声母对韵母的影响。大家知道,现代普通话的卷舌辅音 tʂ, tʂʻ, ʂ, ʐ 与元音 i 不相容,韵母的介音 i 因此被失落(如 tʂiɑn>tʂan),如果全韵为 i,则演变为 [ʅ]。这是很明显的影响。有

时候不是不相容，而是一种倾向性使韵母因声母不同而分化。例如《广韵》的寒韵（ân）在现代广州话里分化为［ɔn］和［an］。分化的条件是喉牙音变［ɔn］（干［kɔn］汉［hɔn］），舌齿音变［an］（蓝［lan］，残［tʃʻan］）。这是由于喉牙音发音部位靠后，所以把元音往后拉，舌齿音发音部位靠前，所以把元音往前拉。把元音往前拉以后，使寒韵的舌齿字与删山韵的韵母合流了，以致寒韵的"餐"［tʃʻan］和山韵的"产"［tʃʻan］，韵母完全相同（只有声调不同）。如果不从声母的条件去说明韵母的分化，我们是不能把问题讲清楚的。

高本汉在拟测先秦韵部读音时，虽然不是完全忽略，但是他对于这些因素是注意得不够的。他一般只知道从韵母上寻找分化的条件：先秦能分的，他要分，例如分先韵为二：1. 寒部（冯蒸按：今通称元部，下同）"见" kian，"涓" kiwan；2. 真部"天" tien，"渊" iwen；中古能分的，他也要分，例如元仙两韵虽同属先秦寒部，他也要区别开来，例如元韵的"言" ngǐɐn "原" ngǐwɐn，它们的韵母不同于仙韵的"展" tǐɛn，"转" tǐwɛn。这样，越是追溯到上古，韵母越复杂。幸亏李登《声类》亡佚了，否则多了一层，不知更复杂到什么程度！为什么不多考虑一下声母的条件呢？当高本汉拟测中古韵母的时候，并没有因为现代普通话读之韵为［i］，［ʅ］，［ɿ］，［ɚ］四个韵母（"基"｛tɕi｝ "之"［tʂʅ］，"思"［sɿ］，"而"［ɚ］）而把中古的之韵拟成四种不同的韵母，也没有因为现代广州话读寒韵为［ɔn］、［an］两个韵母而把中古的寒韵拟成两种不同韵母（他那样做是对的），为什么不能用同样的原则来处理先秦韵部呢？我们认为：清儒完全不讲分化条件的简单化做法固然是不对的，高本汉常常只从韵母着眼来看分化条件，不大考虑声母的因素，也是不对的。

现在就那些因声母条件而分化的先秦韵部分别加以讨论。（冯蒸按：下面引文只举条例，例字从略。脚注亦是王力先生原文所有。）

（1）之部开口呼 ə，ɐə，喉舌齿音为一类，发展为中古的咍之两韵；唇音自为一类，发展为中古的侯脂两韵。

（2）幽部开口四等的 iəu，舌齿音为一类，发展为中古的萧韵；

喉牙唇音为一类，发展为中古的幽韵①。

（3）微部合口三等 ĭwəi，舌齿音为一类，发展为中古的脂韵合口；喉牙唇音为一类，发展为中古的微韵合口。（原注：高本汉注意到这部的分化条件，见 Grammata Serica，25—26 页。）

（4）寒部二等开口的 ean，齿音为一类，发展为中古的山韵；喉唇音为一类，发展为中古的删韵。二等合口的 oan 只有喉牙类②，所以都发展为中古的删韵③。三等开口 ĭan，舌齿唇音为一类，发展为中古的仙韵，喉牙为一类，发展为中古的元韵。三等合口 ĭwan，舌齿为一类，发展为中古的仙韵，喉牙唇音为一类，发展为中古的元韵。这个韵部最富于启发性。《广韵》仙韵虽有喉牙音字，但大多数是从元韵变来的，所以"援""媛""瑗""圈""卷"等字元、仙两收，当以元韵为正。（"攐"字有虚言、去乾两切，也当以虚言切为正。）同一谐声偏旁，读舌齿就发展为仙韵，读喉牙就发展为元韵。"亘"声的字最为典型："亘"，须缘切，"宣"从"亘"声，因是齿音，所以发展为仙韵字；"垣"也从"亘"声，因是喉音，所以发展为元韵字。"宣"声有"喧""暄""萱"，读况袁切，属喉音，所以属元韵；"宣"声又有"揎""瑄"，因是齿音，所以属仙韵。声母系统作为韵母分化的条件是很明显的。

（5）文部开口三等的 ĭən，舌齿唇音为一类，发展为中古的真韵；喉牙音为一类，发展为中古的欣韵。合口三等 ĭwən，舌齿音为一类，发展为中古的谆韵；喉牙唇为一类，发展为中古的文韵。（原注：高本汉注意到文部在发展中所受声母的影响。他看到了开合三等喉牙音及合口三等唇音发展为中古的文欣两韵，开合三等舌齿音及开口三等唇音发展为中古的真谆两韵，见 Grammata Serica，22 页）。

这个说法，对《汉语史稿》略有修正。在《汉语史稿》里，我把欣韵认为古四等，原因是真欣都有喉牙字，有矛盾。现在仔细考察，文部的真韵并没有喉牙字。"巾"字虽在《诗经·郑风·出其东

---

① 幽韵在韵图属四等，近人归三等。依先秦韵部的系统看，仍当属四等。
② 舌齿类有删韵上声"撰""僎"，去声"篹"。《说文》无"撰"字，《论语》"异乎二三子之撰"，《经典释文》引郑云作"僎"。《说文》有"篹"无"僎"。今《广韵》去声线韵士恋切有"僎""篹""馔"，当以此为正。"篹"字是不规则的变化。
③ 中古山韵合口有"鰥"，那是由先秦文部发展而来。

门》叶"门""云""存""员",好像是在文部,但是它在宋玉《小言赋》叶"尘""鳞""身""泯",则在真部。《诗经》的"巾"字可能是合韵。"银"字虽从"艮"得声,但《荀子·成相》叶"陈""银""门""分",似乎是"陈"与"银"叶(真部),"门"与"分"叶(文部)。段玉裁《说文解字注》"银"字下注云"十二部"(即真部),想必有所据。"禋"字在《诗经·周颂·维清》叶"典"字。但是江有诰把"典""禋"都归元部,则"禋"字隶属也有问题。这样,我们可以认为文部真韵没有喉牙字,与欣韵的喉牙字正好互补。我过去又把谆韵的喉牙字认为古四等,那也不很合理(因为舌齿字在三等)。其实谆韵只有少数喉牙字如"麏""囷""陨""殒",可能都是不规则的变化。"员"声的喉牙字时而入仙韵(如"员""圆"),时而入谆韵(如"陨","殒"),可能都由文韵变来,《出其东门》"员"字,《释文》云:"员音云,本亦作'云'",可以为证。

过去我在这一点上忽略了语音发展的系统性,现在这样修正,然后文部与微部的对应关系才显示出来了(参看下文第三节讲阴阳对转的一段)。

(6) 谈部二等的eam,分化为中古的咸衔两韵,《汉语史稿》没有讲分化条件。看来,应该是舌齿为一类,发展为中古的咸韵,喉牙为一类,发展为中古的衔韵。咸韵有个"陷"字,似乎是例外。但段玉裁以"臽"声的字归侵部,那就没有问题。江有诰以"臽"声归谈部,但"臽"声既有喉音字如"陷"也有舌音字如"萏""啗"。"陷"字的原始读音不一定是单纯的喉音。衔韵有个"芟"字,也是例外,这可能是不规则的变化,待将来再考。

(7) 铎部四等开口呼iak,舌齿音为一类,发展为中古的昔韵(转入三等);喉牙音为一类,发展为中古的陌韵三等。

(8) 月部二等开口呼eat,舌齿音为一类,发展为中古的黠韵,喉牙音为一类,发展为中古的鎋韵。"揠"字属黠,应认为不规则的变化。(《汉语史稿》没有讲清楚这一点。)这样,鎋黠就和删山对应(原注:《广韵》黠配删,鎋配山。经近人考证,应该是鎋配删,黠配山。这里所讲的发展规律证明近人的考证是对的)。二等合口呼比较复杂,黠韵既有"拔""茁"(邹滑切),又有"滑";鎋韵既有

"刮"，又有"刷"。留待再考。三等开口呼 ĭat，舌齿唇音为一类，发展为中古的薛韵开口；喉牙音为一类，发展为中古的月韵开口。三等合口呼 ĭwat，舌齿音为一类，发展为中古的薛韵合口；喉牙唇音为一类，发展为中古的月韵。这些情况和寒部元仙两韵的关系是完全对应的。月韵喉牙唇音字有许多兼入薛韵，如"蕨"，居月切，又纪劣切，"叽"，于月切，又乙劣切，"妟"，望发切，又许劣切，"訐""揭"，居竭切，又居列切，"竭""揭""碣""楬"，其谒切，又渠列切，"钀"，语讦切，又鱼列切。这跟元韵喉牙唇音字有许多兼入仙韵一样，应该以月韵为正轨，而以薛韵为不规则的变化。像"傑""孽"入薛，就是不规则的变化。"孑""孓"叠韵，"孓"在月韵（居月切），"孑"最初恐怕也在月韵（读如"訐"），后来才转到薛韵（居列切）去的。

（9）质部开口一等的 et，齿音为一类，发展为中古的栉韵（转入二等）；喉唇为一类，发展为中古的黠韵（转入二等）。

（10）物部合口三等的 ĭwət, ĭwə̄t，舌齿音为一类，发展为中古的术至两韵；喉牙唇音为一类，发展为中古的物未两韵。（冯蒸按：按照发音学原理，央元音 ə，所谓 schwa ə，只有短元音一读，并无对应的长元音一读，如原始印欧语的单元音系统共有 11 个元音，其中 a, e, i, o, u 五个单元音均各分长短，另有一个短的 ə 元音，并无与 ə 对应的长元音，可证。故王力先生此处的长 ə̄ 构拟可商。）

（11）叶部二等开口呼 eap，以阳声咸衔类推，齿音为一类，发展为中古的洽韵；喉牙音为一类，发展为中古的狎韵。这样，"夹"（古洽切）和"翣"（所甲切）要算不规则的变化。

根据以上情况，王力做了一个总结性的说明，极为重要。他说：

> 由上述的情况看来，声母作为韵母的分化条件，并不是孤立的、单一的，而是系统性的。大致说来，舌齿是一类，喉牙是一类，唇音则开口呼归舌齿一类，合口呼归喉牙一类。这样整齐的局面，这样富于规律性，决不是主观臆测出来的。

按：王力的上述说明极为精彩，是非常重要的，但是这里有必要对王

先生的说明稍加补充。首先，根据学者们的研究，古代唇音不分开合，上古音和中古音均是如此，所以上述王先生对上古唇音分开合的说法未妥。其次，上古韵部分化与声母的关系实际上应是唇牙喉音为一类，舌齿音为一类，分别对韵母的分化产生影响（参见郑张尚芳 2013）。或有学人提出疑问：作为声母的唇音与牙喉音的发音部位相差颇远，为什么能够对韵母产生相同的影响作用？我们认为这需要引入西方学者根据实验语音学成果提出的音位的区别性特征理论（distinctive features）加以解释（参见王力译 1981）。在美国学者 Roman Jakobson、C. Gunnar M. Fant、Morris Halle 创立的 12 对二分区别性特征中，就辅音而言，唇牙喉是是所谓钝音（grave），舌齿音是所谓锐音（acute），它们各自分别具有共同的声学音韵特征，钝音的发音学特征和声学特征是：（1）在声道周边发音；（2）能量集中区在低频段。锐音的特征恰与之相反：（1）在声道中间发音；（2）能量集中区在高频段。正是此种区别，导致韵母有如此的分化，即汉语上古音中的韵母分化是因声母钝锐音之不同而有不同，这种音理解释已经用于新派的上古音研究，见郑张尚芳（2013）、白一平（1992/2020）。

　　如上所述，汉语是单音节语言，近来有学者称之为"字本位"语言，因为一个字就是一个音节。这种单音节语言的音系一般由声母、韵母、声调（有时没有）三方面组成。此处"音系"指的是汉语或者汉藏语系的一个语言或者方言中声母、韵母、声调这三项元素各自的数量、结构特点及其拼合关系，这种拼合关系现代语言学者又称之为"音节表"，在古汉语音韵学中表现为"等韵图"。由此看来，一个单音节音系，声韵缺一不可，否则不能够构成一个音节或一个音系。唯其如此，如本标题所言，单音节音系的音变条件：声母变化以韵母为条件，韵母变化以声母为条件。但是，这种互相依存、互相影响、互为条件的关系，与逻辑学的循环论证本来毫无关系。作为现代汉语的声韵观，大家似乎没有什么异议。但是到了推求古音关系时，有学者就提出了意见，最著名的就是二十世纪林语堂先生对黄侃古音论证的方法论指责。

　　对于黄侃的"声韵互证法"，林语堂（1933）曾撰文加以批评，认为黄侃的论证犯了逻辑学错误，他批评黄侃的研究法是一种"循环论证"（原文称为"乞贷论证"），不可信。林氏在《古音中已遗失的声母》一文中是这样说的：

更奇怪的，是黄侃的古音十九纽说的循环式论证。黄氏何以知道古音仅有十九纽呢？因为在所谓"古本韵"的三十二韵中只有这十九纽。如果你再问何以知道这三十二韵是"古本韵"呢？那末清楚的回答便是：因为这三十二韵中只有"古本纽"的十九纽。这种以乙证甲，又以甲证乙的乞贷论证（begging the question），岂不是有点像以黄脸孔证明中国人为伟大民族？何以知道中国人伟大呢？因为他们黄脸。但是何以知道黄脸人伟大呢？因为中国人就是伟大民族！实则黄氏所引三十二韵中不见粘腭声母并不足奇，也算不了什么证据，因为粘腭的声母自不能见于非粘腭的韵母，绝对不能因为声母之有无，而断定韵母之是否"古本韵"，更不能乞贷这个古本韵来证明此韵母中的声母之为"古本纽"。

林语堂的上述批评影响很大。但是我们完全不赞成林氏对黄侃的这种批评。林氏的批评实属张冠李戴，把逻辑理论用错了地方。语言中的音节受特定语言音系的规约，在一个单音节的音系中，声母与韵母之间需要遵循特定的拼合关系，因为有这样的声母才有这样的韵母，因为有这样的韵母，才有这样的声母，二者之间的关系绝非是逻辑学上的循环论证关系。由于《广韵》是一本韵书，代表了一个完整音系的声韵调全貌和全部音节，换言之，已经穷尽了中古音的全部声母和韵母，声韵之间的配合关系是纯客观的呈现，完全不是林氏所说的那种逻辑关系，所以林语堂的理论是站不住脚的。

13. 条件音变：《切韵》音系的声韵配合规律可以反映上古音，声韵所发生的变化都是条件音变（李方桂、黄侃）

"条件音变"与"音变条件"是两个全然不同的概念。"音变条件"讲的是条件，"条件音变"则讲的是音变，此处讨论的是后者。如前所述，单音节的古汉语音系如中古《切韵》音系的声韵拼合关系，声母和韵母既互相依存，也是互为变化的条件，因这种条件所导致的声韵变化，就是条件音变。黄侃、李方桂据此得出的古声19纽的数量与声母分布结构，应该说就是得益于这种条件音变关系的结果。换言之，至少就古汉语声母而言，共时的音韵结构可以反映历时的古音音类数量与结构。汉语的音系结构如果不具备这种条件音变关系，黄侃与李方桂先生恐怕也无法使用此法完成古音声母拟测的任务。我们认为，能够使用这种方法拟测古音，应是单音节的古汉语音系所特有的一种古音拟测法。

14. 黄侃的"声韵相挟而变"论与声韵同变论（何大安、冯蒸）

汉语同一音系的音变方式是声母与韵母互为变化条件、互为变化对象，既非声母先变、韵母后变，也非声母后变、韵母先变，而是二者同时变，即是声韵同变，而非声韵独变。我们认为，黄侃的"声韵相挟而变"说就是音系学意义上的"协同发音"理论，非语音学意义上的"协同发音"理论。这一看法很有意义。

黄侃曾经提出的"声韵相挟而变"论，何大安（2001）曾经做过深刻的分析。何先生认为，黄侃主张古声19纽、古韵28部（晚年为30部），他得到这个结论的方法非常特别。何先生首先列出了黄侃的"声韵相挟而变"论的如下五条相关资料：

4.1 "古声无舌上、轻唇，钱大昕所证明。无半舌日、及舌上娘，本师章氏所证明；定为十九，侃之说也。"（《音略·一、略例》，《黄侃论学杂著》页62）

4.2 "古声数之定，乃今日事。前者钱竹汀知古无轻唇、古无舌上；吾师章氏知古音娘日二纽归泥。侃得陈氏之书，使先明今字母照穿数纽之有误，既已分析，因而进求古声。本之音理，稽之故籍之通假，无丝毫不合，遂定为十九。"（《音略·三、古声》，《黄侃论学杂著》页69）

4.3 "古声既变为今声，则古韵不得不变为今韵，以此二物相挟而变。故自来谈字母者，以不通古韵之故，往往不悟发声之由来。谈古韵者，以不憭古声之故，其分合又无的证。"（《音略·一、略例》，《黄侃论学杂著》页62）

4.4 "凡韵但有正声者，读与古音同，是为本韵。……凡韵有变声者，虽正声之音，亦为变声所挟而变，读与古音异，是为变韵。"（《声韵通例》，《黄侃论学杂著》页141）

4.5 "大抵古声于等韵只具一四等，从而《广韵》韵部与一四等相应者，必为古本韵；不在一四等者，必为后来变韵。"（《尔雅略说》，《黄侃论学杂著》页399—400）

根据黄侃上面的论述，何先生接着做了如下的分析：

将上面几段引文排起来看，黄侃的论证程序是：

（一）前人既已证明古无轻唇、舌上、娘日，则这些声母当然不会是"古本声"，只能是"今变声"。

（二）声母不会独变，必有促使其变的环境，亦即非有韵母之促成不能变；声母既变，或反作用于韵母，或韵母本身特征因促变而有所转移，或因声变的类化（即 4.4 的"凡韵有变声者，虽正声之音，亦为变声所挟而变"），于是声母韵母遂"相挟而变"。

（三）既然会相挟而变，则凡有"今变声"的韵，应该也都是"今变韵"。

（四）反之，只有"古本声"的韵，由于不曾发生过"相挟而变"，因此就是"古本韵"。

（五）古本声只配一四等韵母，因而古本韵亦皆属一四等。

这个论证程序的关键是"相挟而变"。就我所知，在黄侃之前，从没有人提过声母韵母"相挟而变"这个概念。这个概念可以推广到什么地步，例如上述步骤（三）、（四）是不是一定能够成立之类，容可再作考究。但是它的背后，其实有很丰富的义蕴，值得深思。首先，它不但预设了静态的声韵配合（结构），而且预设了声韵母的互动（生成）。其次，相挟而变这个概念自然会要求我们对声韵的结合形态作动态的、历时的观察，因而就导出了一种在他之前的古韵学家——即使是审音派的古韵学家——所不曾想象过的方法。由相挟而变推知古本韵，这不是"归纳"，而是因演绎所作的"预测"；预测的结果与前人的结论相合，这是"证明"。黄侃从后代语言结构上的特点（一四等无变声）推测这些特点的历史成因，并进而预测某些古语部类（古韵二十八部）的存在，这种新方法——即 4.2 的"分析""进求""稽之故籍""无丝毫不合"——相当于"内部拟测法"（internal reconstruction）。"预测"（即 4.2 的"分析""进求"）加"证明"（或"证否"，即 4.2 的"稽之故籍""无丝毫不合"），是科学知识的特征，而韵脚的"归纳"却不是。黄侃超越当代的地方，不在他认定古声有十九、古韵有二十八（或三十），而在"相挟而变"这个概念，以及因这个概念而导出的"内部拟测法"。

黄侃卒于 1935 年，享年 50 岁。36 年之后，李方桂先生发表《上古音研究》，指出高本汉的上古声母"分配不均匀"，其中"十五个声母只在有介音 j 的三等韵前出现，别的十九个声母可以在任何韵母前出现。这两类声母分配的情形很不一样。在全体三十四个声母中几乎有半数的声母分配很特殊，很有限制，这使我们对于这十五个声母发生疑问。"李先生检讨之后，改掉了高本汉分配不均匀的十五个声母，保留了可以在任何韵母前出现的十九个声母。高本汉的这十九个声母，大致上就等于黄侃的古本声十九纽。[何大安（2001）]

笔者完全赞同何先生的上述分析。但是还想做一些补充。此处黄侃虽用的是浅近文言解释音韵问题，但由于时代变迁，100 年后的今人理解黄侃这句话，仍然并不好懂，这里既有语言表达问题，也有音韵问题。那究竟什么叫"声韵相挟而变"？黄侃并未做出详细的解释与说明，这里还有必要加以解释，并且谈一下笔者的有关看法，或可作为何先生上述看法的补充。首先，关于"挟"字的解释，《现代汉语词典》（第六版）此字有四个义项，与此处意义对应的义项是"依靠"义。所以，如果用今天的白话解释黄侃这句话的意思，并与现代音韵学术语相对接，黄侃"声韵相挟而变"这句话应该有如下三种含义：

第一个含义是：在一个音系中（如《广韵》音系），如果声母变，韵母也同时发生变化；韵母变，声母也同时发生变化。二者有一种天然的依存关系。至于如何具体变，作者似乎没有给出进一步的解释。这一点大致相当于何先生的（一）的声韵各自不会发生独变。

第二个含义是：黄侃把《广韵》音系的声母一分为二，一为本声，二为变声；韵母也一分为二，一为本韵，二为变韵。二者共居于一个音系。黄侃的话言简意赅，对声母与韵母各自二分界限的说明也不十分明确。这个意思用现代语言学术语解释就是：《广韵》音系是共时音系与历时音系的复合体，并不是单一的共时音系。这一点实具有普通语言学上的意义。见上文"（一）音系性质篇"的"1. 共时音系与历时音系可以居于同一音系理论（索绪尔）"。对此，笔者亦表示赞同。

第三个含义是：在《广韵》音系中，声母和韵母的变化有着互相制约的关系。声母以韵母为条件而发生变化，换言之，声母的变化受韵母的制约。同理，韵母也以声母为条件而发生变化，即韵母的变化也受声母条件的制约（声调问题此处暂不考虑）。换言之，声韵的变化互为条件，这实际上讲的就是历史语言学所说的"音变条件"。同时，至少对于汉语音韵来说，这个理论无疑是对的。著名音韵学家董同龢先生在《汉语音韵学》一书中用现代语言对此问题有进一步的阐发，他说："关于古今音变，有几点可以先提一提，就是：（1）声母的演变多受韵母的介音（开合、等第）以及声调的影响。（2）韵母的演变多受声母发音部位的影响。（3）声调的演变多受声母清浊的影响。"（董同龢 2003）二人所述，实为异曲同工。

总结笔者补充的以上三条，就是：（1）一个音系内的声韵母可同时发生变化，所谓"共变"，不是"独变"；（2）《广韵》音系是共时、历时两种音系的复合体；（3）声韵之间的本质关系就是历史语言学的所谓"音变条件"问题。

由此看来，这种由中国学者发现的声韵调互相依存、互为音变条件，并且可以据此探索古音的方法就是汉语独具特色的"内部构拟法"。

15. 音变的动因：声韵强弱四种类型理论与黄侃的古本声、古本韵理论（黄典诚、冯蒸、郑张尚芳）

黄典诚先生（1914—1993）在先后五篇论文中提出了"声韵强弱理论"（1981；1984a，1984b；1986；2003），以及叶宝奎（2004）、郑张尚芳（2014）等论文。这些是我们了解黄先生"声韵强弱理论"的主要依据。平心而论，最初见到这个理论时，并未引起笔者的格外措意。因为就个人的语感而言，尚体会不到一个音节或者音系的声韵之间有强弱之别，所以一直没有深究该理论。

最近，在研究以《广韵》音系为基础的音系学的声韵关系及黄侃的古本声、古本韵理论时，我最先是自己想解释为什么有的上古声母分化，有的声母不分化，同理，为什么有的上古韵母分化，有的韵母不分化。其中的道理何在？这时才悟到有没有可能是声韵强弱的问题？也就是所谓音系强度问题。但是，这也仅是个人的心理感受，并无法得到实验语音学的证明。但是我仍然在此提出这个"声韵强弱理论"，并且在很多具体方面我的一些看法与黄先生的解释有所不同。郑张尚芳先生（2012）也基本上肯定了黄典诚先生的"声韵强弱理论"，虽然他也指出了该理论的若干可疑之处。笔者与黄先生虽然都运用了"声韵强弱理论"，但并不相同。下面主要说明一下我的解释和结论。

我认为，一个音节或者音系内的"声韵强弱"关系，理论上只可以有如下四种可能：（1）声强韵弱；（2）声弱韵强；（3）声强韵强；

(4) 声弱韵弱（见表14）。

表14　　　　古汉语音系"声韵强弱理论"与音变关系类型表

数量	音变条件	音变类型	相当黄侃术语	备注
（1）	声强韵弱	韵变声不变	今变韵	
（2）	声弱韵强	声变韵不变	今变声	
（3）	声强韵强	声、韵均不变	古本声、古本韵	
（4）	声弱韵弱	声、韵均变	今变声、今变韵	可称为音系学的协同发音

对此理论，根据我们的理解，现分别解释如下：

（1）声强韵弱型（1型）：在一个音系中，凡是因声母关系导致上古韵部分化的，均是声强韵弱型。黄侃认为的二、三等韵都是今变韵说，就属此类情况。

（2）声弱韵强型（2型）：在一个音系中，凡是因韵母关系导致上古声母分化的，均是韵强声弱型。黄侃、李方桂二先生所说的见于《切韵》二、三等韵的声母都是因为韵母的介音问题导致。《切韵》有15个见于三等韵的声母，李方桂（1971/1980）用一个类似十字的形状把它们圈注了出来，认为它们分布特殊，应该是后起的，黄侃称为今变声。就是此种情况。

（3）声强韵强型（3型）：声母不因韵母而发生变化，韵母也不因声母而发生变化，称为声强韵强型。即声母不能够影响韵母，韵母也不影响声母，声韵之间配合无间，这种情况我们就称之为声强韵强型。黄侃的古本韵和古本声，都是声强韵强，一、四等韵是古本韵，见于一、四等韵的声母为古本声，原则上它们从上古至中古均未发生变化。

（4）声弱韵弱型（4型）：指声、韵均发生了变化，最为明显的例证就是轻唇音的产生，轻唇音从重唇音分化出来以后，一部分三等韵的重唇音声母变成了轻唇音，这是声母变化，似乎可以认为是韵强声弱，同时这部分所谓轻唇韵的 i 介音亦同时脱落，也就是说，韵母也发生了相应的变化，这种声变韵也变的变化，大概就是黄侃所说的"声韵相挟而变"理论，也就是此处所说声弱韵弱型，我认为应该就是音系学意义上的协同发音现象，这是非常值得我们注意的音变现象。由于黄侃所说的"声韵相挟而变"观点非常重要，需要专门阐述，故上文单独立为一条理论。

上述解释纯然是我们的直观印象。需要说明的是，我们与黄典诚先生的观点不同之处有二点：（1）除同义异读字的情况以外，《广韵》的反切原则上并不直接反映上古音。（2）中古《切韵》的重韵，按照王力（1964）的意见，其分化条件多与声母的发音部位有关，我们基本上赞同这个意见。黄先生的有关看法似与此不同。黄典诚先生的声韵强弱说与中古等韵的等位有着密切的关系，也与黄侃的古本声、古本韵理论密切相关。黄侃认为《广韵》一、四等韵为古本韵，它们同具有中古的19个声母为古本声。黄先生把不变的声韵称为"强"，变的称为"弱"。与一、四等韵的情况不同，二、三等韵的情况则较为复杂，尚不易厘清它们与黄先生强弱说的关系，参下文郑张尚芳先生（2014）的分析。

应该说明的是：这里所说的一个音系内的"声韵强弱"关系理论，只是一种逻辑推理和心理感知，否则不易解释：何以一、四等韵从上古至中古均未发生变化，见于一、四等韵的声母为古本声，亦从上古至中古均未发生变化，而二、三等韵的声母却发生变化，这种有的发生变化，有的不发生变化，这种变化有的是声母影响韵母，有的是韵母影响声母，肯定有原因。可以想见：被影响的一方总是弱的，影响别人的一方总是强的，这个解释并不牵强。至于声强韵强型，这里的解释是因为它们的声韵都强，各自保持各自的独立性，既互不影响，又互相配合，是最基本的音系组合格局，可以说是音系的核心组合，不发生变化，这才是古本音。还需要说明的是，声韵的这种强弱关系是隐性的，不是显性的。至于是否能够得到实验语音学的证明，只好有待于进一步的研究了。

郑张尚芳先生（2014）对于古本声十九纽以及本、变声与黄典诚先生的声韵强弱说的关系，有如下进一步的说明，他说：

> 黄［典诚］先生特别重视黄侃古音十九纽之说，认为闽音较古而都读十五音，只减少"并定群（匣）从"这四个全浊声母而已，在建瓯西陂，仍是19纽。我们认为，就基本声母来说，黄侃古本声19纽说基本是对的，但除了加 g 外，还得加与"来 r"相对的"以 l"母，和5个清鼻流音（m、n、ŋ、r、l 的清送气母）才完整。但如不涉及流音和清鼻流音，以古音19纽解释一四等声母那是够的。我曾指出李方桂先生在高本汉上古34声母中删除只配三等、配合关系特殊的15母外，留下的也是这19母。它们加上述鼻流音，确是上

古音系的基本声母。

所以黄先生即取这十九纽古本声作上古声母，并结合声韵变化律，作为四等起源的解释。

韵图四等中一四等韵都为十九纽，黄侃先生以其上古至中古不变，称为古本声，有变化的则为变声，故一四等的韵也多为古本韵，其 28 韵部（歌寒曷覃合，灰痕没，先屑添帖，齐青锡，模唐铎，侯东屋，萧，豪冬沃，哈登德）皆取一四等字为名。黄先生取此，认为不变应因其强，变则当弱，所以洪音一四等为强声弱韵，二等为弱声强韵。细音三等为弱声强韵，又分为强弱声弱强韵，弱弱声强强韵，部分不变的则因为弱弱声、负负得正转来的。这样强弱应源自本、变，大致以此框架来解释四等形成与演变，并以变化与文白读相系。这形成黄先生特别的演变观，受人注目。只是实际三等不变轻唇的多为前元音韵，强弱不太好说。

（五）理论总结篇

16. 汉语音节内声韵互动理论的特点：6 个"互"与 1 个"无关"

黄侃由古本韵以推古本纽，这种方法是基于汉语音节内声韵之间的自然影响关系得出的结论，正如语言学大师李方桂先生（1985）所说"声母与韵母接触后，一定会有互相影响的情况，这是一般语言的现象。"正是本着这个观点，李方桂先生才独立创立了汉语的"声韵结合"研究古音的方法，也才得出了与黄侃古本声十九纽一致的结论。这件事说明了黄侃研究法与李方桂研究法具有共同性和正确性。只不过遗憾的是，黄侃当时对于他所以得出其结论并没有讲出其深层的语言学原因，也未用现代的白话语言表达出来，这当然与他的时代局限有关，故其说未能取信于人。但正是由于李方桂先生论著的出现，才从根本上改变了这种局面。如果照林语堂的批评，不但否定了黄侃，实际上也否定了李方桂，更否定了李方桂先生上面所说的"（声韵母接触后一定会有互相影响的）一般语言的情形"，这就违反了普通语音学的基本原理。由此可见林语堂批评黄侃成功运用此法的创造性见解是"循环论证"，是完全站不住脚的。也正是由于黄侃和李方桂先生成功运用此法的创造性研究成果，才直接促成我们创立了"音节内声韵互动理论"说。综上所述，本文归纳的音节内声韵互动理论可以简单概括如下：它们共同的特点是 6 个"互"字（三个"互相"、三个"互为"），以及一个"无关"，如下：

(1) 互相配合；
(2) 互相影响；
(3) 互相变化；
(4) 互为条件；
(5) 互为因果；
(6) 互为古音/变音；
(7) 与逻辑学的"循环论证"无关。

八 李方桂先生1978年9月9日解答冯蒸提出的古音构拟法问题的重要意义（附：李方桂先生回信原件影印）

我能够得到当代著名语言学大师李方桂先生（1902—1987）的书面回信赐答，是有一段故事机缘的。

1977年，经傅懋勣［中国社会科学院民族研究所（现为中国社会科学院民族学与人类学研究所）研究员］、袁家骅（北京大学中文系教授）、罗季光［中国社会科学院民族研究所（现为中国社会科学院民族学与人类学研究所）副研究员］三位著名语言学家的推荐，在时任中国社会科学院副院长兼秘书长宋一平先生和中国社会科学院语言研究所所长吕叔湘先生的大力支持和帮助下，我于1978年1月1日进入中国社会科学院语言研究所工作，任研究实习员。我在语言所一共工作了约七年半，前三年在方言研究室工作，1981年以后的四年半在古代汉语研究室工作。

1978年夏天的某个上午，语言研究所的丁声树先生叫我到他的研究室谈话，大意是嘱咐我在一段时间内应注重在一个领域内进行专门研究，不要兴趣太广，切忌在同一时间内同时从事多个领域的研究，这将影响我未来的发展。丁先生的语气和蔼亲切，他的叮嘱完全是出于对年轻人（我当时不到30岁）的善意关怀，在一句句谆谆教诲中饱含着深深的期望与厚爱，令我感动不已。我们的谈话气氛真诚而愉快，我当时也就畅所欲言，陈述着自己对音韵学的极端喜爱。

正在畅谈之际，传达室的工作人员给丁先生送来一封信。丁先生接过来一看，印有某宾馆字样的大白信封上书"丁梧梓先生台启"，下面赫然写着李方桂先生的名字。丁先生大吃一惊，马上拆开读信。看后激动地告诉我，多年不见的李先生回国探亲，现到北京了，将在中央民族学院做学术报告，并且希望和我们见面。由于我与丁先生谈话已经没有拘束感，说话也就毫无顾忌，马上就问："我能不能去听李先生的讲座？"丁先生立刻回答说："那有什么不可以听的？完全可以去听。"我非常高兴，随后告辞出来，当时的心情至今仍记忆犹新。因为我早就从我的老师王静如先生（1903—1990）处听说过李先生的大名，一直关注和学习李先生的诸多论著，能够有这样一个可以与李先生直接见面聆听受教的机会，实在是太珍贵了！

后来打听到李先生的下榻地点是北京民族饭店，李先生到后的第三天，我就请北京大学的袁家骅先生带我一起去拜访李先生。结果不巧的是前台服务员告诉我们李先生外出了，不知何时回来。未能见到李先生，我们未免十分失望。我就把我翻译的李先生的大作《藏文的 glo-ba-'dring》油印本和事先写好的一封信交给前台服务员，请服务员代转给李先生。袁先生当时也写了一封短笺，大意是说我们今天来拜访李先生，遗憾未能见到先生，现将一些资料交给前台服务员了，并表示希望能够在李先生的中央民族学院演讲会上见面。后来我终于如愿在中央民族大学听到了李先生的精彩报告，并且见到了李先生，并告知了与袁先生一起拜访之事。当时李先生并没有提及我信中的内容问题。几个星期后，突然接到李先生 1978 年 9 月 9 日从西安给我发来的信（见后），下面将我的问题和李先生的回答简单说明一下。

我给李先生的信是事先写好的，由于时隔多年，没有留底稿，现在具体措辞、内容已经记不清了。从下文李先生的回信可知我当时提出了四个问题向先生请教：1. 李先生在《藏文的 glo-ba-'dring》一文中讲到了一项音变，我有不明白之处，请先生解释；2. 如何构拟汉语古音问题；3. 闽语浊声母出现在阴调类的问题；4. 关于生成音系学的问题。后两个问题因暂时与本题无关，兹从略。现只就前两个问题解释一下。

1. 李先生在《藏文的 glo-ba-'dring》一文（汉译文据冯蒸 1997，下引文均据汉译文）中讲到了一种音变，我有不明白之处，向李先生请教。李先生的原文是这样说的，现转引如下：

藏文短语 glo-ba' dring 在敦煌文书中出现了好几次。巴高认为它的意义是"不忠实的，背信弃义的"，这无疑是正确的。可是，这个短语与 glo ba rings 的关系并没有弄清楚，而且关于 glo ba rings 的意义也还有些混乱。本文就是把后者（及类似的诸短语）的意义与 'dring 这个形式两个问题都弄清楚的一个尝试。

（中间内容从略）

'dring 这个形式肯定与所谓的形容词 ring "长的，远的，远隔的"有关系。有一种普通的构词类型就是利用前缀 '- (a-chung) 把所谓的形容词变成不及物动词，例如，gyag pa "减少的，减小的，减低的"，'gyag pa "被用完，被用尽，被耗尽；被用，被使用，被消费"等等。'dring, rings 完全对应于这样一些不及物动词，如，'gye（现在时），gyes（过去时）"被分开，被分离"，'gyur（现在时），gyurd（过去时）"变成，成为"等等。问题在于声母 d。

我在数年前曾提出过，在连续音或擦音（s、z、sh 和 zh）之前的前缀音 '- （冯蒸按：藏语学界通称小阿，下同）常常要引起一个塞音的插入，例如：

'tsho ba<*'-so ba "生活、生存"，过去时 sos

'dzad ba<*'-zad ba "衰败、衰退"，过去时 zad

'chi ba<*'-shi ba "死"，过去时 shi

'ju ba<*'-zhu ba "熔化、融化、消化"；比较 zhu-ba："熔化，融化"及物动词和不及物动词，zhun pa "熔化的，融化了的"。

这里的情况十分相似，即 'dring<*'ring，过去时 rings。在这种情况下辅音的插入是一个众所周知的音变现象（参看古英语 ðunrian>现代英语 thunder，希腊语 *anros >'andros），特别是在藏文中作为前缀音的 '- 长期以来就一直被猜疑是某类鼻音。古典藏文中的其他几个例子可以引证如下：

'drul ba "变腐烂，腐朽，腐烂"，过去时 rul 或 drul，比较 rul ba "腐烂，使腐烂，腐败，变腐朽"。

'dral ba "撕碎，扯碎"，过去时 ral 或 dral，比较 ral "裂缝，裂口"。

'drud pa "拉，拽，沿着地拖"，过去时 drud，比较 rud "落下的，倒塌的，块，团，堆（因山崩，崩土，塌方，雪崩）"。

'dril ba "被翻转，卷起，转，滚，包"，过去时 dril，比较 ril ba "圆的，球状的，球形的"。

'dre ba "被混合"，过去时 dres，比较 sre ba，bsres "混合，混，混和"。

此中过去时的 dr-形式显然类似于现在时的'dr-形式，而且几乎取代了具有 r-的简单形式，但是这几个残余的 r-形式却构成了重要的依据。

我希望这些可能发生在古典藏文形成以前的形态音位（连音变读）变化的情况能引起人们的注意，因为它们对藏缅语或汉藏语的比较也许是很有帮助的。我猜想也可能有其他一些情况。我考虑到了通常引用的汉语"百"（上古音 păk），"八"（上古音 pwăt）与藏文 brgya "百"，brgyad "八"的比较。藏文的声母 g-可能是后来发展的，它们或许是来自如 *brya, *bryad 这样的形式。因而高本汉提出的在我们的比较研究中我们不应该无视藏文前缀音的警告或许有另外一个含义，即藏文的词干声母可能是后起的。

以上是笔者对李先生英文原文的汉译文（见冯蒸 1997）。我当时提出的一个疑问，就是：藏文的 brgyad "八"或者 brgya "百"中的-g-是一个塞音，根据李先生在该文中的意见，这个塞音是一个后起的增音现象，但此种音变是不是应该有类似藏文前缀小阿（a-chung）存在的条件才可发生？因为藏文前缀小阿在藏语方言中多呈现为某种鼻音的形式，而不是通常转写小阿为浊喉擦音 ɦ 的形式，只有这样才可以与李先生引证的古英语和希腊语的音变情况相类。对于这个问题，李先生在信中是这样回答的：

> 我说 brgyad 从*brya 来的，只愿指出藏文声母（如 g-）不一定都是原来的声母，有后起的可能。不一定在鼻音后才能有辅音插入。

李先生的这个看法在汉藏语学界引起普遍重视，很多汉藏语研究大家都引用李先生的这个学说。我于 1997 年把先生的大作译出，是完全必要的。另外，李先生作为学界泰斗，回信竟然说：

《藏文的 glo-ba-'dring》的尊译，已拜读，不胜钦佩，只是原文不在手头，不能详校。拙作原有不甚妥当之处，务请吾兄质诸精通藏语，改正是所至盼。

先生如此的谦虚，真是令后学惭愧不已，学生只有好好向前辈学习，学业进步，才能够回报先生的关怀和鼓励。

这里需要指出的是，我引的李先生的上述译文，在上古音研究上还有一个当时没有认识到后来才认识到的意义，就是郑张尚芳先生提出的"上古无塞擦音声母说"。这里请允许我再引用一下先生举的四个例子，但是把通常的藏文转写改成了国际音标模式，以便理解。李先生说：

> 我在数年前曾提出过，在连续音或擦音（s、z、ɕ 和 ʑ）之前的前缀音 ' -常常要引起一个塞音的插入，例如：
> 'tsho ba<*'-so ba "生活、生存"，过去时 sos
> 'dzad ba<*'-zad ba "衰败、衰退"，过去时 zad
> 'tɕi ba<*'-ɕi ba "死"，过去时 ɕi
> 'dʑu ba<*'- ʑu ba "熔化、融化、消化"；比较 ʑu-ba："熔化，融化"及物动词和不及物动词，ʑun pa "熔化的，融化了的"。

从以上李先生所举的藏文音变诸例来看，藏文音系中多有塞擦音声母来自擦音声母之例，换言之，塞擦音声母是后起的，"塞擦音声母后起说"在郑张尚芳先生的名著《上古音系》（2013）中有专题论述，大致结论是：

(1) 中古精母 ts- <*ʔs-
(2) 中古清母 ts'- <*sh-
(3) 中古从母 dz- <*z-
(4) 中古心母 s- <*s-
(5) 中古邪母 z- <*lj-

以上所列均指的是主要来源，实际上中古塞擦音声母应有多种来源，详见郑张尚芳《上古音系》（2013）音表"第一表《郑、高、王、李四家上古声韵母对照表》"。郑张尚芳书也引用了李方桂先生上文中的例子。

2. 第二个问题是多年来一直萦回于我心中，且一直未能够找到答案的问题，就是向李先生请教的如何具体构拟古音的问题，此问题我曾经问过许多国内专家，看过很多国内甚至国外出版的英文历史语言学著作，都没能够找到答案。我的问题是：如果一个语族内诸语言或者一个语言内的诸方言的辅音声母有如下对应关系：p=p'=t，该如何构拟该音韵对应关系的古音？李先生给笔者的回答如下：

> 构拟古语原不能只靠一套语音应对关系而决定。必须有其他的对应的字，p=p'=t 的对应无法拟定其古音，除非我们有其他的，如 p=p=p, p'=p'=p, p'=p=p 等。才能知道这套对应必从复声母变来。

这个问题的解释详见前文第三节，也是本文写作的原因之一。

九　结论

综上所述，本文的结论如下：

（一）首次确认了李方桂先生《口述史》及给冯蒸的回信在解释历史比较法的构拟原理方面的重要价值。

（二）首次确认了李方桂先生《口述史》所讲述的汉语中古音的构拟原理非印欧语研究确立的标准历史比较法的构拟。

（三）首次确认了李方桂先生《口述史》所讲述的汉语上古音的谐声分析法构拟与印欧语历史比较法的构拟虽有相似性和可类比性，但仍有诸多不同。印欧语诸语言对应关系的构拟是唯一来源式的构拟形式，而上古音的谐声分析法的构拟可以允许音近谐声，同一谐声系列可有多种构拟形式。

（四）首次创立了单音节汉语音系的音节内声韵互动理论及其历史语言学价值。同时确认它是一种独具汉语特色的古音内部构拟法，并且从性质、结构、音变、构拟四个方面阐述了其价值。

（五）阐述了当代音韵学大师李方桂先生给冯蒸回信的重要意义。

附录一：李方桂先生回复冯蒸信原件（影印）

附录二：李方桂先生回复冯蒸信整理版

冯蒸先生：

"藏文的 glo-ba-'dring"的尊译，已拜读，不胜钦佩，只原文不在手头，不能详校。拙作原有不甚妥当处，务请吾兄质诸精通藏语，改正是所至盼。

我说 brgyad 从 *brya 来的，只愿指出藏文声母（如 g-）不一定都是原来的声母，有后起的可能。不一定在鼻音后才能有辅音插入。

构拟古语原不能只靠一套语音应对关系而决定。必须有其他的对应的字。p = p' = t 的对应无法指定其古音，除非我们有其他的，如 p = p = p，p' = p' = p，p' = p = p 等。才能知道这套对应必从复声母变来的。

闽语浊母阴调只是调类命名的问题。闽语复杂，恐不是从一个系统演变而来。

其他关于 generative phonology 的问题，我亦不甚了了，恕不能一一作答，匆此即颂

秋安

弟李方桂顿首
（一九七八年）九月九日
（原稿奉还，并致谢意）

参考文献

[美] 白一平：《汉语上古音手册》，龚群虎、陈鹏、翁琳佳译，上海教育出版社，2020。原书名是：William H. Baxter：*A Handbook of Old Chinese Phonology*，Mouton de Gruyter，1992.

陈忠敏：《音变研究的回顾与前瞻》（载《民族语文》2008 年第 1 期）。

崔荣昌：《四川境内的湘方言》，中研院历史语言研究所田野工作报告之一，1996。

丁声树：《谈谈语音构造和语音演变的规律》，载《中国语文》1952 年 7 月创刊号。又载《丁声树文集》，商务印书馆，2020，220—227 页。

董同龢：《上古音韵表稿》，《中央研究院历史语言研究所集刊》第 18 本，1948，第 1—249 页（原石印本 1944 年在四川李庄史语所出版，本文以 1948《史语所集刊》本为准）。

董同龢：《汉语音韵学》，中华书局 2003 年版。

冯蒸：《〈切韵〉祭泰夬废四韵带辅音韵尾说》，载《湖南师范大学社会科学学报》1989 年 6 期，90—97 页。又载《冯蒸音韵论集》，学苑出版社 2006 年版。

冯蒸：《〈切韵〉"痕魂"、"欣文"、"咍灰"非开合对立韵说》，载《隋唐五代汉语研究》，程湘清主编，山东教育出版社 1991 年版。又载《冯蒸音韵论集》，学苑出版社 2006 年版。

冯蒸：《释湖南双峰话的部分古合口三等见系字读 t- 系声母》，《汉字文化》1991.1：37—39，又载冯蒸著《汉语音韵学论文集》，首都师范大学出版社 1997 年版。

冯蒸：《汉语音韵学论文集》，首都师范大学出版社 1997 年版。

冯蒸：《汉语上古声母研究中的考古派和审音派——兼论运用谐声系统研究上古声母特别是复声母的几个问题》，《汉字文化》1998 年第 2 期。又载《冯蒸音韵论集》，学苑出版社 2006 年版。

冯蒸：《大匠示人以规矩——从王静如先生教我音韵学看王先生的治学方法》，载《新学术之路（下）》，"中研院"历史语言研究所印行，1998 年，第 565—583 页。又载《冯蒸音韵论集》，学苑出版社 2006 年版。

冯蒸：《历史语言学导论·导读》(Historical Linguistics: An Introduction)，Winfred P. Lehmann 著：《冯蒸导读》，外语教学与研究出版社 2002 年 5 月第 1 版。

冯蒸：《冯蒸音韵论集》，学苑出版社 2006 年版。

冯蒸：《原始印欧语的语音系统及其演变规律述略》，载《冯蒸音韵论集》，学苑出版社 2006 年版。

冯蒸：《上古音单声母构拟体系四个发展阶段的方法论考察：兼论研究上古声母的四种方法：谐声分析法（离析字母法）、等韵分析法、历史比较法和汉藏语比较法》，载《历史语言学研究》第五辑，商务印书馆 2012 年版。

冯蒸：《大师的启迪：忆俞敏先生教我音韵学和汉藏比较——回忆俞敏先生对我的教诲》，《汉字文化》2017 年第 1 期。

冯蒸：《二十世纪汉语历史音韵研究的一百项新发现与新进展》，载《燕京语言学文存》（第一辑），洪波主编，学苑出版社 2017 年版。

冯蒸、任文博：《历史语言学中三大音变方式的数字对比表示法——以中古音 16 摄至元〈中原音韵〉19 部的演化为例》，载《励耘语言学刊》2016 年第 3 辑（总第二十五辑），学苑出版社 2017 年版。

冯蒸：《论郑张尚芳〈上古音系〉对〈说文〉及相关古文字的若干新考订》，载日本《中国语学研究：开篇》Vol.37，1—11 页，东京：好文出版社 2019 年版。

高本汉（Bernhard Karlgren）：《汉文典（修订本）》，潘悟云、杨剑桥、陈重业、张洪明译，中华书局 2021 年版。

葛毅卿：《喻母古音值》，叶祥苓汉译文载《南京师范学院学报》1981 年第 3 期。原文是：On the Consonantal Value of 喻-Class Words, *T'oung Pao*（《通报》）1932：29：100-103。

葛毅卿：《喻三入匣再证》，《中央研究院历史语言研究所集刊》第八本第一分，1939。

何大安：《声韵学中的传统、当代与现代》，载《声韵论丛》（11），学生书局2001年版。

何大安：《规律与方向：变迁中的音韵结构》，北京大学出版社2004年版。

黄典诚：《反切异文在音韵发展研究中的作用》，载《语言教学与研究》1981年第1期；又载《黄典诚语言学论文集》，厦门大学出版社2003年版。

黄典诚：《从〈诗〉音到〈切韵〉》，《厦门大学学报》1984年第1期；又载《黄典诚语言学论文集》，厦门大学出版社2003年版。

黄典诚：《轻清重浊的划分是等韵之学的滥觞》，载《集美师专学报》1984年第4期；又载《黄典诚语言学论文集》，厦门大学出版社2003年版。

黄典诚：《从十九纽到四十一声》，载《文史哲》1986年第2期；又载2003《黄典诚语言学论文集》，厦门大学出版社2003年版。

黄典诚：《汉语音韵在强弱不平衡律中发展》，原为会议论文，此前未正式发表过，现载《黄典诚语言学论文集》，厦门大学出版社2003年版。

黄典诚：《黄典诚语言学论文集》，厦门大学出版社2003年版。

黄侃：《音略》，原载《国华月刊》一卷三期，1923；中央大学《文艺丛刊：黄季刚先生遗著专号》，1936。又载《黄侃国学文集》，中华书局2006年版。

黄侃：《尔雅略说》，载《黄侃国学文集》，中华书局2006年版。

黄侃：《声韵通例》，载《黄侃国学文集》，中华书局2006年版。

黄侃：《声韵略说》，载《黄侃国学文集》，中华书局2006年版。

黄侃：《黄侃国学文集》，中华书局2006年版。

李葆嘉：《关于章黄古声纽说的若干问题》，《活页文史丛刊》，中州古籍出版社1990年版；又载《钩沉集》，李葆嘉著，上海古籍出版社2012年版。

李葆嘉：《新化邹氏古声二十纽说研究》，《古汉语研究》1991年第1期；又载《钩沉集》，李葆嘉著，上海古籍出版社2012年版。

李葆嘉：《论古音十九纽的重新发现》，《南京师大学报》1995年第2期；又载《钩沉集》，李葆嘉著，上海古籍出版社2012年版。

李葆嘉：《清代古声纽学》（《清代上古声纽研究史论》修订本），上海古籍出版社2012年年版。

李葆嘉：《钩沉集：语言符号的历史追忆》，上海古籍出版社2012年版。

李葆嘉：《对非议或误解黄侃古音学的澄清》（上），《民俗典籍文字研究》第17辑，商务印书馆2016年版。

李葆嘉：《对非议或误解黄侃古音学的澄清》（下），《民俗典籍文字研究》第19辑，商务印书馆2017年版。

李葆嘉：《黄侃古音学与曾运乾古音学补说》，《锲不舍斋薪传录——陈新雄教授逝世十周年纪念国际学术研讨会论文集》，万卷楼图书公司2022年版。

李方桂：《上古音研究》，原载台湾《清华学报》新九卷一、二期合刊，1971。大陆重排本，商务印书馆1980年版。

李方桂：《论声韵结合——古音研究之二》，《"中研院"历史语言研究所集刊》1985年第56本第一分。

李方桂：《藏文的glo-ba-'dring》，冯蒸译，载《汉语音韵学论文集》，首都师范大学出版社1997年版。

李方桂：《李方桂先生口述史》，王启龙、郑小咏译，清华大学出版社2003年版；又《李方桂全集（13）》本，清华大学出版社2008年版。

李荣：《切韵音系》，科学出版社1956年版。

李荣：《李方桂》，载《方言》1988年第1期，又载《方言存稿》，商务印书馆2012年版。

林语堂：《古音中已遗失的声母》，载《语言学论丛》，开明书店1933年版。

罗常培：《经典释文和原本玉篇反切中的匣于两纽》，《中央研究院历史语言研究所集刊》第八本第一本，85-90，1939。

罗常培、周祖谟：《汉魏晋南北朝韵部演变研究》（第一分册），科学出版社1958年版。

罗杰瑞：《闽北方言的第三套清塞音和清塞擦音》，载《中国语文》1986年第1期。

邵荣芬：《匣母字上古一分为二试析》，《语言研究》1991年第1期。

邵荣芬：《匣母字上古一分为二再证》，《中国语言学报》1995年第7期。

邵荣芬：《我和音韵学研究》，载《邵荣芬语言学论文集》，商务印书馆2009年版。

沈钟伟：《横向传递和方言形成》，载《燕京论坛（2014）》，首都师范大学文学院编，社会科学文献出版社2017年版，第308—329页。

[瑞士] 费尔迪南·德·索绪尔：《普通语言学教程》，岑麒祥、叶蜚声、高名凯译，商务印书馆1980年版。原文书名：Ferdinand de Saussure：*Cours de linguistique générale*（5th ed., 1949）。

王静如：《论开合口》，《燕京学报》1941年第29期。

王静如：《论古汉语之腭介音》，《燕京学报》1948年第35期。

王力：《汉语史稿》（上册），科学出版社1957年版。

王力：《先秦古韵拟测问题》，载《北京大学学报（人文科学）》1964年第5期。

王力：《同源字典》，商务印书馆1982年版。

王显：《对〈干禄字书〉的一点认识》，载《中国语文》1964年第4期。

[美] 基思·约翰逊：《声学与实验语音学》（第三版），王韫佳译，北京大学出版社

2021年版。

徐通锵：《历史语言学》，商务印书馆1991年版。

叶宝奎：《强声弱韵，强韵弱声》，载《心香一瓣：黄典诚教授九十冥诞纪念文集》，2004年，香港。

叶玉英：《古文字构形与上古音研究》，厦门大学出版社2009年版。

俞敏：《后汉三国梵汉对音谱》，载《中国语文学论文选》，日本东京光生馆1984年版。

俞敏：《黄侃》，载《中国大百科全书·语言文字卷》，中国大百科全书出版社1988年版。

曾运乾：《切韵五声五十一纽考》，《东北大学季刊》1927年第1期；又载曾运乾《音韵学讲义》，中华书局1996年版，《广韵学》第三章。

曾运乾：《喻母古读考》，《东北大学季刊》1927年第2期；又载曾运乾《音韵学讲义》，中华书局1996年版，《广韵学》第五章附录。

张富海：《谐声假借的原则及复杂性》，载《古文字与上古音论稿》，上海古籍出版社2021年版。

郑张尚芳：《我的语言研究历程》，载黎千驹主编《当代语言学者论治学》，华中师范大学出版社2011年版。

郑张尚芳：《〈切韵〉四等韵的来源与方言变化模式》，原载《东方语言与文化》，东方出版中心，2002年；又载《郑张尚芳语言学论文集》，中华书局2012年版。

郑张尚芳：《上古音系》（第二版），上海教育出版社2013年版。

郑张尚芳：《黄典诚先生对上古音和闽语研究的贡献》，载厦门大学中文系·中国音韵学会编《中国音韵学暨黄典诚学术思想国际学术研讨会论文集》，厦门大学出版社2014年版。

[法] 梅耶：《历史语言学中的比较方法》，岑麒祥译，科学出版社1957年版。

[苏联] A. B. 捷斯尼切卡娅：《印欧语亲属关系研究中的问题》，劳允栋译，岑麒祥校订，科学出版社1960年版。

Beekes, Robert S. P. 1995: *Comparative Indo-European Linguistics: An Introduction.* Amsterdam: John Benjamins Publishing Company.

Bernhard Karlgren 1923: *Analytic Dictionary of Chinese and Sino-Japanese.* Paris: Paul Geuthner.

Fang Kuei Li. *A Handbook of Comparative Tai.* Honolulu: University Press of Hawaii. 1977. 汉译本：李方桂：《李方桂全集8：比较台语手册》，丁邦新译，清华大学出版社2011年版。

Hill, Nathan W.: *The Historical Phonology of Tibetan, Burmese, and Chinese.* Cambridge: Cambridge University Press, 2019.

Labov, William: Phonological Correlates of Social Stratification. Gumperz and Hymes (eds.) *Directions in Sociolinguistics.* 1964. pp. 164-176.

Labov, William: Resolving the Neogrammarian controversy. *Language* 57: 267-308, 1981.

Labov, William: *Principles of Linguistic Change. Volume* 1: *Internal Factors*. Oxford: Basil Blackwell, 1994. 汉译本：［美］威廉・拉波夫《语言变化原理：内部因素》，石锋、郭佳译，商务印书馆 2019 年版。

Labov, William: *Principles of Linguistic Change. Volume II*: *Social Factors*. Oxford: Blackwell, 2001. 汉译本：［美］威廉・拉波夫《语言变化原理：社会因素》，石锋、魏芳、温宝荣译，商务印书馆 2021 年版。

Linguistics East and West: *AmericanIndian, Sino-Tibetan, and Thai*: *Oral History Transcript/*1986. Recorded and Edited by Ning-ping Chan & Randy J. LaPolla. Transcript of Our Interviews with Prof. Fang-Kuei Li to Record His Oral History. Published by the Regional Oral History Office, a Department of the Bancroft Library, UC Berkeley, 1989. 汉译本：《李方桂全集 13：李方桂先生口述史》，王启龙、邓小咏译，清华大学出版社 2008 年版。

Norman, Jerry: Tonal Development in Min. *Journal of Chinese Linguistics*（中国语言学报）1.2: 222-238, 1973. 汉译本：张惠英译，《闽语声调的演变》，载《中南民族学院学报》（哲学社会科学版）1985 年第 4 期, pp. 107-116。

Norman, Jerry. 1974. The Initials of Proto-Min. *Journal of Chinese Linguistics*（中国语言学报）2.1: 27-36, 1974.

Ratliff, Martha: *Hmong-Mien Language History*, Canberra: Pacific Linguistics, 2010.

Robert J. Jeffers and Ilse Lehiste: *Principles and Methods for Historical Linguistics*, MIT Press, 1979. 汉译本《历史语言学的原理与方法》，冯蒸译，载《语言》2006 年第 6 卷，首都师范大学出版社 2006 年 12 月版。

Roman Jakobson, C. Gunar M. Fant, Morris Halle, *Preliminaries to Speech Analysis—The Distinctive Features and Their Correlates*, The M.I.T. Press, 1951.《语音分析初探——区别性特征及其相互关系》，王力译，载《国外语言学》1981 年第 3、第 4 期。

Schuessler, Axel: *ABC Etymological Dictionary of Old Chinese*, University of Hawai'i Press, Honolulu. 2007.

Schuessler, Axel: *Minimal Old Chinese and Later Han Chinese*: *A companion to Grammata Serica Recensa*, University of Hawai'i Press, Honolulu. 2009.

Szemerényi, Oswald J. 1996: *Introduction to Indo-European Linguistics*. Oxford.

T. Hudson-Williams 1935: *A Short Introduction to the Study of Comparative Grammar*（*Indo-European*）. Cardiff, The University of Wales Press Board.《印欧语比较语法入门》，冯蒸译，载《南阳师范学院学报》2008 年第 1 期、第 2 期。

William J. Hardcastle, Nigel Hewlett: *Coarticulation*: *Theory, Data and Techniques*, Cambridge University Press, 1999, Cambridge.

What is the Reconstruction of the Historical Comparative Method and What is the Theory of the Initial-Final Interaction Inside Chinese Syllables. —My Recollections of Professor Li Fang-Kuei's Teaching.

Feng Zheng

Abstract: There are two major points in the core content of historical linguistics: Old Chinese reconstruction and historical development. However, the published works and textbooks on historical linguistics in China are either vague or inaccurate about how to reconstruct Old Chinese. One of the reasons is that the authors did not have a thorough study of the historical phonology of one language or a branch of one language, nor did they engage in specific reconstruction work. The other is that they lacked an accurate understanding of the reconstruction principles and methods of western historical linguistics. This paper holds that the most accurate, popular and authoritative book about the reconstruction method with historical comparison is *Professor F. K. Li's Oral History* (1988). This is not only due to Randy J. LaPolla's precise question on this issue, but also thanks to Professor F. K. Li's specific answer. Of course, the vivid Chinese translation of translators Wang Qilong and Deng Xiaoyong enable us to accurately understand what is the reconstruction of historical comparison method. That is, only a set of phonetic correspondence is not enough to reconstruct Old Chinese and it is necessary to have multiple sets of phonetic correspondences to reconstruct the phonetic form of the original language. Professor F. K. Li's reply to Mr. Feng Zheng on September 9th 1978 is also a rare historical linguistic document. His reconstruction of Old Chinese has reached the conclusion that he is completely consistent with Mr. Huang Kan's theory of Nineteen Initials in Old Chinese, which shows the correctness of Mr. Huang Kan's initials reconstruction principle of Old Chinese - Huang Kan's study of Old Chinese, initials is not a circular demonstration, but a scientific method of Old Chinese reconstruction, which is a major innovation in the reconstruction theory of Chinese historical phonology. This paper makes a detailed discussion on the theory of initial-final mutual influence of monosyllabic in Chinese, which is of great significance in the methodology of Old Chinese reconstruction.

Key words: Historical and Comparative Method; Reconstruction; *Professor F. K. Li's Oral History*; Theory of Initial-Final Mutual Influence of Monosyllabic in Chinese; A Reply from Professor F. K. Li to Mr. Feng Zheng

七日一周制的起源和传播

李葆嘉[①]

摘　要：苏美尔基于月相—潮汐的七日一周制，经犹太教创世纪七日（以第七日为安息）而宗教化。巴比伦改为七曜值（以第一日为日曜），经希腊传罗马、传日耳曼，罗马帝国定耶稣复活日（日曜日）为主日，伊斯兰教沿袭创世七日而以第六天为主麻。七曜值在唐代传入中国。北宋引入《应天历》，以金曜日（主麻）为历元。南宋将汉语佛教"礼拜"用于穆斯林敬拜，称主麻为礼拜日。明末"礼拜"转指天主教的敬拜、主日等，多明我会士所记漳州话是礼拜到礼拜六。晚清规范星期制，星期日排到第七天。源于苏美尔的七日一周制，在传播过程中被赋予诸神值日色彩，其历元凸显各自宗教价值。依据太阳历，七日制已不再与月相—潮汐对应；即使采用太阴历，七日制也并非与月相变化对应的精确计算周期。

关键词：月相—潮汐；七日制；创世纪；七曜值；礼拜制；星期制

一　引言

乔治·莱考夫（George Lakoff）在《女人、火与危险事物》（*Women, Fire and Dangerous Things*）第四章"理想认知模式"中这样论述：

> 或许，要阐明理想认知模式的观念及其在范畴化中如何起作用，最好的方式就是通过实例。让我们先看看菲尔墨的框架概念。以英语单词 Tuesday（创世纪第三日，日耳曼的战神日，汉译"星期二"——译注）为例。Tuesday 能被定义，只是与一种包含通过太阳

[①] 作者简介：李葆嘉（1951—　），男，黑龙江大学俄罗斯语言文学与文化研究中心兼职研究员，主要研究普通语言学、语言学史、语言文化史、语言文化哲学、语言科技等。

运行定义的自然周期的理想模式有关，其标准含义描绘为一天的结束和下一天的开始，以及更大的七天日历周期是 week（星期）。在这一理想模式中，星期是由七个部分按顺序排列的整体。每个部分称为"一天"，而第二天便是 Tuesday。同样，weekend（周末）这一概念需要有五个工作日，其后有两个休息日（创世纪的第七日、第一日，日耳曼的农神日、日神日，汉译"星期六""星期日"——译注）的概念，两者相加便是七天的日历。

我们的星期模式是理想化的。七天一周不是自然界中的客观存在，它是由人类创造的。实际上，并非所有文明都有相同的星期。(Lakoff，1987：68；李葆嘉等译，2017：73)

人类历法文化史显示，莱考夫所言至少有两个讹误：1. 星期模式并非与"通过太阳运行定义的自然周期"有关，而是与"月亮运行的自然周期"有关；2. 并非"七天一周不是自然界中的客观存在"，而是在自然界中可以反复观察到的真实存在。

近阅公众号发文《"礼拜"来源再考》（刘曼，2021），提出"礼拜"一词明末已见于在菲律宾的西班牙传教士的汉语著述中。前几年，我在翻译莱考夫《女人、火与危险事物》（2017）撰译序《身心和语言的世界》时，梳理过七日一周制的来源及其传播。曾引明代回回学者马欢《瀛涯胜览》（1451）："国人皆奉回回教门……七日一次礼拜""如遇礼拜日，上半日市绝交易"，知元明时期回回教门使用"礼拜""礼拜日"等。现基于以往梳理，核补资料，考订细节，而成此文，旨在阐明七日一周制的起源和传播，尤其是传入中国的过程及其变化。

二　天文学起源于苏美尔

人类观察天象的历史，源自距今 6000 多年前两河流域的苏美尔。人们在地球上观察星空，星体之间有几种关系：某颗星与附近星星的位置关系（星座）、某星座与观察者的位置关系（时间）、这些星座与太阳的位置关系（黄道星座）。在旷野上仰望，会觉得星空就像笼罩的穹体，上面镶嵌着许多相对位置不变的恒星。如果长期观察，就会发现所有恒星都在慢慢转动。连续观察几夜，会发现一些恒星从地平线上升和降落的时间会每日提前。如果在黎明前观察，会发现此时会有一些不同的恒星"偕日升",即太阳所在位置会发生相对变化。通过长年累月的观察,苏美尔人注意到每个恒星升起的时间,在一年后会复现,即以年为周期,太阳绕行天球一周的轨迹被称为"黄道"。为便于辨认,把相邻的恒星合为一个"星座"(宫),根据星座的连线形状赋名。因此,某个特定星座的偕日升,也就可以视为某季节来临的标志。通过观察太阳与恒星的相对距离,黄道被分为十二等份,每份用一个星座命名,这些星座就是黄道十二宫。

最早的天文记录见于西元前3000年的苏美尔泥版文书,其中已有一些星座名称。如标志四季来临的金牛座(春季)、狮子座(夏季)、天蝎座(秋季)和山羊座(冬季)。历史学家认为,人们命名星座的时间,比这些记录至少要早千年。幼发拉底河和底格里斯河,河水的泥沙冲积出富饶的平原,河水的灌溉带来了庄稼的丰收。星空中最为方正的四颗星,应该就是天上的田地,而两边的一些小星则组成两条大河。苏美尔人所描绘的这片星空,正是太阳穿过春分点前,向上爬升的地区。经历了漫长严冬,太阳越升越高,除了带来温暖,还有充沛的雨水。究竟是谁将太阳越拉越高?苏美尔人认为,只有鹿和马才有此力,由此设立了鹿星座和马星座。面对地上的河水与游来游去的鱼儿,于是设立了河水座(宝瓶座)和双鱼座。神鱼发现河中巨蛋,鸽子孵出女神,则设立了鸽星座,此外还设立了与农耕或畜牧相关的农夫座、犁沟座、山羊座等。

1845—1847年,英国考古学家莱亚德(Austen Henry Layard, 1817-1894)在古亚述王国首都尼尼微遗址中,发现了一块圆形星座图的泥版文书。近年来,有两名英国科学家通过计算机重建了数千年前的星空图,从而破解了这块泥版文书的奥秘。他们认为,这是古亚述人在公元前7世纪的一块复制品，最早版本应来自一位5000多年前的苏美尔天文学家，他用星座图和楔形文字记载了发生在西元前3123年6月29日的一次"小行星撞入地球"事件。泥版上描绘的是一个巨大物体穿过双鱼座的轨迹，据其角度，这颗小行星撞落在阿尔卑斯山的科菲尔斯地区。

约在西元前4000年，苏美尔人就根据月相和潮汐的相应变化，确定了七日一周制，西元前3000年形成了最早的太阴历。苏美尔人相信天体按照神的意志运行，将星空视为神的预言，据星象运行制成四季的星座历，以之预测人类命运。公元前13世纪，古巴比伦人记录整理的苏美尔天文知识，从春分点（春分日）开始，黄道附近的十二星座依次为：白羊、金牛、双子、巨蟹、狮子、室女、天秤、天蝎、人马、摩羯、宝瓶、双鱼。古巴比伦人把苏美尔的"农夫""犁沟"改称"白羊""室女"。公元前10世纪，古巴比伦人已经提出30个星座。

苏美尔的天文知识，经过阿卡德人、巴比伦人传给腓尼基人、希伯来人（与腓尼基人同来自古迦南人）和希腊人（继承了腓尼基的文字、航海术、天文学、城邦制、元老院、公民大会、哲学等）。公元前15世纪，《圣经·约伯记》里提到大熊、猎户等星座。公元前12世纪，古巴比伦国王尼布甲尼撒一世（Nebuchadnezzar I，前1124—前1103在位）时代的地界石上，刻有人马、天蝎和长蛇等星座。古希腊诗人荷马（Homer，前9—前8世纪）和赫西奥德（Hesiodus，前8世纪）的作品中也提及大熊、猎户等星座和昴星团。塞琉古一世（Seleucus I，前312—前281在位）在位期间，巴比伦马杜克神庙的大祭司贝罗斯（Berusus，前350—前270）编撰了一部《巴比伦史》（*Babyloniaca*），第一卷专论宇宙结构及占星之学。晚年他移居希腊科斯岛传授占星学（Astrologia）或天文学（Astronomia）。在亚述国王巴尼拔（Aššur-bāni-apli，前685—前627在位）的尼尼微皇家图书馆遗址中，出土的泥版文书中有70份占星表。而此类占星学文献早在苏美尔-阿卡德王萨尔贡一世（Sargon I，前2371—前2316在位）时代就已有编撰。公元前270年，古希腊诗人阿拉托斯（Aratus，前315—前240）将欧多克索斯（Eudoxus，约前400—前347）的《天象》（*Phenomena*）一书改写成韵文，描述了47个星座。从所记星区推断，书中记录的是西元前2000年之前的星空。根据未记录的空白区，推定观察者应在北纬35°—36°附近。由此也可证明，把星空分为星座的正是两河流域的苏美尔人。西元2世纪，古希腊天文学家托勒密（Claudius Ptolemaeus，约90—168）在《天文学大成》（Almagest）中，基于巴比伦星座表并综合当时研究，编制了古希腊 48 星座表。后世的天文学术语，有一些来自古希腊。比如，"行星"（planet）的含义是"漫游者"，"黄道"（ecliptic）是从"日蚀"（ecliptic, eclipse）延伸而来，"宫"（zodiac）源于 zoidiakos（动物圈）。

9 世纪以后，托勒密的《天文学大成》被译为阿拉伯语（《至大论》）。964 年，伊斯兰天文学家苏菲（Abd al-Rahman al-Sufi, 903—986）以该书为基础，编撰了《恒星星座》（كتاب صور الكواكب）。如今世界通用的星名多数来自阿拉伯语。17—18 世纪，经过德国巴耶（Johann Bayer, 1572—1625）的《测天图》（Uranometria, 1603）、波兰赫维留（Jahannes Hewelius, 1611—1687）的《天文学》（Prodromus astronomiae, 1690）和法国拉卡伊（Nicolas Louis de laCaille, 1713—1762）的"四百颗亮星表"（1757）的研究，最终完成了为地球南方天空星座命名的任务。

三 苏美尔的七日一周制

七日一周制固然是人类制定的，但为何不是五天、六天或八天呢？约在西元前 4000 年，生活在两河流域下游的苏美尔人，已经观察到月亮由半圆（上弦）至满月（望），由满月至半圆（下弦），由半圆至消失（朔），由消失至半圆（上弦），这之间的间隔时间都是七日。同时观察到靠近大海的河水涨落，对涨潮而言，由河水的潮汐中线到涨潮的最高线，由潮水最高线退回到中线，其时间都是各自七日；对落潮而言，由潮汐中线到退至潮水的最低线，由潮水最低线再涨回中线，其时间也都是各自七日。

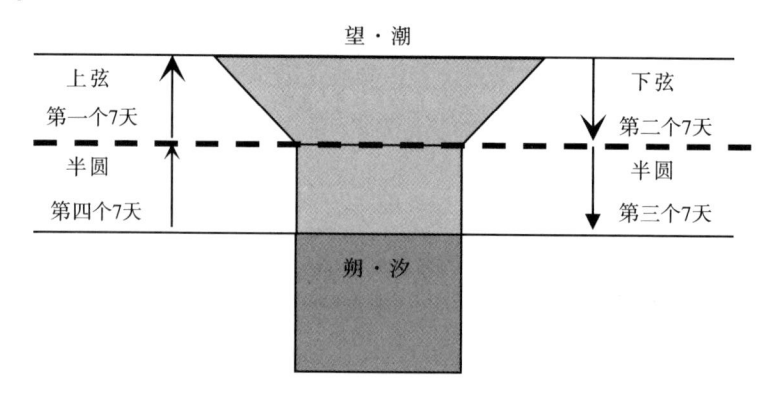

由此，苏美尔人发现月圆月缺、潮起潮落是同步的，其规律是七日一个周期。在此自然现象的基础上，苏美尔人形成了七日一周制及四周一月制。公元前 3000 年，制定了人类最早的太阴历。

"七"成为一个反映自然周期的神圣数字。征服苏美尔的阿卡德人沿袭了七日一周制，其后传给古巴比伦人（阿摩利人）、古迦南人（腓尼基人和犹太人）和新巴比伦人（迦勒底人）。《圣经·创世纪》（约前 1440）中记载了七日一周制。

> 起初，神创造天地。神说，要有光，就有了光。神称光为昼，称暗为夜。有晚上，有早晨，这是第一日。
>
> 神说，诸水之间要有空气，将水分为上下。神称空气为天。有晚上，有早晨，是第二日。
>
> 神说，天下的水要聚在一处，使旱地露出来。神说，地要生长青草和结种子的菜蔬，还有结果子的树木。有晚上，有早晨，是第三日。
>
> 神说，天上要有光体，可以分昼夜，作天文，定节令、日子、年岁。于是神造了两个大光……又造众星。有晚上，有早晨，是第四日。
>
> 神说，水要多多滋生有生命的物……神就造出大鱼和水中所滋生各样有生命的动物，又造出各样飞鸟。有晚上，有早晨，是第五日。
>
> 神说，地上要生出活物来，各从其类。于是神造出野兽、牲畜、地上的一切昆虫。神乃是照着他的形像造男造女。有晚上，有早晨，是第六日。
>
> 天地万物都造齐了。到第七日，神造物的工作已经完毕。神赐福给第七日，定为圣日，因为在这日神停歇了他一切创造的工作，就安息了。(《圣经·创世纪》，1: 1-1: 31; 2: 1-2: 3)

在希伯来语中，七日的名称是：第一日（יום ראשון）、第二日（יום שני）、第三日（יום שלישי）、第四日（יום רביעי）、第五日（יום חמישי）、第六日（יום שישי）、第七日（יום שבת）。其中，שבת 源于阿卡德语，本意为

"七"。而犹太人的创世纪,源于苏美尔人的创世神话。

《创世纪》:到第七日,神造物的工作已经完毕。神赐福给第七日,定为圣日。"摩西十诫"提出,应当纪念神造物完毕的安息日。

> 第四诫 当纪念安息日,守为圣日。六日要劳碌作你一切的工。但第七日是向耶和华你神当守的安息日。这一日你和你的儿女、仆婢、牲畜,并你城里寄居的客旅,无论何工都不可作。因为六日之内,耶和华造天、地、海和其中的万物,第七日便安息,所以耶和华赐福与安息日,定为圣日。(《圣经·出埃及记》,20:8—11)

苏美尔	第一日	第二日	第三日	第四日	第五日	第六日	第七日	
犹太教《创世纪》	יום ראשון	יום שני	יום שלישי	יום רביעי	יום חמישי	יום שישי	יום שבת	
	yom ri'shon	yom sheni	yom shlishi	yom revi'i	yom xamishi	yom shishi	yom shabat	
	第一日	第二日	第三日	第四日	第五日	第六日	第七日 安息日	
袁嘉谷 1909		星期一	星期二	星期三	星期四	星期五	星期六	星期日

1909年,清廷学部编译图书局统一规范教科书术语,在袁嘉谷的主持下,确定将七日制规范为"一星期",以"星期×"依次指称各日,"星期日"排在最后。

四 巴比伦七曜日(星期制)的传播

迦勒底人建立的新巴比伦王国(前626—前539)盛行拜神主义,祭司们钻研占星术或天象学。他们认为一周七日,由七大神祇轮值:太阳神沙马什(Shamash)主管日曜日,月亮神辛(Sin)主管月曜日,火星神或战神涅尔伽(Nergal)主管火曜日,水星神或智慧神拉布(Labbu)主管水曜日,木星神或雷神马杜克(Marduk)主管木曜日,金星神或爱神伊什塔尔(Ishtar)主管金曜日,土星神或农神尼努尔达(Ninurta)主管土曜日。由此,七日一周制成为七曜日,蒙上了星期制(行星值日周期)的神秘面纱。

与苏美尔七日一周制有别，古埃及通行十天一旬制。与苏美尔人观察河水涨落类似，古埃及人基于尼罗河的水位记录，将一年分为三季：泛滥季（Akhet）、耕种季（Proyet）与收获季（Shomu）。每季四个月，每月三旬，一旬十天，从而制定了最早的太阳历。古希腊人受其影响，也将一年分为三季：涨潮季（εαρ）、茂盛季（θέρος）、肃杀季（χειμα），每月三旬，每旬十天。古希腊米利都的哲学家泰勒斯（Thales of Miletus，前640—前560）生于腓尼基商贾世家，早年曾到美索不达米亚学习天文学。巴比伦的七曜日传入古希腊后，值日行星换为希腊诸神：第一日太阳神赫利俄斯（Helios）、第二日月亮神塞勒涅（Selene）、第三日战神阿瑞斯（Ares）、第四日亡灵使者赫尔墨斯（Hermes）、第五日雷神宙斯（Zeus）、第六日爱神阿芙洛狄忒（Aphrodite）、第七日农神克洛诺斯（Cronos）。其实，古希腊的神谱原型就是来自苏美尔—阿卡德—巴比伦的神谱。

古罗马人原有八天一次的传统市场日（nundinum）。西元1世纪，在凯撒大帝（Gaius Julius Caesar，前100—前44）改革后，罗马人从希腊引进七曜日并改用罗马诸神：第一日是太阳神苏尔的日曜日（dies Sōlis），第二日是月亮女神露娜的月曜日（dies Lūnae），第三日是战神马尔斯的火曜日（dies Martis），第四日是亡灵使者墨丘利的水曜日（dies Mercuriī），第五日是雷神约维的木曜日（dies Jovis），第六日是爱神维纳斯的金曜日（dies Veneris），第七日是农神萨图恩的土曜日（dies Saturnī）。据摩西十诫，犹太教以安息日为圣日，到会堂敬拜。作为犹太教分支的基督教，为纪念耶稣，把敬拜日改为耶稣复活日（即创世纪第一天）。西元321年3月，罗马皇帝君士坦丁大帝（Constantinus I Magnus，272-337）将基督教奉为国教，宣布通用七曜日，确定在日曜日（也是耶稣复活日）做敬拜，并将这天尊称为"主日"（dies Dominica）。

3—4世纪，日耳曼人从罗马人那里接受了七曜星期制，同时将罗马神祇改为对应的日耳曼神祇。第一日改为日神苏娜（Sunna）之日Sunnandæg，第二日改为月神曼尼（Máni）之日Mōnandæg，第三日改为战神提尔（Tyr）之日Tīwesdæg，第四日改为神王奥丁（Odin）之日Wōdnesdæg，第五日改为雷神索尔（Thor）之日Þurresdæg，第六日改为爱神弗丽嘉（Frīge）之日Frīgedæg，第七日还是罗马农神萨图恩（Saturnus）之日Sæternesdæg，因为日耳曼没有与之对应的神。莱考夫所熟悉的英语星期各日名称即来自于此。

创世纪	第一日	第二日	第三日	第四日	第五日	第六日	第七日
巴比伦七曜日	Shamash	Sin	Nergal	Labbu	Marduk	Ishtar	Ninurta
	日曜日	月曜日	火曜日	水曜日	木曜日	金曜日	土曜日
古希腊七曜日	ἡμέρα Ἡλίου	ἡμέρα Σελήνης	ἡμέρα Ἄρεως	ἡμέρ αἙρμοῦ	ἡμέρα Διός	ἡμέραἈ φροδίτης	ἡμέρα Κρόνου
	hēméra Hēlíou	hēméra Selénēs	hēméra Áreōs	hēméra Hermoû	hēméra Diós	hēméra Aphrodítēs	hēméra Krónou
	日曜日	月曜日	火曜日	水曜日	木曜日	金曜日	土曜日
古罗马七曜日	diēs Sōlis diēs Dominica	diēs Lūnae	diēs Mārtis	diēs Mercuriī	diēs Iovis	diēs Veneris	diēs Sāturnī
	日曜日 主日	月曜日	火曜日	水曜日	木曜日	金曜日	土曜日
日尔曼七曜日	Sunnandæg	Mōnandæg	Tiwesdæg	Wōdnesdæg	Purresdæg	Frīgedæg	Sæternesdæg
	日神日	月神日	战神日	神王日	雷神日	爱神日	农神日
英语	Sunday	Monday	Tuesday	Wednesday	Thursday	Friday	Saturday
中文	星期日	星期一	星期二	星期三	星期四	星期五	星期六

莱考夫之所以认为"我们的星期模式是理想化的",可能出于两个误导:1. 他说"七天一周不是自然界中的客观存在",可能受到七日名称来自日尔曼神祇名称的误导。2. 他说星期制与"通过太阳运行定义的自然周期"有关,可能受到第一日为"日神日"的误导。

在不列颠岛上,威尔士的星期制来自1世纪的罗马征服者,用的是威尔士语化的罗马诸神名。早期的古爱尔兰接受七曜日,是在基督教成为罗马国教后,因此日曜日称"主日"。而后来其名称则打上修道院生活的印记,以 Dé Domhnaigh(主日)始,接着是 Dé Luain(月曜日)和 Dé Máirt(火曜日),中间是 Dé Céadaoin(第一次斋戒日)和 Déardaoin(两次斋戒之间日)和 Dé hAoine(第二次斋戒日),最后是 Dé Sathairn(土曜日)。苏格兰的七天称呼与爱尔兰相同。

威尔士	dydd Sul	dydd Llun	dydd Mawrth	dydd Mercher	dydd Iau	dydd Gwener	dydd Sadwrn
	日曜日	月曜日	火曜日	水曜日	木曜日	金曜日	土曜日
爱尔兰	Dé Domhnaigh	Dé Luain	Dé Máirt	Dé Céadaoin	Déardaoin	Dé hAoine	Dé Sathairn
	主日	月曜日	火曜日	第一次斋戒日	两次斋戒之间日	第二次斋戒日	土曜日
苏格兰盖尔语	Didòmhnaich	Diluain	Dimàirt	Diciadain	Diardaoin	Dihaoine	Disathairne
	主日	月曜日	火曜日	第一次斋戒日	两次斋戒间日	第二次斋戒日	土曜日

东罗马帝国时期（395—1453）的希腊人信仰的并非罗马天主教，而是源自救世主信仰的东正教。11世纪东西教会分裂，形成东罗马正教会。希腊人的七日一周制不再是古希腊的七曜神名。其中，第一日 Κυριακή（Kyriakí）是主日（日神日），与之同源的有格鲁吉亚语的კვირა（k'vira）、亚美尼亚语的Կիրակի（Kiraki）。第七日 Σάββατο（Sávato）是安息日，来自希伯来语（shabat）。其他大体上按序数命名，第二日 Δευτέρα 与 δεύτερος（第二）对应，第三日 Τρίτη 与 τρίτος（第三）对应，第四日 Τετάρτη 与 τέταρτος（第四）对应，第五日 Πέμπτη 与 πέμπτος（第五）对应。第六日 Παρασκευή（Paraskeví）则是希腊神名，与之同源的有格鲁吉亚语的პარასკევი（p'arask'evi）、沃罗语（Võro）的puuípäiv、萨米语的vástuppeivi。在雅典北部有圣帕拉斯凯维天主教堂，在波兰境内有科维亚通的圣帕拉斯凯维东正教堂、拉德鲁日的圣帕拉斯凯维东正教堂，在俄罗斯境内有诺夫哥罗德的克里姆林-圣帕拉斯卡维东正教堂。帕拉斯凯维（Paraskeví）可能指的是希腊战争之神帕拉斯（希腊语 Παλλας；英语 Pallas）。

在信奉东正教的斯拉夫人中，七日一周制是基督教（主日）和犹太教（安息日）要素的融合。俄语的воскресенье是主日，суббота是安息日。其余日子按序数命名的是，вторник（主日后第二日）与второй（第二）对应，среда（一周的中间日）即第三日，четверг（主日后第四日）与четвёртый（第四）对应，пятница（主日后第五日）与пятый（第五）对应。来源复杂的是понедельник（主日后的一日，相当于创世纪第二天、中文星期一），俄语词源学认为，понедельник是在其构词要素неделя（晚起意"星期"）原表"周末"意时形成的。可能从день после недели（一日+之后+周末）再缩写为 понедельник。今考，乌克兰语的"主日之后日"是 понеділок，主日就是其中的词根 неділя。由此可推，俄语的 понедельник 来自古乌克兰语。以往俄语词源学的说法失之。

988 年，基辅罗斯公国（882—1240）大公弗拉基米尔一世（Володимир I，978—1015 在位）奉东正教为国教。997 年，基辅罗斯设立东正教大主教区并接受君士坦丁堡主教区管辖，此后东正教才在罗斯传播开来。莫斯科大公国（1283—1547）是在 13 世纪末由弗拉基米尔-苏兹达尔大公国（11—13 世纪）分封而成。历史上的基辅罗斯，是东斯拉夫地区的政治、宗教、文化中心，因此东斯拉夫语的许多词汇来自古乌克兰语。

还有一处蹊跷，除了 воскресенье（主日），俄语一周的其他名称都与乌克兰语对应。其他斯拉夫语的主日，都与乌克兰语的 неділя（nedilya）对应，如白俄罗斯语 нядзеля（nyadzelya）、斯洛伐克语 nedeia、斯洛文尼亚语 nedelja。根据检索，只有并非斯拉夫语的匈牙利语（属乌拉尔语系芬兰-乌戈尔语族）的主日 vasárnap 与俄语的 воскресенье（voskresenye）相似。

创世纪	第一日	第二日	第三日	第四日	第五日	第六日	第七日
东正教 希腊语	Κυριακή Kyriakí 主日	Δευτέρα Deftéra 第二日	Τρίτη Tríti 第三日	Τετάρτη Tetárti 第四日	Πέμπτη Pémpti 第五日	Παρασκευή Paraskeví 第六日	Σάββατο Sávato 安息日
东正教 乌克兰	неділя nedilya 主日	понеділок ponedilok 主日之后日	вівторок vivtorok 第二日	середа sereda 中间日	четвер chetver 第四日	п´ятниця p´yatnytsya 第五日	субота subota 安息日
东正教 俄罗斯	воскресенье voskresenye	понедельник ponedelnik	вторник vtornik	среда sreda	четверг hetverg	пятница pyatnitsa	суббота subbota

在伊朗高原，波斯的传统历法是太阳历，波斯与巴比伦、古希腊交往频繁，应很早就接受了七曜日。3 世纪中叶，前伊斯兰时期的波斯萨珊王朝（Sasanid Empire）时期，摩尼（Mānī，216-277）吸收犹太教—基督教教义，兼采琐罗亚斯德教的教义，创立摩尼教（Manichaeism）。摩尼教采用了源于巴比伦、通行于罗马的七曜法（见下文粟特语七曜日的波斯神考订）。

据说，古印度现存最早的星占作品是《吠陀支星占术》(Vedanga Jyotisha)，主要内容可能来自巴比伦。西元前后，古希腊星占术或天文学传到东方，亚瓦涅斯瓦拉（Yavanesvara）的《希腊占星术》(Yavana Jātaka, 149) 是依据希腊占星书（约前 120）的梵文诗体译作。笈多王朝（3—5 世纪）时期，印度从希腊天文学中了吸收了七曜并换上相应的印度神祇。日神日的苏利耶（Surya）是印度神话中的主要太阳神；另一日神是阿泥底耶（Āditya），后为苏利耶的别称。月神日的苏摩（Soma）是印度神话中的酒神，掌管祭祀、药草和星座，后演变为月神；另一月神是旃陀罗（Chandra），含义是"明亮的"。此后，印度七曜法进一步传播到南亚、东南亚和中国等地。

古印度梵语	सूर्य Surya Āditya 日神日	सोम Soma Chandra 月神日	मंगल Mangala 火星神日	बुध Budha 水星神日	बृहस्पति Brihaspati Guru 木星神日	शुक्र Shukra 金星神日	शनि Shani 土星神日
尼泊尔语	Aaitabar	Sombar	Mangalbar	Budhabar	Bihibar	Sukrabar	Sanibar
泰语	อาทิตย์ WanĀthit	จันทร์ Wan Chan	วัน อังคาร Wan Angkhān	พุธ Wan Phut	พฤหัสบดี Wan phvh a sbdī	ศุกร์ Wan Suk	เสาร์ Wan Sao
缅甸语	tanangganwe	tanangla	Angga	Buddhahu	Krasapate	Saukra	Cane
蒙古语	адъяа adyaa	сумъяа sumyaa	ангараг angarag	буд knopp	бархабадь barhabad	сугар socker	санчир sanchir
藏语	གཟའ་ཉི་མ Nyima 日神日	གཟའ་ཟླ་བ Dawa 月神日	གཟའ་མིག་དམར Mikmar 火星神日	གཟའ་ལྷག་པ Lhakpa 水星神日	གཟའ་ཕུར་བུ Purbu 木星神日	གཟའ་པ་སངས Pasang 金星神日	གཟའ་སྤེན་པ Penba 土星神日

尼泊尔语、泰语、缅甸语、蒙古语基本上沿用印度神祇的名称，只有藏语用其神祇名称替换了印度神祇名称。

五 七日一周制在伊斯兰世界的传播

7 世纪兴起的伊斯兰教，接受了犹太教的七天一周制，但认为真主完成创世的第六天应该纪念，因此将该日（即金曜日，中文的星期五）规定为穆斯林到清真寺聚礼的主麻（الجمعة）即"聚礼日"。创世的第七

（中文星期六）仍为安息日（يوم السبت，拉丁字母转写 al-Sabt，与希伯来语的 Shabbat 同词根），其余日子（创世纪第一到第五日）称为"安息日后第几日"。如：يوم الأحد（安息日后第一日）、يوم الإثنين（安息日后第二日）、يوم الثلاثاء（安息日后第三日）、يوم الأربعاء（安息日后第四日）、يوم الخميس（安息日后第五日）。

阿拉伯人征服波斯帝国后，信仰伊斯兰教的波斯人，都改从伊斯兰教七天一周制，原来的七曜日名称被废弃，采用伊斯兰教一周七天名称的波斯语对译：جمعه（主麻日）、شنبه（安息日）、یکشنبه（安息日后第一日）、دوشنبه（安息日后第二日）、سه شنبه（安息日后第三日）、چهارشنبه（安息日后第四日）、پنجشنبه（安息日后第五日）。

波斯人遵从的伊斯兰教七天一周制向东传播。喀喇汗王朝时期，维吾尔族诗人玉素甫·哈斯·哈吉甫（Yüsup Xas Hajip, 1019—1085）在其《福乐智慧》（*Qutadghu bilik*, 1070）中以诗歌形式描述了七曜。根据词语对照，乌兹别克、哈萨克、维吾尔、宁夏回回的一周制来自波斯语，并借用了其称呼。在印度河流域，说乌尔都语（及克什米尔语）的人们，由于信仰伊斯兰教，在原接受的七曜法中引进了主麻。

创世纪	第六日	第七日	第一日	第二日	第三日	第四日	第五日
伊斯兰教阿拉伯语	الجمعة	يوم السبت	يوم الأحد	يوم الإثنين	يوم الثلاثاء	يوم الأربعاء	يوم الخميس
	al-jumu'ah	al-sabt	aḥad	al-ithnayn	ath-thulāthā	al-'arbi'ā	al-khamīsu
	主麻（聚礼日）	安息日	安息日后第一日（"七"）	安息日后第二日	安息日后第三日	安息日后第四日	安息日后第五日
波斯语	جمعه	شنبه	یکشنبه	دوشنبه	سه شنبه	چهارشنبه	پنجشنبه
	jom'e	šanbe	yek šanbe	dušanbe	se šanbe	čāhār šanbe	panj šanbe
	主麻（借词）	安息日（借词）	安息日后第一日	安息日后第二日	安息日后第三日	安息日后第四日	安息日后第五日
乌兹别克	juma	shanba	yakshanba	dushanba	seshanba	chorshanba	payshanba
哈萨克语	Jма	Сенбі	Жексенбі	Дүйсенбі	Сейсенбі	Сәрсенбі	Бейсенбі
	Juma	Senbi	Jeksenbi	Dúisenbi	Seısenbi	Sársenbi	Beısenbi
维吾尔语汉字记音	جۈمە	شەنبە	يەكشەنبە	دۈشەنبە	سەيشەنبە	چارشەنبە	پەيشەنبە
	主麻	先拜	耶克先拜	都先拜	赛先拜	恰先拜	派先拜
宁夏回回汉字记音	主麻	闪白	耶克闪白	杜闪白	赛闪白	恰哈尔闪白	派闪白

创世纪	第六日	第七日	第一日	第二日	第三日	第四日	第五日
乌尔都语	جمعہ	ہفتہ	اتوار	پیر	منگل	بدھ	جمعرات
	Jum'ah	Haftah	Itwār	Pīr	Mangal	Budh	Jumerāt
	主麻	第七日	战神日	农神日	火神日	水神日	木神日
英语	Friday	Saturday	Sunday	Monday	Tuesday	Wednesday	Thursday
中文	星期五	星期六	星期日	星期一	星期二	星期三	星期四

六 七日一周制在东亚的传播及变化

中国很早就采用了阴阳合历：以月相定一月，以太阳定一年，以十日为一旬。《尚书·尧典》："朞三百有六旬有六日。"王国维（1877—1927）《生霸死霸考》（1915）提出，周初有一月四分之术：

> 一曰初吉，谓自一日至七、八日也；二曰既生霸，谓至八、九日以降至十四、五日也；三曰既望，谓十五、六以后至二十二、三日；四曰既死霸，谓自二十三日以后至于晦也。

然而，有学者根据文献和出土青铜器铭文得知，月相名称主要有初吉、既望、既生霸、既死霸、旁生霸、旁死霸六个。这些月相名称并非纪日法。中古以来，西方七日一周制传入中土。但其传入来源和时期不同，名称及其内容有别，需逐一梳理或考订。

第一种，摩尼教七曜值。

"七曜"含义简明，即日月五星。但所用复杂，有"七曜星"（天体）、"七曜术"（占星术）、"七曜历"（历书）、"七曜神"（神名）、"七曜值"（俗字作"直"）。只有七曜值（轮值）才是七日一周制。中国传统天文术语"七政"亦名"七曜"。东晋范甯（339—401）《春秋穀梁集解·序》："阴阳为之愆度，七曜为之盈缩。"初唐《十三经注疏》杨士勋疏："谓之七曜者，日月五星皆照天下，故谓之曜。"

早期汉译佛经中的"七曜"（用汉语传统词翻译印度天文知识），也非七日一周制。孙吴黄龙二年（230），天竺僧人竺律炎、月氏僧人支谦所译《摩登伽经》卷下"明时分品第七"：

日、月、荧惑、辰星、岁星、太白、镇星，是为七曜。其岁星者，于十二岁始一周天。其镇星者，二十八岁乃一周天。太白岁半，始一周天。荧惑二岁，始一周天。辰星一岁，乃一周天。凡岁三百六十五日，日一周天。月三十日，乃一周天。此是七曜周天数法。

此"周天"，指七曜各自在天运行周期。

唐中宗神龙元年（705），义净（635—713）译《大孔雀咒王经》，用汉字音译佛经天神名号：

阿难陀汝当忆识有九种执持天神名号。此诸天神于二十八宿巡行之时，能令昼夜时有增减，亦令世间丰俭苦乐预表其相。其名曰：阿姪底、苏摩、苾栗诃飒钵底、束羯攞、珊尼折攞、鸯迦迦、部陀、揭逻虎、鸡睹。

此为"九曜"。其中，逻虎（Rāhu，常见记音罗睺）、鸡睹（Ketu，常见记音计都）为古印度人所想象的两个暗星。皆称遏罗师，故此处记音"揭逻虎"。其余"七曜"天神，其梵名是：Anitya（太阳神）、Soma（月亮神）、Aṅgāraka（火星神）、Budha（水星神）、Vṛhaspati（木星神）、Śukra（金星神）、Śanaiṣcara（土星神）。此七曜并非七日一周制，只是古印度神话或佛教中的神名。

约6世纪，摩尼教传入西域，高昌遗址回鹘文历书断简中有粟特文所记七曜值。据沙畹（E. Chavannes，1865—1918）、伯希和（P. Pelliot，1878—1945）的《摩尼教流行中国考》（Le manichéisme en Chine，1911—1913），七曜值是在唐开元七年（719）由摩尼教教士传入中原，即此年吐火罗国支那王帝赊上表，推荐摩尼教高僧慕阇随贡使入觐唐玄宗，请置法堂。

而在前一年即唐开元六年（718），天竺占星术家瞿昙悉达（Gautama Siddha）所译《开元占经》一〇四卷"算法天竺九执历经"中已有七曜直的用法（即七曜值，古书用字保持原貌）：

今起明庆二年丁巳岁二月一日以为历首……又置积日，以六十除，弃之馀，从庚申算上命之，得甲子之次。又置积日，以七除，弃之馀，从荧惑，月命得之七曜直日次。一算为荧惑，二算为辰星，三算为岁星，四算为太白，五算为填星。算定为日。其上述七曜直用事法，别具本占。

瞿昙悉达的先世由天竺移居中国，其上述七曜值之说来自印度。

天宝十五年（756），北天竺婆罗门族的不空法师（705—774）来到长安大兴善寺。乾元二年（759）将《文殊师利菩萨及诸仙所说吉凶时日善恶宿曜经》译为汉文。广德二年（764），其弟子杨景风修注《宿曜经》中说明：

夫七曜者，所谓日月五星下直人间，一日一易，七日周而复始。其所用，各各于事有宜者，不宜者，请细详用之。忽不记得，但当问胡及波斯并五天竺人总知。尼乾子、末摩尼常以蜜日持斋，亦事此日为大日（主日——引注），此等事持不忘。故今列诸国人呼七曜如后。日曜太阳，胡名蜜，波斯名曜森勿，天竺名阿你泥以反底耶二合。月曜太阴，胡名莫，波斯名娄祸森勿，天竺名苏上摩。火曜荧惑，胡名云汉，波斯名势森勿，天竺名糞盎声哦啰迦盎。水曜辰星，胡名咥丁逸反，波斯名掣森勿，天竺名部引陀。木曜岁星，胡名鹘勿，波斯名本森勿，天竺名勿哩诃娑跛底丁以反。金曜太白，胡名那歇，波斯名数森勿，天竺名戌羯罗。土曜镇星，胡名枳院，波斯名翕森勿，天竺名赊乃以室折啰。

关于天竺名汉字记音，说明如下："阿你泥以反底耶二合"，"你"音泥以反（ni），"底耶"（die）要二音合一。"苏上摩"，"苏"读上声。"糞盎声哦啰迦盎"，所对天竺词 An-gā-ra-ka，汉字记音即"盎哦啰迦"，盖不空将 An 记音"糞"（隋唐拟音 pǐuən），杨景风注读盎声（ang），后面的"盎"盖为衍文。"咥丁逸反"读丁逸反（di）。"部引陀"的"部"，读音要拉长（长元音 u）。"勿哩诃娑跛底丁以反"，"底"读丁以反（di）。

杨景风文中的"胡"指粟特人（伯希和、沙畹按，即康居），"尼乾子"（伯希和、沙畹按，即梵文 Nirgranthaputra）指佛教以外的一切宗教（此处可能指来自波斯的景教徒），"末摩尼"（伯希和、沙畹按，即 Mar Mani，意即摩尼主也）在此指摩尼教徒。汉文史料中，往往将康居（西域古国)、粟特并称。在东西方交通古道上,粟特人非常重要。约前 6 世纪,粟特人(古波斯语 Sughda,巴列维语 Sūlik)已以撒马尔罕、布哈拉为中心建立国家,先隶属于波斯帝国,后归属亚历山大帝国。粟特语属东伊朗语方言,粟特字母来自阿拉米字母。维吾尔回鹘字母即在粟特字母上改制的。8 世纪上半叶,阿拉伯人控制了粟特,粟特古国消亡。

创世纪	第一日	第二日	第三日	第四日	第五日	第六日	第七日
粟特语	Mīr	Māh	Vahrām	Tīr	Hurmuzd	Nāhid	Kevān
	蜜(大日)	莫	云汉	咥	鹘勿	那歇	枳院
古波斯语	yak-šanbed	digar-šanbed	se-šanbed	tur-šanbed	pan-šanbed	sas-šanbed	haft-šanbed
	曜森勿	娄祸森勿	势森勿	掣森勿	本森勿	数森勿	倉森勿
	第一日(大日)	第二日	第三日	第四日	第五日	第六日	第七日
天竺语	Anitya	Soma	Angāraka	Budha	Vṛhaspati	Śukra	Śanaiśçara
	阿你底耶	苏摩	盎哦啰迦	部陀	勿哩诃娑跛底	戌羯罗	赊乃以室折啰
	日曜日	月曜日	火曜日	水曜日	木曜日	金曜日	土曜日
中文	星期日	星期一	星期二	星期三	星期四	星期五	星期六

粟特语、天竺语中一周七天以天神命名,沿袭七曜日传统。波斯语中一周七天按数字命名,沿袭创世纪七日传统。

对于粟特语的七曜(即古波斯语的七曜),今识别如下:Mīr 是波斯光明神 Mīhr、Mīthra(音译密特拉,即琐罗亚斯德教信奉之神),Māh 是月亮神 Māvangha,Vahrām 是战神 Bahrām,Tīr 是农神 Tīr,Hurmuzd 即摩尼教主神之一的胡拉马兹达(即琐罗亚斯德教主神"阿胡拉·马兹达"),Nāhid 是河神或水神 Anāhīta,Kevān 是永恒时间神 Zarvān 或 Zorvān。

粟特语	Mīr	Māh	Vahrām	Tīr	Hurmuzd	Nāhid	Kevān
	蜜	莫	云汉	咥	鹘勿	那歇	枳院
波斯语	Mīhr Mīthra	Māh Māvangha	Bahrām	Tīr	Hurmuzd	Anāhīta	Zarvān Zorvān
	密特拉	马赫 马万伽	巴赫拉姆	蒂尔	胡拉马兹达	阿娜希塔	扎尔万 左尔万
神名	光明神	月亮神	战神	农神	主神之一	水神	时间神

当时的抄本中，还有不尽相同的粟特语对音及其汉字记音：Mir（密）、Maq（莫）、Wnqan（云汉）、Tir（至）、Wrmzt（鹘勿）、Naqit（那歇）、Kewan（祝院）。其中的 q 相当于 h，w 相当于 v，有些未写出元音。汉语记音词，敦煌文献中还有写为"蜜、莫、云汉、嘀、郁没斯、那颉、鸡楥"的（伯3081），或"蜜、莫（暮）、云汉、嘀、温没斯、那颉、鸡缓"（伯3403）。

此处波斯语的一周七天名称，与改从伊斯兰教的七天一周制略有不同，没有主麻，应为摩尼教、景教信徒使用。其中，yak 是"一"（伊朗语یک, yek），digar 是"二"（دو, do），se 是"三"（سه, se），tur 是"四"（چهار, câhâr），pan 是"五"（پنج, panj），sas 是"六"（شش, šeš），haft 是"七"（هفت, haft）。Šanbed 本义是第七日即"安息日"，此处含义是"日"。

对于天竺语，此处《宿曜经》的七曜名称与义净的天神梵名来源相同，但前者的音译"阿你底耶、苏摩、盎哦啰迦、部陀、勿哩诃娑跛底、戌羯罗、赊乃以室折啰"，要比后者的音译"阿姪底、苏摩、鸯迦迦、部陀、苾栗诃飒钵底、束羯攞、珊尼折攞"准确些（也许有方音之别）。

在唐代，除了摩尼教徒，大秦景教徒也用七曜值。景教徒用汉字记音的曜日，见于《大秦景教流行中国碑》（781），该碑文为大秦寺僧波斯人景净所撰，所署日期："大唐建中二年，岁在作噩太簇月，七日大曜森文日建立。"其中的"七日"即七曜值；"曜森文"与《宿曜经》"曜森勿"同，指日曜日；"曜森文"所嵌"大……日"，即基督教"主日"。"七日大曜森文日建立"，意为七曜大日之曜森文建立。又碑文曰："七时礼赞，大庇存亡。七日一荐，洗心反素。"其含义是一日祷告七次，七日中敬拜一次。

亚述东方教会（The Assyrian Church of the East）的君士坦丁堡牧首聂斯脱里（Nestorius of Constantinople，381—451）代表安提阿学派的神学立场，主张基督二性论。其信徒到波斯建立教会组织，向东方传教，在中国孕育了第一支基督教派——大秦景教（起初称波斯教）。唐太宗贞观九年（635），主教阿罗本（Alopen Abraham）来中国传教，建波斯寺。摩尼教则是在唐武后延载元年（694），由波斯拂多诞（Furstadan，中古波斯语 S'psg，意为"侍法者"）即密特那-胡拉马兹达（Mihr-Ohrmazd）传入中土，至唐大历三年（768）建大云光明寺。据此，更可能随景教徒先将七曜值传入中原。

七曜值在唐代民间历书中有所使用，在敦煌所出9—10世纪的《具注历》中，每隔七日就标注"蜜"（Mir 密，Mīthra 密特拉的简称）字（持斋日、大日）。《后唐同光二年甲申岁（924）具注历日》（S.2404）"推七曜直（即七曜值，古书用字保持原貌）用日吉凶法"记：

> 第一蜜，太阳直日，宜见官、出行、捉走失，吉事重吉，凶事重凶；第二莫，太阴直日，宜纳财、治病、修井灶门户，吉。忌见官，凶；第三云汉，火直日，宜买六畜、治病、合火造书契、市买，吉；忌针灸，凶；第四嘀，水直日，宜入学、造功德，一切工巧皆成，人、畜走失自来，吉；第五温没斯，木直日，宜见官、礼事、买庄宅、下文状、洗头，吉；第六那颉，金直日，宜受法，忌见官，市口马、着新衣、修门户，吉；第七鸡缓，土直日，宜典庄田、市买牛马，利加万倍，及修仓库，吉。（邓文宽，1996：378—379）

七曜值列入中国官修历法则在宋代。宋太祖建隆二年到四年（961—963），诏司天监王处讷（915—982）主造新历并赐名《应天历》，参与编修的伊斯兰天文学家马依泽（Mu'izz, 921—1005）引入七曜纪日法。马依泽来自西域鲁穆（《明史·西域传》作"鲁米"），即东罗马帝国的罗姆。《应天历》："推定朔、弦、望日辰七直"，以金曜日（伊斯兰教主麻）为历元。

创世纪	第六日	第七日	第一日	第二日	第三日	第四日	第五日
伊斯兰	主麻	安息日	安息日后第一日	安息日后第二日	安息日后第三日	安息日后第四日	安息日后第五日
应天历	金曜日	土曜日	日曜日	月曜日	火曜日	水曜日	木曜日
现代中文	星期五	星期六	星期日	星期一	星期二	星期三	星期四

将七曜纪日法引入官历，是为适应中国境内穆斯林的日常生活和宗教敬拜。此后，北宋吴昭素所修《乾元历》（981）和吴序所修《仪天历》（1001）皆沿用此法。

第二种，回回教礼拜制。

汉语"礼拜",本义指行礼叩拜。东汉班固(32—92)《白虎通义·姓名》:"人拜所以自名何?所以立号自纪礼拜。……人所以相拜者何?所以表情见意,屈节卑体,尊事之者也。"佛教传入后,引申为信徒向佛像行礼叩拜。南朝宋刘义庆(403—444)《世说新语·排调》:"何次道往瓦官寺礼拜甚勤。"唐高宗永徽五年(654),中天竺人阿地瞿多(Atikûta)所译《陀罗尼集经》卷一曰:"那谟悉羯罗,唐云'礼拜'。"梵语 Namas-kāra,恭敬之意,现于身相也。将"礼拜"用于七曜日仪式,见于《宿曜经》(759):

> 岁星直日,宜策命使王及求善知识。并学问、礼拜、修福、布施、嫁娶。作诸吉事请谒。(卷上第四)
> 太阳直日,其日宜册命、拜官受职、见大人、教旗斗战申威,及金银作、持咒、行医、游猎、放群牧,王公百官等东西南北远行,及造福、礼拜、设斋、供养诸天神、所求皆遂。(卷下第八)

佛教的礼拜只是一种仪式,非固定制度,故不可能用"礼拜"作为一周七天的名称。

隋唐宋元,阿拉伯和波斯商人从海上来到中国东南沿海经商和留居,在当地建设清真寺。如始建于隋文帝开皇十五年(595)的广州怀圣寺、始建于北宋大中祥符二年(1009)的泉州艾苏哈卜清真寺、始建于南宋德佑元年(1275)的扬州仙鹤寺(清白流芳清真寺)、元代至元十八年(1281)重修的杭州凤凰寺(真教寺)。穆斯林有固定的礼拜制度,采用汉语"礼拜"后,出现"礼拜日"的称呼,为形成"礼拜×"的一周各天名称提供了可能。

南宋地理学家周去非(1134—1189,浙江永嘉人)所撰《岭外代答》(1178),记有异域教门礼拜。其卷三内"大秦国"载:

> 王少出,惟诵经礼佛。遇七日即由地道往礼拜堂拜佛。

说的是波斯(或叙利亚)教徒,每逢七日(一周)即到礼拜堂礼拜。又"大食诸国"载:

> 有麻嘉国（麦加——引注）。……此是佛麻霞勿（穆罕默德——引注）出世之处……每年诸国前来就方丈礼拜，并他国官豪，不拘万里，皆至瞻礼。
>
> 有白达国（巴格达——引注），系大食诸国之京师也。……其国有礼拜堂百余所……国人七日一赴堂礼拜，谓之除或作厨𪇶。

也是七日去一次礼拜堂聚集。"除""厨𪇶"即穆斯林的"聚礼日"，是与"主麻"（Jumah）不同的汉语记音词。

明代郑和下西洋，东西方文化交流日益频繁。《明史》记载：

> 《回回历法》，西域默狄纳（麦地那，在今沙特阿拉伯境内——引注）国王马哈麻（穆罕默德——引注）所作。……七曜数：日一、月二、火三、水四、木五、六金、土七以七曜纪不用甲子。（卷三十七·志第十三·历七回回历法）

下文还介绍了《回回历法》的七天纪日推算法。

曾跟随郑和三下西洋并出使麦加朝觐的回回学者马欢（字宗道，浙江会稽人，祖籍西域，元代东迁中原）精通阿拉伯语等。他在《瀛涯胜览》（1416年初稿，1451年定稿）中记载：

> 王有大头目掌管国师，俱是回回人。国人皆奉回回教门礼拜寺有二三十所，七日一次礼拜。（古里国，65页）
>
> 国王、国人皆奉回回教门……如遇礼拜日，上半日市绝交易。……礼拜毕各散，经过街市，香气半晌不散。（祖法儿国，77页）

马欢没有用汉语记音词"主麻"，而是用"礼拜日"称呼回回人的"聚礼拜"这一天。我们没有查到回回人对其他各天"礼拜×"叫法的文献。只是根据宁夏回回的汉字记音名称等相关资料加以推定。

创世纪	第六日	第七日	第一日	第二日	第三日	第四日	第五日
伊斯兰教	主麻	安息日	安息日后第一日	安息日后第二日	安息日后第三日	安息日后第四日	安息日后第五日
宁夏回回	主麻	闪白	耶克闪白	杜闪白	赛闪白	恰哈尔闪白	派闪白
回回历	金曜日	土曜日	日曜日	月曜日	火曜日	水曜日	木曜日
回回礼拜制	礼拜日	安息日	(礼拜一)	(礼拜二)	(礼拜三)	(礼拜四)	(礼拜五)

宁夏回回的耶克（yek）是"一"，杜（do）是"二"，赛（se）是"三"，恰哈尔（câhâr）是"四"，派（paj）是"五"。

第三种，天主教礼拜制。

16世纪晚期，即明万历年间，西洋天主教学者来到东亚。1588年，西班牙多明我会士高母羡（Juan Cobo，1546—1592）到达菲律宾马尼拉，在当地华人社区很快学会中国语（漳州话）和汉字，撰有《中语技艺》（*Arte de la Lengua China*，1592）。并且用中文撰写了《无极天主正教真传实录》（*Tratado de la Doctrina de la Santa Iglesia y de Ciencias Naturales*，1593）、《天主教要理》（*Doctrina Christiana en Letra y Lengua China*，1593）。在《天主教要理》中，使用了中文"礼拜""礼拜日"等术语。

> 第三件尊敬<u>礼拜好日</u>（安息日——引注），不可作功夫。（5—1页）
>
> <u>礼拜</u>（主日——引注）并<u>好日</u>（纪念日——引注），着看绵册（西班牙语 misa，即"弥撒"——引注）完全。（5—2页）
>
> 已上此等好日，合该看绵册，不可作工夫求利，与犯<u>礼拜日</u>（主日——引注）同罪。（29—1页）

该书中还有用漳州话记音的西班牙语"七曜日"：主日（原日曜日）的西班牙语 Domingos，记音哆明我（9—1、9—2页），书中用意译词"礼拜日"（29—1页）。其余是：仑挨氏（月曜日 Lunes，18—1页）、妈罗（火曜日 Martes，22—2页）、绵高黎氏（水曜日 Miércoles，27—1页）、衰微氏（木曜日 Jueves，18—1页）、绵挨氏（金曜日 Viernes，19—1、19—2、21—2、22—1、22—2、29—2页）、沙无吕（土曜日

Sábados/Sábado, 27—1、29—2 页）。其中，火曜日 Mar‑tes 的 tes 用"罗"记音，土曜日 Sá-ba-do 的 do 用"吕"记音，反映出今漳州话的声母 l，在 16—17 世纪类似于 d，当时的汉语—西班牙语词典记音亦如此。承蒙厦门大学许彬彬博士告知此信息，并惠赠《天主教要理》电子版，帮助核查"仑挨氏"等出处。我亦记起，罗杰瑞（2005）曾提出闽方言来母有 l-、t-和 s-三种读法，来自更早的音素 l-和 m-。此外，出现"妈罗"的这句是"当妈罗值时与绵挨氏念"（22—2 页），"值时"即七曜值日。核查《天主教要理》中相应的西班牙语译文，绵挨氏（19—1、19—2 页）当为 Viernes，译文有两处误写为 Miércoles（绵高黎氏）。

起初，西班牙多明我会士用西班牙语七曜日的漳州话记音（礼拜日除外），后来才用"礼拜×"称呼。完整的七日一周制的漳州话称呼，见于《漳州话技艺》（*Arte de la Lengua Chio Chiu*，约成书于 1620 年）。

　　lei²pai³ 礼拜 *semana i Domingo*；lei²pai³ it⁴ 礼拜一 *lunes*；lei²pai³ xi⁵ 礼拜二 *martes*；lei²pai³ sa¹ 礼拜三 *miercoles*；lei²pai³ si² 礼拜四 *jueves*；lei²pai³ gou² 礼拜五 *biernes*；lei²pai³ lac³ 礼拜六 *sabado*。（参见 Klöter 2011：348，26 f. 30r）

　　其中的"礼拜"有两个含义：一是 semana "星期"；二是 Domingo "主日"，即"礼拜日"。该书的巴塞藏本题签："为多明我教会雷迪·费约奥所用"（para el uso de fr. Raydo Feyjoó de la orden de Pred. es）。末尾签"曼沙诺"。曼沙诺（Fray Melchior De Mançano，？—约1630）1606年抵达马尼拉，1617年任八连区主教。《漳州话技艺》盖因袭高母羡《中语技艺》，经多人转抄增补而来。

多明我会士所学中国语是在马尼拉生活的漳州生意人的漳州（和泉州）话。漳州与泉州（阿拉伯、波斯商人活动和居留的中心）一带，回回教门敬拜仪式的汉语术语是"礼拜"。由此漳州话借用穆斯林的"礼拜"称呼天主教的敬拜仪式、星期及其主日，并推及礼拜一到礼拜六（在主日后，从"一"开始排序）。

1682年，在闽东传教的多明我会士万济国（François Varo，1627—1687）撰成《官话技艺》（*Arte de la Lengua Mandarina*，广州杨仁里圣方济各大教堂印行，1703），以南京官话为标准。在第十二章"数词和计物词"的"列举时辰、日子、星期以及月份的方法"中写道：

> Paralos-Xpïanos ai quanta particular palos dias de la semana. Enunas partes quentan assi. Domingo, *chü jĕ*, id est dla del señor. Lunes, *chü úl*, id est feria 2da. *chü sān* feria teiçia, y assi liaita el sabado, *chü çh'ĭe*, sabado. Enotras partes quentan, *chü jĕ*, Domingo, ò dia del señor. lunes, *chü' ĭe*, martes *chü úl*. y assi liaita el sabado, *chü lŏ* sabado. que quiere deçir, un dia dos dias &c. despues del Domingo; y todo vieire a ser uno.（Varo 1703：80）

基督徒对一周每日有特定的计算法。一些地方的人这样计算，多明我（Domingo），*chü jĕ*（主日），天主的日子；月曜日（lunes），*chü úl*（主二），是一周的第二天；*chü sān*（主三）是第三天，依次类推到 *chü çh'ĭe*（主七）的安息日（sabado）。而在其他地方，人们把多明我称为 *chü jĕ*（主日），即天主的日子，而把月曜日计作 *chü' ĭe*（主一），火曜日（martes）计作 *chü úl*（主二），这样直到安息日，*chü lŏ*（主六）即安息日。这意味着主日之后是第一天、第二天等。所有这些都作为统一体在发挥作用。

西班牙语	Domingo	Lunes	Martes	Miércoles	Jueves	Viernes	Sábado
	主日	月曜日	火曜日	水曜日	木曜日	金曜日	安息日
高母羡等漳州话记音词	多明我	仑挨氏	妈罗	绵高黎氏	衰微氏	绵挨氏	沙无吕
高母羡等漳州话汉语词	lei^2-pai^3	lei^2-pai^3 it^4	lei^2-pai^3 xi^5	lei^2-pai^3 sa^1	lei^2-pai^3 si^2	lei^2-pai^3 gou^2	lei^2-pai^3 lac^3
	礼拜（日）	礼拜一	礼拜二	礼拜三	礼拜四	礼拜五	礼拜六
万济国官话音意译词	chü jě	chü' Ye	chü úl	chü sān	chü çú	chü ù	chü lǒ
	主日	主一	主二	主三	主四	主五	主六
	chü jě	chü úl	chü sān	chü çú	chü ù	chü lǒ	chü ch'Ye
	主日	主二	主三	主四	主五	主六	主七

据万济国《官话技艺》等，除了"主日、礼拜日、瞻礼日"（创世纪的第一天，耶稣复活日，罗马的日曜日），称呼一周其他各日有两种数字排序方式：第一种是从"主二、瞻礼二"，直至"主七、瞻礼七"（创世纪模式，主日为第一天）；第二种是从"礼拜一、主一"，直至"礼拜六、主六"（基督教模式，主日后为第一天）。《官话词典》指出，第一种为耶稣会士使用，而第二种为多明我会士所用。

17世纪30年代，福建奉教士大夫李九标记录的《天主圣教实录口铎日抄》（1630—1640），是一部耶稣会士与奉教士大夫之间的会话集。参与会话的耶稣会士是艾儒略（Giulio Aleni，1582—1649，意大利人）、卢安德（Andrius Rudamina，1596—1631，立陶宛人）、林本笃（Bento de Matos，1600—1651，葡萄牙人）、瞿西满（Simou da Cunha，1589—1660，葡萄牙人）等。《口铎日抄》中有"论圣枝瞻礼""论光荣圣架瞻礼""复活瞻礼由来和喻意"各节。"瞻礼"（全书凡见82例）既用于各种敬拜仪式、各种敬拜日，也用于一周纪日。如：

初五，主日瞻礼毕。

今日经中，载宗徒圣若望者，年九十余时，诸弟子每遇瞻礼日，必扶至中堂谈道。

初三日，为瞻礼六日，司铎诠救赎事理，俾奉教者常痛念之，以为寡过之宗。次为瞻礼七日，司铎诠"雪堂"二字，以"雪"喻圣

母之德。盖龙江新立圣母堂，尝以雪堂命名故也。(《口铎日抄》)

早在唐代，汉语"瞻礼"（瞻仰礼拜）就与佛教有关，唐玄奘（602—664）《大唐西域记·卷五·羯若鞠阇国》："远近相趋，士庶咸集，式修瞻仰，日百千众。监守者……宣告远近：欲见佛牙，输大金钱。然而瞻礼之徒，寔繁其侣；金钱之税，悦以心竞。"记述的是瞻佛牙。南宋张世南（约1225前后在世）《游宦纪闻》卷四："每至邑中，人士敬叹瞻礼，喜其来而惜其去。"记述的是瞻仰永福邑东的方广岩浮屠石像。该佛教传统汉语词，被福建奉教士大夫以及耶稣会士用来指天主教的瞻仰活动和一周纪日。

2014年，在西班牙耶稣会托雷多教区历史档案馆发现法文题名的抄本 Instruction Pour les Visites de Mandarins，发现者李毓中定名"拜客训示"。其内容是围绕10件事的会话：《管堂中事》《厨房的事》《买办的事》《库房的事》《茶房的事》《衣服帽房的事》《看门的事》《行水路船上的事》《拜客问答》及《教友告解罪过》。该会话课本是为了帮助来华耶稣会士学习中国口语和生活常识，因此我们将书名译为《官话交谈指南》。

据文本中所反映的官员蓄发和佩戴方巾等推定，原始稿应于晚明（万历、天启、崇祯）起草，可能始于罗明坚（Michele Ruggieri, 1543—1607）与利玛窦（Matteo Ricci, 1552—1610）在肇庆传教时期（1583—1589）。其后利玛窦继续编写，在1601年获准留居北京之后完成。并有人增补郭居静（Lazzaro Cattaneo, 1560—1640）等所编内容。该抄本记录了来华耶稣会士名单，最晚抵华时间为1714年（李毓中、张巍译，2016），故可推知抄录时间在18世纪初（清康熙年间晚期）。该抄本共134页，每字右侧有法式罗马字注音，有的部分还有法文词语对译，系法国传教士手抄。

该书用"瞻礼"表天主教敬拜，出现了"主日""瞻礼日""瞻礼七日"等纪日用语，如：

主日瞻礼，该点两对蜡烛，平常日只一对够了。(《管堂中事》，138页)

衣服的时节是主日，是瞻礼第二个日与瞻礼七日。(《衣服帽房

的事》，149—150 页）

瞻礼日，有几遭不曾到堂。（《教友告解罪过》，166 页）

一星期用"一瞻礼"表示，如"如今天冷，每一瞻礼或者换一次衣服。若遇热的时候，自然一个瞻礼要换两次。"（《衣服帽房的事》，149 页）

教会拉丁语	Dominica	feria secunda	feria tertia	feria quarta	feria quinta	feria sexta	sabbatum
葡萄牙语	Domingo-feira	Segunda-feira	Terça-feira	Quarta-feira	Quinta-feira	Sexta-feira	Sábado-feira
	主日	第二日	第三日	第四日	第五日	第六日	安息日
口铎日抄	瞻礼日	（瞻礼二日）	（瞻礼三日）	（瞻礼四日）	（瞻礼五日）	瞻礼六日	瞻礼七日
官话交谈	主日瞻礼日	瞻礼二日	（瞻礼三日）	（瞻礼四日）	（瞻礼五日）	（瞻礼六日）	瞻礼七日
意大利语	Domenica	Lunedì	Martedì	Mercoledì	Giovedì	Venerdì	Sabato
法语	Dimanche	Lundi	Mardi	Mercredi	Jeudi	Vendredi	Samedi
七曜日	主日	月曜日	火曜日	水曜日	木曜日	金曜日	安息日

说明：加小括号的星期名称是依次推导的，在相关文献中未见用例。

据词表对比推定，耶稣会士一周七日的称呼是与葡萄牙语名称对应的仿译。葡萄牙语 segundo、terceiro、quarto、quinto、sexto，即第二、第三、第四、第五、第六；feira 本义是集市日。Sábado-feira 含义是"安息日"。《官话交谈指南》初撰者罗明坚与主撰者利玛窦都用葡萄牙语，《口铎日抄》四位耶稣会士有两位是葡萄牙人。与意大利语（或法语）的称呼来自罗马七曜日不同，葡萄牙语的称呼与犹太教（及早期基督教）数字排序法类似。今考，6 世纪，葡萄牙布拉加大主教杜米奥的圣马丁（Sankt Martin av Dumio，520—580）主张，一周各日名称不应用异教的行星诸神，而当用教会制定的术语。由此教会拉丁语、葡萄牙语、米兰德泽语（Mirandese）和加利西亚语（Galician）等采用了数字排序法。而与意大利语（或法语）同源的古葡萄牙语称呼 Lues（月曜）、Martes（火曜）、Mercores（水曜）、Joves（木曜）、Vernes（金曜）不再使用。

18—19 世纪，多明我会"礼拜"称呼法通行于菲律宾、印度尼西亚、马来西亚等国华人社区，有的则将"礼拜几"简省为"拜一至拜六"。19 世纪初，"礼拜"呼法传入广东。英国新教传教士马礼逊（R. Morrison，1782—1834）在《广东省土话字汇》（*A Vocabulary of the Canton Dialect*，

1828）中记载："Week 礼拜"。澳门的天主教徒也换用了"礼拜"，但沿袭耶稣会士的传统排序法，称"礼拜、礼拜二至礼拜七"。"瞻礼"渐成仅与天主教相联系的术语，王韬（1828—1897）《原道》介绍："天主教中，所有瞻礼、科仪、炼狱、忏悔以及禁嫁娶茹荤，无以异乎缁流衲子。"与之相反，多明我会"礼拜"称呼法为社会各界日常使用。1897年宁波中西学堂规定："凡遇礼拜日，则停止讲读。"1899年11月22日上海《中外日报》报道欧洲魔术团来沪，开演日期为"礼拜二"。

多明我会礼拜称呼法（礼拜日到瞻礼六）日益通行，而耶稣会瞻礼称呼法（瞻礼日到瞻礼七）逐步隐退，其原因盖为："礼拜"一词，自南朝用于佛教敬拜，唐代用于七曜仪式，多明我会士记录的漳州话"礼拜日"等，已见于南宋和明初的文献，并可能在回回教门口语中使用，在中国东南地区具有广泛的民间基础。此外，19世纪的来华英美新教传教士接受的是"礼拜"称呼法，而其宣教活动在当时中国民间相当活跃。

第四种，一周称呼说。

除了"礼拜"，现代汉语中表示七天一轮的还有日源词"周"。早在唐代，日本高僧遍照金刚（774—835）已把《宿曜经》带到日本。1007年，藤原道长（966—1027）在日记中最早用七曜纪日。明治维新时期，日本仿效西欧七天纪日，七曜纪日从古书中被唤醒。1876年3月，日本太政官第27号令规定："同年4月1日より、日曜休暇、土曜半日休暇"，法定使用七曜纪日。朝鲜自古使用中国传统干支纪日法。1894年"甲午更张"，朝鲜开化派仿效日本，1895年官方使用七曜纪日。1949年，韩国政府通过法令规定日曜为公休日。

宿曜经	日曜日	月曜日	火曜日	水曜日	木曜日	金曜日	土曜日
日本	にちようび	げつようび	かようび	すいようび	もくようび	きんようび	どようび
	nichiyōbi	getsuyōbi	kayōbi	suiyōbi	mokuyōbi	kinyōbi	doyōbi
朝鲜	일요일	월요일	화요일	수요일	목요일	금요일	토요일
	ilyoil	wolyoil	hwayoil	suyoil	mogyoil	geumyoil	toyoil

明治维新时期，除了唤醒七曜纪日，日本还采用"週"（ウィーク）意译西语的 week，即取《宿曜经》"夫七曜者……一日一易，七日

周而复始"之说。

上文提及,马礼逊(1828)记载,当时广东话称 week 为"礼拜"。中国人用"周"称 week,见于黄遵宪(1848—1905)所撰《日本国志》(1882 年成初稿,1887 年完稿,1895 年刊行)卷二十三:"野营演习,六周时,每周为七日。"1901 年,《清议报》七十八册马塞多尼亚:"前在欧洲定造水雷艇六只。目下有二只业已竣工,数周间(即数礼拜)必到。"作者担心读者看不懂,特为加注。在此两年后,仍有说明"周"是日语词的,曾率齐鲁学子留学日本的山东提学使方燕年(1872—1942)所撰《瀛洲观学记》(1903):"一来复,七日也。日本谓之一周。"此后,"周"在现代汉语中流行开来,从而有了周一到周六(周末)以及周日的说法。

近代日本把中国古代的文献词"週"借过去,现代汉语又把日本语的意译词"週"拿过来。此类日源词在现代汉语中成批,严格的说法是"借去拿来词"(borrow - take back word)。其词形在中国典籍,其新用法为日本意译,再自然而然地用到现代汉语中。

第五种,星期称呼说。

中国古代的"星期",原指牛郎织女相会之期(阴历七月初七)。唐代王勃《七夕赋》:"伫灵匹於星期,眷神姿於月夕。"清朝末年,始用"星期"一词指七日一周制。1889 年,邹弢(1850—1931)《益智会弁言》:"泰西博学家向有聚会之举。或星期休沐,或政事余闲。"此处用"星期"指"星期日"。1899 年,张大镛、程培恩赴日考察教育所撰《日本各校纪略》:"校中大讲堂一(宣讲伦理之处,每星期两次)。"此处用"星期"指一星期七日时间。

1907 年,就全国学堂实行西方周日休假还是中国传统旬假之争,清廷会议政务处议复:星期日公休为世界通例,中国不能独异。同时规定,七日制不用带有宗教色彩的"礼拜"称呼,而要称为"星期"(与中历有每月房、虚、昴、星四星值宿之期相联系)。1909 年,清廷学部编译图书局统一规范教科书术语,在袁嘉谷(1872—1937)的主持下,确定将七日制规范为"一星期",以"星期×"依次指称各日。袁嘉谷曾于 1904 年 7 月赴日考察学务政务。1905 年 8 月回国任国史馆协修,并在学部编译图书局专管教科书编写工作。

创世纪	第一日	第二日	第三日	第四日	第五日	第六日	第七日	
七曜日	日曜日	月曜日	火曜日	水曜日	木曜日	金曜日	土曜日	
多明我会漳州话	礼拜日	礼拜一	礼拜二	礼拜三	礼拜四	礼拜五	礼拜六	
耶稣会	瞻礼日	瞻礼二日	瞻礼三日	瞻礼四日	瞻礼五日	瞻礼六日	瞻礼七日	
日本一周制	周日	周一	周二	周三	周四	周五	周六	
汉语规范		星期一	星期二	星期三	星期四	星期五	星期六	星期日

经清廷学部编译图书局规范的星期制术语，与《漳州话技艺》中的名称类似（将"礼拜"改为"星期"），但与西方七曜日排序不同，将月曜日（如英语 Monday，实为一周的第二天）定为"星期一"，排在每周的第一天，而将日曜日（如英语 Sunday，实为一周的第一天）定为"星期日"，排在每周的最后一天。不过，民间仍然流行"礼拜制""一周制"。尤其是一周制，可能因为双音节优势，在公务机构通用：周一到周六办公，周日休息。"周"在学校中几成定规，如"这学期 18 周"或"安排 6 周实习"，似乎没人说"这学期 18 星期""安排 6 星期实习"。

七 余论

源于苏美尔的七日一周制，传播线索大致如图示：

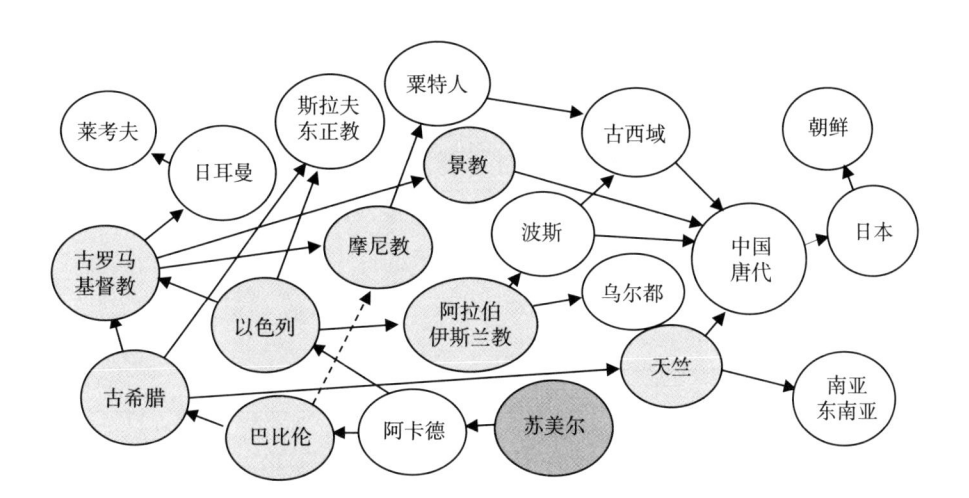

根据以上梳理，可以归结几个要点。

1. 七日制　苏美尔的月相—潮汐七日一周制，经犹太教（以创世完成的第七日为"安息日"）、基督教而宗教化。

2. 七曜制　巴比伦确定七曜星期制（以创世第一日、日曜日为第一日），古希腊接受七曜换上其神祇。罗马帝国接受七曜换上其神祇，奉基督教为国教后将日曜日（即耶稣复活日/创世第一日）规定为"主日"。古印度接受"七曜"换上其神祇。摩尼教接受"七曜"（以日曜日为"大日、持斋日"）换上其神祇。

3. 礼拜制　伊斯兰教接受犹太教、基督教的七日一周制，但以第六天（创世完成的当天）为主麻。波斯穆斯林遵从礼拜制，传入乌兹别克、维吾尔等。中国回回遵从礼拜制。

4. 中国七曜—礼拜—星期制　七曜纪日法在唐代传入中国，具注历已使用该纪日法。为适应中国境内穆斯林的生活，北宋《应天历》将七曜纪日法引入官历，以金曜日（伊斯兰教主麻）为历元。南宋以来，汉语佛教术语"礼拜"被用来称呼穆斯林的敬拜，并用于称呼主麻日及一周时间。16—17世纪之交，在菲律宾马尼拉的漳州人，将"礼拜"转指天主教的敬拜、主日及一星期时间。多明我会士所记漳州话名称是：礼拜（日）、礼拜一、礼拜二、礼拜三、礼拜四、礼拜五、礼拜六。需要注意，天主教的主日（Dominica）是创世第一天，伊斯兰教的主麻（Jumah）是创世第六天。晚清（1909）规范的中国星期制脱胎于天主教七曜日，但中国星期制七日排序与天主教七曜日顺序有别，即将月曜日（英语Monday，创世第二天，伊斯兰教安息日后的第二天）排在每星期第一天，称为"星期一"，而将日曜日或主日（英语Sunday，创世第一天，伊斯兰教安息日后的第一天）移到每星期第七天，称为"星期日"。不过民间流行的一周制，"周六"称"周末"。

苏美尔	第一日	第二日	第三日	第四日	第五日	第六日	第七日	
犹太教创世纪	יום ראשון	יום שני	יום שלישי	יום רביעי	יום חמישי	יום שישי	יום שבת	
	第一日	第二日	第三日	第四日	第五日	第六日	安息日	
基督教七曜日	Dominica	Lūnae	Martis	Mercuriī	Jovis	Veneris	Saturnī	
	主日	月曜日	火曜日	水曜日	木曜日	金曜日	土曜日	

续表

苏美尔	第一日	第二日	第三日	第四日	第五日	第六日	第七日	
伊斯兰教阿拉伯语	يوم الأحد	يوم الإثنين	يوم الثلاثاء	يوم الأربعاء	يوم الخميس	الجمعة	يوم السبت	
	安息日后第一日	安息日后第二日	安息日后第三日	安息日后第四日	安息日后第五日	主麻聚礼日	安息日	
回族马欢1451						礼拜日		
多明我会1590	礼拜日	礼拜一	礼拜二	礼拜三	礼拜四	礼拜五	礼拜六	
耶稣会1630	主日	瞻礼二日	瞻礼三日	瞻礼四日	瞻礼五日	瞻礼六日	瞻礼七日	
袁嘉谷规范1909		星期一	星期二	星期三	星期四	星期五	星期六	星期日
民间一周制	周日	周一	周二	周三	周四	周五	周六周末	

综上所述，源于苏美尔的月相—潮汐七日一周制，在传播过程中，其名称被赋予诸神值日的色彩，其历元（主日、主麻的确定）增加了各自宗教的色彩。然而，这些皆非本质变化。最主要的变化是，使用太阳历（或阴阳合历）的七日一周制已不可能与月相—潮汐变化对应。即使采用太阴历（伊斯兰教历，大月 30 日，小月 29 日），由于月相变化并非正巧 28 天（而是 29.53 天），七日一周制不再是月相对应的精确计算周期。

参考文献

艾儒略等口铎，李九标等记录订正：《口铎日抄》（1630—1640 年），中华典藏，https://www.zhonghuadiancang.com/leishuwenji/mingmoqingchuyesuhuisixiangwenxianhuibian/83385.html。

不空法师译（759 年）、杨景风修注：《文殊师利菩萨及诸仙所说吉凶时日善恶宿曜经》（764 年），大正新修《大正藏》Vol. 21，No. 1299，中华电子佛典协会，http://www.cbeta.org，2009 年发行。

陈志辉：《隋唐以前之七曜历术源流新证》，《上海交通大学学报》2009 年第 4 期。

邓文宽：《敦煌天文历法文献辑校》，江苏古籍出版社 1996 年版。

江晓原：《东来七曜术（下）》，《中国典籍与文化》1995 年第 4 期。

李葆嘉：《身心和语言的世界》（译序），载莱考夫（G. Lakoff）著，李葆嘉、章婷、邱雪玫译《女人、火与危险事物：范畴显示的心智》，世界图书出版公司 2017 年版。

李辉：《〈宿曜经〉研究》，硕士学位论文，上海交通大学，2007 年。

李毓中、张正谚等：《〈拜客训示〉点校并加注》，（台湾）《季风亚洲研究》2015 年第 1 期。

李毓中、张巍译：《"洋老爷"的一天——从〈拜客训示〉看明末耶稣会士在中国》，（台湾）《清华学报》2016 年第 1 期。

刘曼：《"礼拜"来源再考》，《国际汉学》2021 年第 2 期。

刘世楷：《七曜历的起源——中国天文学史上的一个问题》，《北京师范大学学报》（自然科学版）1959 年第 4 期。

罗杰瑞：《闽方言中的来母字和早期汉语》，《民族语文》2005 年第 4 期。

马欢著，万明校注：《明钞本〈瀛涯胜览〉校注》（1451 年），海洋出版社 2005 年版。

景净：《大秦景教流行中国碑》（781 年），西安碑林博物馆馆藏文物，百度百科，https://baike.baidu.com/item。

沙畹、伯希和著，冯承钧译：《摩尼教流行中国考》（1911—1913 年），商务印书馆 1933 年版。

少逸：《"礼拜""星期"和"周"的来源》，《新语文学习》2009 年第 Z2 期。

《圣经》，基督教圣经，http://shengjing.55cha.com/1.html。

瞿昙悉达译：《开元占经》（718 年），中华典藏，https://www.Zhonghuadiancang.com/tian wendili/kaiyuanzhan jing/42060.html。

王国维：《生霸死霸考》（1915 年），载《观堂集林·卷一》，中华书局 1959 年版。

吴昶兴：《大秦景教研究述评——历史、语言、文本综论（上）》，《基督教文化学刊》2015 年第 33 辑。

玄奘、辩机：《大唐西域记·卷五·羯若鞠闍国》（646 年），古诗文网，https://so.Gushiwen.cn/guwen/bookv_ 46653 FD803893E4 FFE14531247089482.aspx。

义净译：《佛说大孔雀咒王经》（705 年），大正藏 No. 0985，实修驿站，http://www.shixiu.net/dujing/fojing/mijiaobu/2409.html。

张廷玉、万斯同等：《明史》（1645—1739 年），国学梦，http://www.guoxue meng.com/guo xue/3053.html。

张世南：《游宦纪闻·卷四》（约 1225 年），中华典藏，https://www.zhonghuadiancang.com/xueshuzaji/youhuan jiwen/61110.html。

赵贞：《敦煌具注历中的"蜜日"探研》，《石家庄学院学报》2016 年第 4 期。

中国社会科学院历史研究所：《英藏敦煌文献：第 14 卷》，四川人民出版社 1995 年版。

周去非：《岭外代答》（1178 年），国学荟，http://www.gushicimingju.com/dianji/lingwaidai da/18 138.html。

竺律炎、支谦译：《摩登伽经》（230 年），大正藏 No. 1300，实修驿站，http://www.shixiu.net/dujing/fojing/mi jiaobu/2747.html。

Anonymous. About 1620, *Arte de la Lengua Chiõ Chiu*. Transcript. In: *Spanish Manuscript*, British Museum, Add. 25317, and Biblioteca de la Universidad de Barcelona, MS. 1027.

Cobo, J. 1593, *Doctrina Christiana en Letra y Lengua China* (《天主教要理》). compuesta por los Padres ministros de los Sangleys, de la Orden de Santo Domingo. Con licencia, por Keng Yong, China, en el Parián de Manila. In: *Doctrina Christiana, Primer Libro Impreso en Filipinas Parian de Manlia*, (1593), Manilana: S. Thomae Aquinatis Universitae, 1954.

Klöter, H. 2011, *The Language of Sanleys: A Chinese Vernacular in Missionary Sources of the Seventeenth Century*. Leiden: Koninklijke Brill.

Lakoff, G. 1987, *Women, Fire and Dangerous Things: What Categories Reveal about the Mind*. Chicago and London: The University of Chicago Press.

Namn på veckodagar – Names of the days of the week, Från Wikipedia, den fria encyklopedin, https://sv.abcdef.wiki/wiki/Names_of_the_days_of_the_week.

Varo, F. 1682, *Arte de la Lengua Mandarina*, 杨仁里圣方济各大教堂印行, 1703。

The Origin and Spread of the System of a Week Seven Days

Li Baojia

Abstract: The Sumerian seven-day week system based on the phases of the moon and the tides was religiousized by Judaism on the Genesis seven days (the seventh day as the *yom shabat*). Babylon was changed to the seven stars on duty (the first day as the Sunday), which was passed on to Rome through Greece, and to Germany through Rome. The Roman Empire designated the Resurrection Day (Sunday) as the *diēs Dominica*. Islam follows the seventh day of creation and takes the sixth day as the *Jumu'ah*. The seven stars on duty was introduced to China in the Tang Dynasty. In the Northern Song Dynasty, it was introduced into the "*Yingtian Calendar*", which took *diēs Veneris* (Jumu'ah) as the epoch. In the Southern Song Dynasty, the Chinese Buddhist "li-bai" (worship) was used for Muslim worship, and the *Jumu'ah* was called "li-bai-ri" (worship day). In the late Ming Dynasty, "li-bai" turned to refer to Catholic worship, Sunday, etc. The Zhangzhou dialect (漳州话) recorded by the Domingo monks is lei^2-pai^3 (Sunday) to lei^2-pai^3 lac^3 (Saturday). In the late Qing Dynasty, the star cycle system was standardized, and Sunday was the seventh day. The seven-day week system originated from Sumer was endowed with the color of the gods in the process of dissemination, and its epochs highlighted their respective religious values. According to the solar calendar, the seven-day system no longer corresponds to the phases of the moon-tides; even with the lunar calendar, the seven-day system is not an exact calculation period corresponding to the changes of the moon phases.

Key words: Moon phase-tidal; Seven-day system; Genesis seven days; Seven stars on duty; Worship system; Star cycle system

论湖北竹山话的语音演变

李 艳①

摘 要：竹山位于湖北十堰西北部，受最近一次移民的影响，竹山话变化很大。从 20 世纪赵元任调查竹山话的时代到现在，短短几十年间，竹山话的声、韵、调都发生了很大变化。本文借助于竹山的来源地方言即黄冈一带的方言探讨了竹山话声韵调的演变情况。辅音方面，主要讨论了鼻音、边音、舌尖前音和舌尖后音的变化。韵母方面，讨论了 [ʮ] 韵母和通摄的演化，而韵母 [ʮ] 最为典型。

关键词：竹山音系；语音演化；声母变化；韵母变化

竹山县，古称"上庸县"，隶属湖北省十堰市，位于鄂西北秦巴山区腹地。东经 109°32′—110°25′，北纬 31°30′—32°37′之间。东连房县，西交竹溪县、陕西旬阳，南接神龙架林区、四川巫溪，北邻郧县、陕西白河县。县城东北距十堰市城区 158 公里，东南距武汉市 638 公里。总面积 3587.8 平方公里。下辖 9 镇 8 乡 279 个村，总人口 346069 人（2022 年人口普查数据），有汉、回、壮、蒙、满等 8 个民族。

一 引言

竹山县名来源有二说：一说据唐李吉甫《元和郡县志》载："县邑之北百里，有黄竹山。昔时山多竹，其色皆黄，故西魏命邑名曰竹山。"另一说据清顾祖禹《读史方舆纪要》载："筑山，在县西五里，筑水所出，后讹'筑'为'竹'，称竹山，县因此名。"据考证，唐李吉甫《元和郡县志》更接近事实。

---

① 作者简介：李艳（1970— ），女，陕西师范大学外国语学院教授。研究方向：历史语言学、理论语言学、方言。

居住在堵河沿岸的人群自称为"庸人",其地方称为"上庸"。"竹山县"的历史起始于宋开宝年间(968—975),上庸县并入竹山县,奠定了沿用至今的竹山县建制规模、范围与名称。

堵河流域位于川陕鄂三省交界处,历来为"秦楚走廊""楚蜀通道"。堵河为"通向四川的盐道"和"通向江汉的中药材之路"。这个地区的居民由东西南北流民杂居混成:①远古土著先民后裔;②庸人后裔;③巴人后裔;④濮人后裔;⑤蜀中流民;⑥三秦流民;⑦荆楚流民;⑧豫中流民;⑨叛逆巨匪流民;⑩流放士族后裔。多地区、多民族、多阶层、多成分的流民造成当地方言复杂。如果想捋顺当地方言的历史层次,非常困难。但是我们可以透过重大历史事件梳清当地方言演变的主要脉络。

堵河一带方言受到外界巨大影响的有三次。

第一次是明代成化年间的荆襄大移民浪潮。明朝周洪谟在《创置郧阳府纪》中说:"成化七年,荆襄流民百万,有司逐之,渴疫者过半。天子籍流民十二万三千余户,因割竹山之地置竹溪,割郧津之地置郧西,使流寓、本著参错以居。于是就郧县城置郧阳府,以统房、竹六县。"此次移民仅堵河流域的竹山、竹溪一带即安置七万余户近三十万人。其数目大于土著人一倍。自此,这占人口1/2的荆襄移民自然而然地将江汉平原先进的平川农耕文明和集市商贸文明带进堵河,使堵河土地、资源得到更有力的开发利用,在此基础上,比土著人多一倍的外来人口对本土方言产生了很大的冲击。

第二次是清朝末年太平天国和白莲教起义军残余大量逃入竹山,以隐蔽形式定居下来,有5万余人,繁衍为特殊的部族。据《清史稿》载:竹山一直是白莲教和太平军的大本营,也是他们劫后余生的幸存之地。据《竹山县志》记载:"竹山匪患连绵不绝,每三年平均一次大暴动。"竹山近一千多年历史上爆发过600余次大大小小的起义。特殊的地理环境、连续不断的战争、外来人口的不断涌进,造成本地方言的进一步变化。

第三次是抗日战争时期,武昌、黄冈一带的商人被迫迁徙堵河,这时,为逃避战乱,约有8万人逃进竹山、竹溪一带定居,带来的是"九头鸟"的商业文化因子和黄梅戏,也带来了武昌和黄冈地区的方言。

另外，据《竹山县志》(2008)对竹山旧大族家谱和现存墓志铭的考证：竹山居民的祖先大都来自本省的黄冈、罗田、英山、武昌、天门和外省河南、湖南、安徽、陕西、山西、江西、四川等地，多因避战乱、水灾或经商而迁徙到竹山定居，这些地方古时多属楚境。因边缘乡镇居民同邻省、邻县交往频繁，使得方言相互渗透而呈现出与周边地区方言相近的特征。同时，由于历史上交通不便，商贸不兴，县内各地方言相互侵润濡染较少，使得一县之内方言多样，语音和词汇各有特点，大方言中有次方言，次方言中有小方言，小方言中又有土语。

对于竹山方言的归属，学界历来众说纷纭。赵元任、丁声树（1948）把它划入江淮官话第二区，属"楚语"，詹伯慧（1981）同意这种观点。中国社会科学院和澳大利亚人文社会科学院共同出版的《中国语言地图集》（1987）把它划入江淮官话黄孝片，与鄂东南的黄孝片共同构成湖北境内的江淮官话区。周政（2002，2006）持同样观点。刘兴策（2005）认为它应属于西南官话成渝片，刘祥柏（2007）把它划入鄂西北陕南江淮官话区，叫"竹柞片"。李蓝（2009）把它归入西南官话湖广片鄂西小片。朱丽师（2014）把它划入中原官话南鲁片，盛银花（2016）认为它应该自成一个方言岛。李艳（2022）认为，竹山话来自江淮官话区，但经数百年的演化发展，已与原方言渐行渐远。经分析发现，竹山话应与邻方言一起，独成一片——江淮官话山溪片。观点的纷纭说明了该方言的复杂性。

二　现代竹山方言音系及特点

（一）声母 23 个，包括零声母

p 壁碧布摆	pʰ 片彭拍盘	m 没秒马门		f 发风非饭			
t 都等但打	tʰ 他谈推贴		ȵ 泥女念娘		l 来脑泥路		
tʃ 摘资寨质	tʃʰ 催瓷参耻			ʃ 岁闪肾式			
tʂ 张资租贼	tʂʰ 刺茶床草			ʂ 丝树酸双	ʐ 热软肉人		
tɕ 精集间旧	tɕʰ 全请强曲			ɕ 夏斜戏秀			
k 解械街改	kʰ 愧苦咳亏	ŋ 扼额昂肮		x 货赫鞋蟹			
∅ 疑牙瓦屋							

发音特点：

1. 读 tʃ、tʃʰ、ʃ 时舌尖抵住硬腭，带点卷舌，有强烈的摩擦。
2. 读 tʂ、tʂʰ、ʂ 时带点卷舌的色彩。

声母特点：

1. 古泥母在洪音前与来母合流，读 [l]，如：嫩$_{臻合一泥}$ = 仑$_{臻合一来}$ [lən⁵³]，奈$_{蟹开一泥}$ = 赖$_{蟹开一来}$ [lai⁴¹]，脑$_{效开一泥}$ = 老$_{效开一来}$ [lau⁵⁵]。在细音前读作舌面音 [ȵ]，如：年$_{山开四泥}$ [ȵian⁵³] ≠ 莲$_{山开四来}$ [lian⁵³]，黏$_{咸开三泥}$ [ȵiæn⁵³] ≠ 敛$_{咸开三来}$ [liæn⁵³]，娘$_{宕开三泥}$ [ȵiaŋ⁵³] ≠ 凉$_{宕开三来}$ [liaŋ⁵³]。

2. 古精（逢洪音）、知、庄、章组字声母混读为 [tʂ、tʂʰ、ʂ/tʃ、tʃʰ、ʃ]，如：尊$_{臻合一精}$ [tʂən²⁴]，寸$_{臻合一清}$ [tʂʰən⁴¹]，嗓$_{宕开一心}$ [ʂaŋ³⁴]，昨$_{宕开一丛}$ [tʂuo⁵³]，错$_{遇合一清}$ [tʂʰuo⁴¹]，松$_{通合一心}$ [ʂəŋ²⁴]，足$_{通合三精}$ [tʂəu⁵³]，宗$_{通合一精}$ [tʂəŋ²⁴]，自$_{止开三丛}$ [tʃʅ⁴¹]，争$_{梗开二庄}$ [tʃəŋ²⁴]，陕$_{咸开三书}$ [ʃan²⁴]。

竹山方言与周边方言最明显的区别是精组字读作 [tʂ、tʂʰ、ʂ] 和 [tʃ、tʃʰ、ʃ]。像这种情况在国内方言中还是很少见的。一般来说，方言中有舌尖前音无舌尖后音的居多。如陕西安康的镇巴话、湖北宜昌城区话、宜昌鸦鹊岭话，只有翘舌无平舌的方言虽然少，但也还是存在的，如普通话的 [ts、tsʰ、s] 和 [tʂ、tʂʰ、ʂ] 在江苏连云港的新浦话里合并为一套 [tʂ、tʂʰ、ʂ]，即无平舌、有翘舌（王萍 2008）。辽宁鞍山方言的舌尖前音虽然也像舌尖后音，但与舌尖后音还是有区别的（赵彩红，陈会斌 2014），外地人听起来二者相同，但本地人却认为二者是有区别的。竹山方言的舌尖后音与普通话并不相同，发竹山方言的舌尖后音 [tʂ、tʂʰ、ʂ] 时，后跟前元音时舌尖紧顶下齿背，把舌背压平，气流从两侧出，而且摩擦很重。后跟后元音时舌位更靠后，靠近硬腭。有些词发舌尖后音时很明显已成舌尖前音，因此虽然该方言的舌尖后音、舌尖前音读音规律不清晰，但是区别明显。

3. 见系蟹摄开口二等字中部分口语常用字今读舌根音，例如：介$_{蟹开二见}$ [kai⁴¹]，戒$_{蟹开二见}$ [kai⁴¹]，街$_{蟹开二见}$ [kai²⁴]，鞋$_{蟹开二匣}$ [xai⁵³]，蟹$_{蟹开二匣}$ [xai⁴¹]。现代汉语方言中见系开口二等字今读洪音的现象比较常见，王力（1980）也曾指出"湖北、湖南、广西、四川、云南、贵州等处的官话区有一个共同的特点，就是蟹摄开口二等见系字仍念 [k、kʰ、

x]"。鄂西北襄阳、宜城、房县等方言也是如此。

4. 不分尖团，古精组开口细音与古见组开口细音合流，今读［tɕ、tɕʰ、ɕ］，例如：齐$_{蟹开四丛}$=旗$_{止开三群}$［tɕi⁵³］，就$_{流开三丛}$=舅$_{流开三群}$［tɕiəu⁵³］，秦$_{臻开三丛}$=勤$_{臻开三群}$［tɕʰin⁵³］，静$_{梗开三丛}$=竞$_{梗开三群}$［tɕin⁴¹］。

5. 个别影疑母字保留了声母［ŋ］，如：额$_{梗开二疑}$［ŋE⁴¹］，扼$_{梗开二影}$［ŋE⁴¹］，昂$_{宕开一疑}$［ŋaŋ⁵³］，肮$_{宕开一匣}$［ŋaŋ²⁴］。赵荫棠（1936）认为疑母字在《中原音韵》中"要消灭，然而没有全消灭"，疑母与影喻母合并的，读零声母，与泥娘母合并的，读［n］声母。不消灭的是一二等字，仍读［ŋ］声母。丁邦新（1998）认为《中原音韵》中疑母字大部分已经与影母、喻母合流，变成了零声母，只有小部分疑母字自成小韵，并且跟"影喻"对立，如"仰昂傲鳌敖噢遨俄我饿哦额业虐疟"。在以后的发展中，这一小部分疑母字也逐渐完成了与影母、喻母的合流。说明竹山方言保留了《中原音韵》的特征，只不过在历史的发展中，逐渐消灭，至今只保留了个别字读作［ŋ］声母的情况。

（二）韵母 39 个

i 液记岂律   u 屋附胡铺   y 雨鱼曲居   ʮ 厨猪树如

ɿ 资史植日

ɚ 儿日耳二

ɯ 去

a 蔗抹拿杉   ia 牙夏夹恰   ua 瓦跨耍花

o 婆博莫   uo 过盒做壳   yo 虐药脚削

e 北肋折窄   ie 姐却歇衔   ye 雀悦或国   ɥe 惹热

ai 岩街孩芥   uai 乖会拽摔

ei 脆披飞随   uei 税惠追威

au 宝脑熬爪   iau 巧妙掉吆

əu 梳锄竹侯   iəu 秀邮舅球

an 南参乱端   ian 敛键严甜   uan 官闩换穿   yan 渊癣旋远

ən 渗任枕硬   in 清英盯星   uən 婚稳准纯   yən 寻笋俊云

aŋ 掌裳让棒   iaŋ 蔫奖想凉   uaŋ 装双况晃

əŋ 宋农风统

oŋ 容冲共翁　　　　　　　　　yŋ 用胸琼永

韵母特点：

1. 通摄在知系、见系后，韵母读作［oŋ］，如：重_通合三澄_［tʂoŋ⁴¹］，容_通合三以_［zoŋ⁵³］，冲_通合三昌_［tʂʰoŋ²⁴］。在端系后读作［əŋ］，如：聋_通合一来_［ləŋ²⁴］，送_通合一心_［səŋ⁴¹］，懂_通合一端_［təŋ⁵⁵］。

2. 遇摄在端系、庄组后读作［əu］，与流韵合流，如：庐_遇合三来_［ləu⁴¹］，阻_遇合三庄_［tʂəu⁵⁵］，梳_遇合三生_［ʂəu²⁴］，数_遇合三生_［ʂəu⁴¹］。在知系后读作［ʅ］，如：猪_遇合三知_［tʂʅ²⁴］，处_遇合三昌_［tʂʰʅ⁵³］，鼠_遇合三书_［ʂʅ⁵⁵］，如_遇合三日_［zʅ²⁴］，住_遇合三澄_［tʂʅ⁴¹］。在唇音即非组后读［u］，如：府_遇合三非_［fu⁵⁵］，无_遇合三微_［u⁵³］，赴_遇合三敷_［pʰu²⁴］，附_遇合三奉_［fu⁴¹²］。

3. 深臻曾梗摄合流，无后鼻音韵尾，如信_臻合三心_=幸_梗开二匣_［ɕin⁵³］，亲_臻开三清_=清_梗开三清_［tɕʰin²⁴］，林_深开三来_=灵_梗开四来_［lin⁵³］，因_臻开三影_=英_梗开三影_［in²⁴］，真_臻开三章_=正_梗开三章_［tʂən²⁴］。

4. 蟹支脂缓桓换臻韵在端组、精组后读作开口，如：堆_蟹合一端_［tei²⁴］，退_蟹合一透_［tʰei⁴¹］，配_蟹合一滂_［pʰei⁴¹］，内_蟹合一泥_［lei⁴¹］，最_蟹合一精_［tʂei⁴¹］，虽_止合三心_［ʂei²⁴］，谁_止合三禅_［ʂei⁵³］，但是葵_止合三群_［kʰuei⁵³］，位_止合三云_［uei⁴¹］，睡_止合三禅_［ʂuei⁴¹］，规_止合三见_［kuei²⁴］，桂_蟹合四见_［kuei⁴¹］，灰_蟹合一晓_［xuei²⁴］；端_山合一端_［tan²⁴］，卵_山合一来_［lan⁵⁵］，钻_山合一精_［tʂan⁴¹］，酸_山合一心_［ʂan²⁴］；尊_臻合一精_［tʂən²⁴］，存_臻合一丛_［tʂʰən⁵³］，孙_臻合一心_［ʂən²⁴］。

5. 咸开一见系合口入声韵读作［uo］，如：鸽_咸开一见_［kuo⁵³］，喝_咸开一晓_［xuo²⁴］，合_咸开一见_［xuo⁵³］。

6. 蟹摄开口见母、匣母后读［ai］，如：芥_蟹开二见_［kai⁵³］，阶_蟹开二见_［kai²⁴］，械_蟹开二匣_［kai⁴¹］，街_蟹开二见_［kai²⁴］，鞋_蟹开二匣_［xai⁵³］，解_蟹开二见_［kai⁵⁵］，蟹_蟹开二匣_［xai⁴¹］。

7. 深山臻曾梗入声读［e］。如百_梗开二帮_［pe²⁴］，迫_梗开二帮_［pʰe⁵³］，拍_梗开二滂_［pʰe²⁴］，窄_梗开二庄_［tʂe²⁴］，择_梗开二澄_［tʂe⁵³］，格_梗开二见_［ke⁵³］。

(三) 单字调 4 个

调类	调值	例字
阴平	24	沙瓜阶诗揣召钓溜搭喝磕
阳平	53	舵甜破念集任雅褚盒捷八
上声	55	整请省巾惩拱拥酷息戳振
阴去	412	误绪居于务续碍砌类涉寂
阳去	41	贺把且化太害话卫企比利

说明：

1. 古平声分阴阳。
2. 古清上、次浊上读上声。
3. 古全浊上、古清去今读阴去，古浊去读作阳去。
4. 古入声分别读作阴平、阳平、去声，少量读作上声。

三 竹山方言的语音演化

前面提到，抗战时期，武昌、黄冈一带约八万人逃到竹山、竹溪一带，他们的母方言对本地方言产生了很大影响。赵元任等（1948）调查方言的时期与抗战时期几乎处于同一时代。本文从赵元任等（1948）所调查的方言材料中检查相关方言的语音情况，与现代竹山方言进行比较，借此了解竹山话的演变轨迹。

1. 声母演变

由于黄冈市紧挨武昌、鄂州，它们的方言有很多相似之处，三者都有鼻音 [n]，但黄冈市区话还有 [ȵ、ŋ]，无边音 [l]，[l] 和 [n] 合流。有舌尖前音 [ts、tsʰ、s] 和舌尖后音 [ʐ]，无舌尖后音 [tʂ、tʂʰ、ʂ]，舌尖前音与舌尖后音合流。武昌方言个别字读 [ŋ]，无边音 [l]，泥来母合流，读作 [n]。有舌尖前音 [ts、tsʰ、s]，无舌尖后音 [tʂ、tʂʰ、ʂ]，舌尖前音与舌尖后音合流（见表 1）。

但是在武昌和黄冈所辖区域及周边，除武穴话外，所有方言都有 [ts、tsʰ、s] 和 [tʂ、tʂʰ、ʂ、ʐ]。武穴算是个特殊的存在，它没有 [ʐ]。并且三个鼻音都存在，还有边音 [l]。

红安、黄陂、麻城、英山、浠水、蕲春方言都有三个鼻音 [n、ȵ、

ŋ]，没有边音 [l]，泥来母合流，读作 [n]。大悟、孝感、安陆、云梦方言只有两个鼻音 [n、ŋ]，没有边音 [l]，泥来母合流，读作 [n]。而罗田话有鼻音 [ȵ、ŋ] 和边音 [l]，泥来母合流，读作 [l]。

十堰的几个地方方言如竹溪话既有 [ts、tsʰ、s]，又有 [tʂ、tʂʰ、ʂ、ʐ]。郧西话和郧县话也是如此。而房县话只有 [ts、tsʰ、s、ʐ]。竹山话有 [tʃ、tʃʰ、ʃ] 和 [tʂ、tʂʰ、ʂ、ʐ]。竹溪话、竹山话、郧西话都有鼻音 [ȵ、ŋ] 和边音 [l]，泥来母洪音合流。郧县话只有鼻音 [ȵ] 和边音 [l]，房县话只有鼻音 [n]，没有其他。

表1　　　　　　　　各地方言代表声母比较

方言		鼻音	边音	舌尖前音	舌尖后音
上世纪竹山及周边方言	竹溪	ȵ、ŋ	l	ts、tsʰ、s	tʂ、tʂʰ、ʂ、ʐ
	竹山	ȵ、ŋ	l	ts、tsʰ、s	tʂ、tʂʰ、ʂ、ʐ
	房县	n		ts、tsʰ、s	ʐ
	郧西	ȵ、ŋ	l	ts、tsʰ、s	tʂ、tʂʰ、ʂ、ʐ
	郧县	ȵ	l	ts、tsʰ、s	tʂ、tʂʰ、ʂ、ʐ
上世纪黄冈及周边方言	大悟	n、ŋ		ts、tsʰ、s	tʂ、tʂʰ、ʂ、ʐ
	孝感	n、ŋ		ts、tsʰ、s	tʂ、tʂʰ、ʂ、ʐ
	安陆	n、ŋ		ts、tsʰ、s	tʂ、tʂʰ、ʂ、ʐ
	云梦	n、ŋ		ts、tsʰ、s	tʂ、tʂʰ、ʂ、ʐ
	红安	n、ȵ、ŋ		ts、tsʰ、s	tʂ、tʂʰ、ʂ、ʐ
	黄陂	n、ȵ、ŋ		ts、tsʰ、s	tʂ、tʂʰ、ʂ、ʐ
	麻城	n、ȵ、ŋ		ts、tsʰ、s	tʂ、tʂʰ、ʂ、ʐ
	罗田	ȵ、ŋ	l	ts、tsʰ、s	tʂ、tʂʰ、ʂ、ʐ
	英山	n、ȵ、ŋ		ts、tsʰ、s	tʂ、tʂʰ、ʂ、ʐ
	浠水	n、ȵ、ŋ		ts、tsʰ、s	tʂ、tʂʰ、ʂ、ʐ
	蕲春	n、ȵ、ŋ		ts、tsʰ、s	tʂ、tʂʰ、ʂ、ʐ
	武穴	n、ȵ、ŋ	l	ts、tsʰ、s	tʂ、tʂʰ、ʂ
	黄冈	n、ȵ、ŋ		ts、tsʰ、s	ʐ
	武昌	n、ŋ		ts、tsʰ、s	ʐ
现代竹山		ȵ、ŋ	l	tʃ、tʃʰ、ʃ	tʂ、tʂʰ、ʂ、ʐ

现代竹山方言只有几个字有鼻音声母 [ȵ、ŋ]，没有鼻音 [n]，有边音 [l]，舌尖后音 [tʂ、tʂʰ、ʂ、ʐ] 和舌叶音 [tʃ、tʃʰ、ʃ]。

从表1可以看出，竹山方言保留了 [ŋ、l] 的发音，鼻音声母 [ŋ]

只偶尔出现，黄冈、武昌方言里的鼻音在现代竹山方言里都消失不见了。现代竹山方言只有少量精组字、知系字声母读作［tʃ、tʃʰ、ʃ］，大部分精组字在洪音前都读作［tʂ、tʂʰ、ʂ］。这种现象在其他方言里很少见，一般来说，有些方言要么没有［ts、tsʰ、s］，要么没有［tʂ、tʂʰ、ʂ］，像这种大部分读作舌尖后音，少部分读作舌叶音的现象很少见，如与距离该地最近的钟祥话（赵元任 1939）、荆门话、当阳话（赵元任 1948）都没有［ts、tsʰ、s］，因此可以推测，该现象的产生或许是由于本地方言原来既有舌尖前音［ts、tsʰ、s］，也有舌尖后音［tʂ、tʂʰ、ʂ］，但是随着最近时期大量外来人口的涌入，外来人口占优势，当地方言被外来方言所取代，与钟祥话、荆门话、当阳话一样，只有舌尖后音［tʂ、tʂʰ、ʂ］了，后来又受到通用语的强烈影响，一些当地人为了显示自己的优势地位，开始向普通话靠近，一些词语中开始出现了极像舌尖前音［ts、tsʰ、s］的舌叶音 tʃ，tʃʰ，ʃ，但是因为他们不知道哪些字该用，哪些字不该用，导致舌叶音的出现很混乱，毫无规律性。因为不管是来自黄冈、武昌的方言还是本土过去的方言都没有这种情况。黄冈周边方言既有舌尖前音［ts、tsʰ、s］，也有舌尖后音［tʂ、tʂʰ、ʂ、ʐ］。现代竹山话与它们不同，虽然既有［tʂ、tʂʰ、ʂ］，也有［tʃ、tʃʰ、ʃ］，但是呈现的状态完全不同。现代竹山方言声母演变情况总结如下：

（1）赵元任时代竹山话有舌尖前音［ts、tsʰ、s］，如：字［tsɿ］，此刺［tsʰɿ］，四事使师［sɿ］，杂［tsa］，撒［sa］，规律性较强，而现在的竹山方言却没有，它的大部分精组字与知系字读音合流，在调查中发现只有少数精组字的读音为［tʃ、tʃʰ、ʃ］，而且发音方式与普通话的不完全一致，稍带卷舌，可以看出，现在的竹山方言与赵元任时代的读音有了很大的变化，如现代竹山话：字［tʃʅ⁴¹］，此［tʂʰʅ⁵⁵］，刺［tʃʰʅ⁵³］，四事［ʂʅ⁴¹］，使［ʃʅ⁵⁵］，师［ʃʅ²⁴］，杂［tʂa⁴¹］，撒［ʃa⁵⁵］，规律性不强。这种现象的产生主要是竹山话长期受到普通话的影响，有回流的趋势。

（2）20 世纪的竹山方言有鼻音［ɲ］和［ŋ］声母，古疑母开口一二等字读［ŋ］声母，三四等字读［ɲ］声母。如：遏恶鹅我［ŋo］，厄［ŋe］，哀爱矮艾［ŋai］，奥［ŋau］，欧偶［ŋou］，安眼暗［ŋan］，恩硬［ŋən］。现在的竹山话只有四个字读［ŋ］，即扼额昂肮，其他都读零声母。

古疑母三四等字读［ɲ］声母，如：虐［ɲio］，聂业孽臬［ɲie］，尧

[n̠iao]，牛纽谬 [n̠iou]，严年撵研验念砚 [n̠ian]，凝 [n̠in]，娘 [n̠iaŋ]。

现在的竹山方言保留了舌面鼻音 [n̠]，在泥母细音前读作 [n̠]，如：虐 [n̠yo]，聂业孽臬 [n̠ie]，牛纽 [n̠iou]，年撵念 [n̠ian]，凝 [n̠in]，娘 [n̠iaŋ]；部分读零声母，如：尧 [iao]，研验砚 [ian]。

2. 韵母演变

（1）现代竹山话有个很特殊的韵母，即舌尖后圆唇元音 [ʯ]。先看上世纪竹山周边的竹溪、房县、郧西、郧阳（2014年之前叫郧西）和黄冈周边一带（红安那时叫黄安，大悟叫礼山，武穴叫广济）以及现在竹山话 [ʯ] 的情况（见表2）。

表2　单韵母 [ʯ] 及含 [ʯ] 的复韵母在各地方言的分布情况

方言		ʯ	ʯa	ʯe	ʯai	ʯei	ʯan	ʯən	ʯaŋ
竹山周边（上世纪）	竹溪	√	√	√	√	√	√	√	√
	竹山	√	√	√	√	√	√	√	√
	房县	×	×	×	×	×	×	×	×
	郧西	√	×	×	×	×	×	×	×
	郧县	√	×	×	×	×	×	×	×
黄冈周边（上世纪）	大悟	√	×	√	√	√	√	√	√
	孝感	√	×	√（ʯɛ）	√	√	√	√	√
	安陆	√	×	√（ʯɛ）	√	√	√	√	√
	云梦	√	×	√	√	√	√	√	√
	红安	√	×	√	√	√（ʯəi）	√	√	×
	黄陂	√	×	√（ʯɛ）	√	√	√	√	√
	麻城	√	×	√	√	√	√	√	×
	罗田	√	√	√	√	√	√	√	√
	英山	√	×	√	√	√	√	√	√
	浠水	√	×	√	√	√	√	√	√
	蕲春	√	×	√	√	√	√	√	√
	武穴	√	×	√	√	×	×	×	×
	黄冈	×	×	×	×	×	×	×	×
	武昌	×	×	×	×	×	×	×	×
现在的竹山		√	×	√	×	×	×	×	×

首先讨论一下竹山周边方言的情况。竹山西部是竹溪和陕南安康的白河，东部靠房县，北部是郧县，再往北是郧西县。竹山话、竹溪话、白河话都有韵母 [ʮ]，北部的郧西话和郧县话只在 [tʂ] 组声母后有韵母 [ʮ]，并且只在做独立韵母时有，[ʮ] 不做介音用，这与现在的竹山话很相似，现在的竹山话除了做独立韵母时有 [ʮ]，从所调查的字来看，还有 [ʮe]，但是只在"惹"和"热"中保留该韵母（做介音），竹山其他音节没有韵母 [ʮ] 做介音的情况。从讲 [ʮ] 的情况来看，武汉北部和东部的一大片区域都有这个韵母。北部看黄冈，从赵元任（1948）的调查来看，黄冈下属的红安、麻城、罗田、英山、浠水、蕲春等地都有韵母 [ʮ]。但奇怪的是，黄冈市区没有这个韵母。黄冈市区紧邻武汉，处于武汉与黄冈其他地区的交界处，它的发音情况复杂，情有可原，武汉话没有韵母 [ʮ]，说明黄冈市区话在这个方面受武汉话的影响较大。现举例说明（见表3）。

表3　　　　　　　　湖北各地方言含韵母 [ʮ] 的例字

方言		主	刷	热	帅	追	专	均	窗
竹山周边 （20世纪）	竹溪	tʂʮ	ʂua	ʮe	ʂuai	tʂuei	tʂuan	tʂyən	tʂʰuan
	竹山	tʂʮ	ʂua	ʮe	ʂʮai	tʂʮei	tʂʮan	tʂʮən	tʂʰʮan
	郧西	tʂʮ	ʂua	ze	ʂuai	tʂuei	tʂuan	tɕyin	tʂʰuan
	郧县	tʂʮ	ʂua	zĭe	ʂuai	tʂuei	tʂuan	tɕyin	tʂʰuan
	房县	tsu	sua	ze	suai	tsuei	tsuan	tɕyin	tsʰuan
黄冈周边 （20世纪）	大悟	tʂʮ	sa	ʮe	ʂʮai	tʂʮei	tʂʮan	tʂʮən	tʂʰʮan
	孝感	tʂʮ	sa	ʮe	ʂʮai	tʂʮei	tʂʮan	tʂʮən	tʂʰʮan
	安陆	tʂʮ	ʂua	ʮe	ʂʮai	tʂʮei	tʂʮan	tʂʮən	tʂʰʮan
	云梦	tʂʮ	sa	ʮe	ʂʮai	tʂʮei	tʂʮan	tʂʮən	tʂʰʮan
	红安	tʂʮ	sa	ʮe	sai	tʂʮəi	tʂʮan	tʂʮən	tʂʰʮan
	黄陂	tʂʮ	sa	ʮe	ʂʮai	tʂʮei	tʂʮan	tʂʮən	tʂʰʮan
	麻城	tʂʮ	sa	ʮe	sai	tʂʮei	tʂʮan	tʂʮən	tsʰan
	罗田	tʂʮ	ʂua	ʮa	ʂʮai	tʂʮei	tʂʮan	tʂʮən	tsʰan
	英山	tʂʮ	ʂua	ʮa	ʂʮai	tʂʮei	tʂʮan	tʂʮən	tsʰan
	浠水	tʂʮ	ʂua	ʮe	ʂua	tʂʮei	tʂʮan	tʂʮən	tʂʰʮan
	蕲春	tʂʮ	ʂuɔ	ʮe	ʂʮai	tʂʮəi	tʂʮan	tʂʮən	tʂʰʮan
	武穴	tʂʮ	sa	ʮe	sai	tʂʮəi	tʂʮə̄	tʂʮən	tsʰan
	黄冈	tɕy	ɕya	ye	ɕyai	tɕyei	tɕyan	ɕyən	tɕʰyan
	武昌	tɕy	sua	nɣ	suai	tsuei	tsuan	tɕyin	tsʰuan
现在的竹山		tʂʮ	ʂua	ʐʮɛ	ʂuai	tʂuei	tʂuan	tɕyn	tʂʰuan

很明显，十堰的整个西部，从南到北，包括竹溪、竹山、郧阳、郧西，甚至安康的白河（此处不讨论白河），上世纪都有舌尖后圆唇元音[ʮ]，只不过有的只有单韵母，有的还包括[ʮ]做介音的韵母。竹溪和竹山包括所有含[ʮ]的音节，即[ʮ、ʮa、ʮɛ、ʮai、ʮei、ʮan、ʮən、ʮaŋ]，而郧西和郧县只有单韵母[ʮ]，其他情况都已经演化为[u]、[y]或失落了。南部的房县压根儿就没有这个韵母。

再看绕武汉、黄冈从北向东的一大片区域，包括云梦、孝感、安陆、大悟、红安、麻城、罗田、英山、浠水、蕲春、武穴等地，它们的方言都有韵母[ʮ]，只不过有些地方的某些字的读音已经发生了变化，如表3里的黄陂、麻城，黄陂的"刷"[ʮ]失落，声母也变为[s]了。麻城不仅"刷"的韵母[ʮ]失落了，"帅"和"窗"的韵母[ʮ]也失落了，声母也随之变为[s]。罗田的"窗"韵母[ʮ]失落，其余都在。有的还全部保留，如浠水、蕲春。从上表及前面的讨论可看出，蕲春话是最复杂，也是最古的方言。它有六种声调，并且还有入声。蕲春话含韵母[ʮ]的音节有：[ʮ、ʮɔ、ʮe、ʮaʔ、ʮai、ʮəi、ʮan、ʮən、ʮaŋ]，比周边其他方言都复杂。可推测，[ʮ]的失落是渐进的。假定蕲春话是最古老的方言，依照[ʮ]的失落，可以排序为：蕲春话（有入声）→安陆话、浠水话（除入声外其他都有）→罗田话、英山话（[ʮaŋ]失落）→大悟话、孝感话、云梦话、黄陂话（[ʮa]失落）→红安话、麻城话（[ʮa]和[ʮaŋ]失落）→武穴话（[ʮa、ʮai]和[ʮaŋ]失落）。如果加上竹山周边的方言，可重新排序为：蕲春→安陆、浠水、竹溪、竹山→罗田、英山→大悟、孝感、云梦、黄陂→红安、麻城→武穴→郧西、郧县（只有单韵母[ʮ]），历史层次非常清晰。在20世纪的十堰地区，竹山话、竹溪话几乎完整地保留了含[ʮ]的所有音节，郧西话、郧县话代表最现代的层次。到了现在的竹山话，只有韵母[ʮ]和[ʮe]了。

在黄冈市区话和武汉话里所有这些声母在遇摄前都读为[tɕ、tɕʰ、ɕ]，这两种方言没有声母[tʂ、tʂʰ、ʂ]。而现在竹山话只保留单韵母[ʮ]，还有两个字以[ʮ]做介音的，"热"和"惹"，读[ʮe]。可以假设：竹山话来自武汉、黄冈周边的方言。武汉和黄冈周边的商人（按历史层次来看，应该是安陆、浠水一带的人）在抗战期间来到竹山定居，最初说着含有[ʮ]的母方言，随之时间的流逝，普通话及周边方言的不断影响，最后只剩下[ʮ]和[ʮe]了。它南部的房县话与竹山话情况相反，没有舌尖后音［tʂ、tʂʰ、ʂ］，只有舌尖前音［ts、tsʰ、s］，说明房县的人口来源与竹山不同。

现在竹山话除失去了含介音［ʮ］的复韵母外，含单韵母［ʮ］的字在 20 世纪的竹山话和现在的竹山话中也发生了很大变化，见表4—表7（"上"代表20世纪竹山话，"现"代表现在竹山话）。

表 4

	猪	诸	车	橘/菊/局	主	注铸	句	巨具	柱	住
上	tʂʮ²⁴				tʂʮ⁴⁴	tʂʮ³¹³		tʂʮ³³		
现	tʂʮ²⁴	tʂəu⁴¹	tʂʰE²⁴	tɕy⁵³	tʂʮ⁵⁵	tʂʮ⁵³	tʂʮ⁴¹	tɕy⁴¹	tɕy⁴¹²	tʂʮ⁴¹

表 5

	区屈曲	出	除	去
上	tʂʰʮ²⁴		tʂʰʮ⁵³	tʂʰʮ³¹³
现	tɕʰy²⁴	tʂʰʮ⁵³	tʂʰʮ⁵³	tɕʰy⁴¹

表 6

	书殊	虚	鼠暑	许	树
上	ʂʮ²⁴		ʂʮ⁴⁴		ʂʮ³³
现	ʂʮ²⁴	ɕy²⁴	ʂʮ⁵⁵	ɕy⁵⁵	ʂʮ⁴¹

表 7

	入	域	疫	如	于	儒	鱼余愚	吕	语	与	遇	玉
上	ʐʮ²⁴			ʐʮ⁵³			ʐʮ⁴⁴				ʐʮ³³	
现	ʐʮ⁵³	y⁵³	y²⁴	ʐʮ²⁴	y⁴¹2	ʐʮ⁵⁵	y⁵³	ly⁵⁵	y⁵⁵	y⁵³	y⁴¹	y⁴¹²

从表4—表7可知，知系合口字读为［tʂ、tʂʰ、ʂ］，见系字在合口前读作［tɕ、tɕʰ、ɕ］。有的字在20世纪是同音字，到了现在已经分化为不同的音了，如"书""虚"本同音（见图1—图3，左侧代表20世纪竹山话，右侧代表现在竹山话），现在分别读为［ʂʮ⁵⁵］和［ɕy²⁴］。20世纪的日母、云母、影母、以母在遇摄前发音相同，现在分化为三种不同的读

音了。只有日母保留了原来的发音，其余的都发生了变化。如："入""域""疫"在20世纪同音，读为 [ʐʅ²⁴]，现分别读为 [ʐʅ⁵³]、[y⁵³]、[y²⁴]（见图4、图5）。

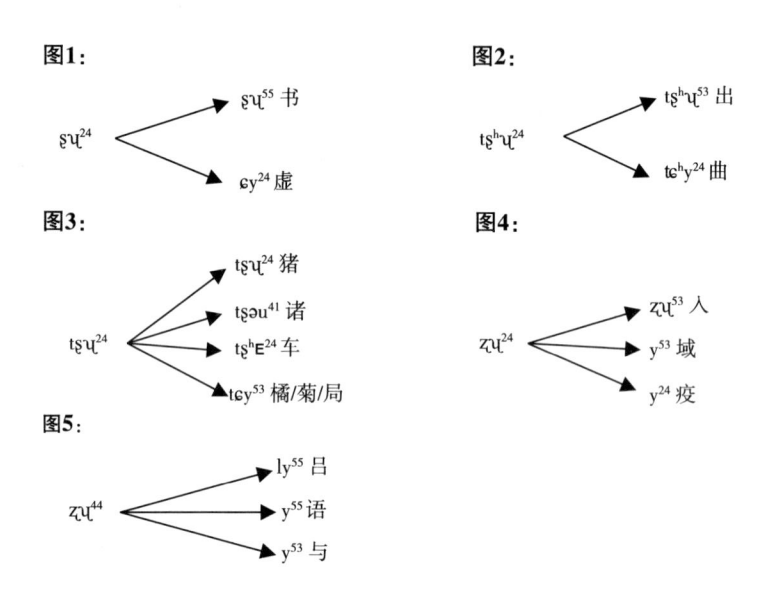

图1：ʂʅ²⁴ → ʂʅ⁵⁵ 书 / ɕy²⁴ 虚

图2：tʂʰʅ²⁴ → tʂʰʅ⁵³ 出 / tɕʰy²⁴ 曲

图3：tʂʅ²⁴ → tʂʅ²⁴ 猪 / tʂəu⁴¹ 诸 / tʂʰE²⁴ 车 / tɕy⁵³ 橘/菊/局

图4：ʐʅ²⁴ → ʐʅ⁵³ 人 / y⁵³ 域 / y²⁴ 疫

图5：ʐʅ⁴⁴ → ly⁵⁵ 吕 / y⁵⁵ 语 / y⁵³ 与

总的来说，韵母 [ʅ] 的变化主要表现如下：

① [ʅ] 在现在竹山方言里只出现于舌尖后音 [tʂ、tʂʰ、ʂ] 后，但是20世纪三四十年代还出现在来母 [l] 和日母 [ʐ] 后，如：女 [lʅ]，入域疫役如鱼于余予儒愚吕语与羽遇玉 [ʐʅ]。这些例字里的"入如儒"在现在竹山话里都读 [ʐʅ]，其他韵母都读 [y]。这种条件性音位音变现象在历史上很普遍，最有名的是梵语的 [ruki] 条件性音位变化，根据这条规则，s 如果在 i、j、u、k、r 后就变为 ʂ（s > ʂ/i, j, u, k, r_ ）。如：agni-"火"+su "位置复数" > agniʂu "在火中间"，vāk "词" +-su > vākʂu "在词间"（Campbell 2004：27）。

②20世纪的竹山话，部分山摄在 [tʂ、tʂʰ、ʂ] 和零声母后读 [ʮan]，如：专篆绢倦 [tʂʮan]，船 [tʂʰʮan]，掀闩暄弦县玄 [ʂʮan]，然铅缘元园染软阮远 [ʮan]。但是在现代竹山话里声母表现不同，细音前读 [tɕ、tɕʰ、ɕ]，洪音前读 [tʂ、tʂʰ、ʂ]。即专篆 [tʂuan]，船 [tʂʰuan]，闩 [ʂuan]，绢倦 [tɕyan]，掀暄弦县玄 [ɕyan]，零声母后韵母分化为四种，并且声母也发生了变化，如：然染 [ʐan]，铅 [tɕʰian]，

软阮 [ʐuan]，缘元园远 [yan]。

③20世纪的竹山话，部分臻摄和梗摄在 [tʂ、tʂʰ、ʂ] 和零声母后读 [ɥen]，如：均 [tʂɥən]，椿春群琼 [tʂʰɥən]，勋唇纯迥 [ʂɥən]，云荣萤忍允尹永认闰运仍孕 [ɥen]。但是在现代竹山话里细音前读 [tɕ、tɕʰ、ɕ]，洪音前读 [tʂ、tʂʰ、ʂ]，如：椿春唇纯 [tʂʰuen]，荣 [ʐoŋ]，忍认仍 [ʐən]，闰 [ʐuan]，群 [tɕʰyən]，琼 [tɕʰyŋ]，均 [tɕyən]，勋 [ɕyən]，迥 [tɕyŋ]，零声母后分化为三种，即 [yŋ、yən、in]。如：云运孕 [yən]，萤尹 [in]，允永 [yŋ]。

④阳韵和江韵在 [tʂ、tʂʰ] 和零声母后读 [ɥaŋ]，如：壮撞庄 [tʂɥaŋ]，窗床 [tʂʰɥaŋ]，让 [ɥaŋ]。但是在现代竹山话里 [tʂ、tʂʰ] 不变，[ɥ] 变 [u]，但是"让"由零声母变为 [ʐ]，即 [ʐaŋ]。这就是非音位性条件变化，这种变化不是在任何情况下都会发生，必须要有语音条件，而这种变化不会改变该语言的音位数目。（Campbell 2004：20）现代竹山话只有在 [aŋ] 前，[tʂ、tʂʰ] 后面的 [ɥ] 才会变为 [u]。和西班牙方言里的 [n] 一样，如果它处在音节尾，会念成 [ŋ]，比如：[son] 会念成 [soŋ]，[bjen] 念成 [bjeŋ]。

从 [ɥ] 到 [u]、[y]，三个韵母的出现有时间先后顺序，学界多趋向于 [y] → [ɥ] / [ɥ] 或 [u] → [ɥ] / [ɥ]。帕维尔·玛突来维切（2005：83）讨论了瓯江方言中 [y]、[ɥ]、[ɥ] 的情况。他认为，"合口三等字或者说至少遇合三鱼虞韵字很早就读 [ɥ] 韵了"。"在（宕摄）一三等合并的过程中，[ɥ] 韵是属于演变的过渡层次，[ɥ] 韵可以先变为过渡层次 [ɥ] 再变为 [y]，也可以通过丢失卷舌和摩擦成分直接演变为 [y] 韵。相反，[y] → [ɥ] → [ɥ] 或 [y] → [ɥ] 也是成立的，他把这种现象称作"三角形循环音变"。但是从20世纪的竹山话到当今的竹山话，很明显，应该是 [ɥ] 到 [y]，而不是相反。徐通锵（1997：157）这样说道："方言之间的差异可能千差万别，但这种音变的原理却是相同的，只要有相应的音变环境和条件，相互之间没有任何联系的方言却可以出现相同的或者说平行的变化。"

至于 [ɥ] 究竟从何而来，帕维尔·玛突来维切（2005：83）讨论的瓯江方言中，他认为瓯江方言中 [ɥ] 的来历，应该是当地的方言受到北方方言的"冲击"和其他汉语方言的影响以后，在融合和接触中就形成了带有摩擦和卷舌成分的元音（不能否定古汉语北方方言完全没有摩擦和卷舌成分）。从其他学者的报告中（石汝杰 1998）也可以知道，"带有强烈摩擦色彩元音的产生已经有较长久的历史了"。

（2）通摄的读音情况，在现代竹山话里呈互补分布，在端组和精组后读［əŋ］，在其他声母后读［oŋ］。如：东冬懂冻动洞［təŋ］，通痛同铜桶统［tʰəŋ］，聋农脓隆浓龙拢弄［ləŋ］，宗踪总糭［tsəŋ］，聪葱［tsʰəŋ］，嵩松怂送宋诵［səŋ］，但是在 20 世纪这些韵母都读［oŋ］。奇怪的是，所有通摄的例字在 20 世纪的方言里都读［oŋ］或者［ʌŋ］（郧西话或郧县话），没有读［əŋ］的情况。（见表 8，空白表示原表中无这个字音）我们无法从 20 世纪的竹山话或者其他周边方言里发现这种变化的原因。

表 8　　　　　　　各地方言通摄例字读音

方言		东	通	农	龙	综	崇	送	中	梦	宏	风
竹山周边（上世纪）	竹溪		thoŋ	loŋ	loŋ	tsoŋ	tsʰoŋ	soŋ	tʂoŋ	moŋ	xoŋ	foŋ
	竹山	toŋ	thoŋ	loŋ	loŋ	tsoŋ	tsʰoŋ	soŋ	tʂoŋ	moŋ	xoŋ	foŋ
	郧西	tʌŋ	thʌŋ	lʌŋ	lʌŋ	tsʌŋ	tsʰʌŋ	sʌŋ	tʂuʌŋ	mʌŋ	xuʌŋ	fʌŋ
	郧县	tʌŋ	thʌŋ	lʌŋ	lyʌŋ	tsʌŋ	tsʰʌŋ	sʌŋ	tʂuʌŋ	mʌŋ	xuʌŋ	
	房县	toŋ	thoŋ	noŋ	noŋ	tsoŋ	tsʰoŋ	soŋ		moŋ	xoŋ	foŋ
黄冈周边（上世纪）	大悟	toŋ	thoŋ	noŋ	noŋ	tsoŋ	tsʰoŋ	soŋ		moŋ	xoŋ	foŋ
	孝感	toŋ	thoŋ	noŋ	noŋ	tsoŋ	tsʰoŋ	soŋ	tʂoŋ	moŋ	xoŋ	foŋ
	安陆	toŋ	thoŋ	noŋ	noŋ	tsoŋ	tsʰoŋ	soŋ	tʂoŋ	moŋ	xoŋ	foŋ
	云梦	toŋ	thoŋ	noŋ	noŋ	tsoŋ	tsʰoŋ	soŋ	tʂoŋ	moŋ	xoŋ	foŋ
	红安		thoŋ	noŋ	noŋ	tsoŋ	tsʰoŋ	soŋ	tʂoŋ	moŋ	xoŋ	foŋ
	黄陂	toŋ	thoŋ	noŋ	noŋ	tsoŋ	tsʰoŋ	soŋ	tʂoŋ	moŋ	xoŋ	foŋ
	麻城	toŋ	thoŋ	noŋ	noŋ	tsoŋ	tsʰoŋ	soŋ	tʂoŋ	moŋ	xoŋ	foŋ
	罗田	toŋ	thoŋ	loŋ	loŋ	tsoŋ	tsʰoŋ	soŋ	tʂoŋ	moŋ	xoŋ	foŋ
	英山	toŋ	thoŋ	noŋ	noŋ	tsoŋ	tsʰoŋ	soŋ	tʂoŋ	moŋ	xoŋ	foŋ
	浠水	toŋ	thoŋ	noŋ	noŋ	tsoŋ	tsʰoŋ	soŋ	tʂoŋ	moŋ	xoŋ	foŋ
	蕲春	toŋ	thoŋ	noŋ	loŋ	tsoŋ	tsʰoŋ	soŋ	tʂoŋ	moŋ	xoŋ	foŋ
	武穴		thoŋ	noŋ	loŋ	tsoŋ	tsʰoŋ	soŋ	tʂoŋ	moŋ	xoŋ	foŋ
	黄冈		thoŋ	noŋ	noŋ	tsoŋ	tsʰoŋ	soŋ	tʂoŋ	moŋ	xoŋ	foŋ
	武昌	toŋ	thoŋ	noŋ	noŋ	tsoŋ	tsʰoŋ	soŋ	tʂoŋ	moŋ	xoŋ	foŋ
现在的竹山		təŋ	thəŋ	ləŋ	leŋ	tɕəŋ	tɕʰoŋ	ʂəŋ	tʂoŋ	moŋ	xoŋ	foŋ

竹山方言韵母的最大变化主要体现在以上讨论的遇合三读作［ʮ］，通摄字读作［əŋ］。语言的变化以肉眼可见的速度变化发展着。竹山方言受周围方言和通用语的影响特别大，与母方言差异越来越明显。但是母方言的影响依然还在，如韵母［ʮ］的保留。几种影响同时发力，造成了竹山方言现今的状态。

3. 声调的演变

声调的变化在竹山方言中也是比较快的，从表 9 可见一斑［除现代竹山方言为笔者自己调查的外，其余方言材料皆引自赵元任（1948）］。汉语各方言的调类有整齐的对应关系，而且汉语的调值特别容易改变。声调的发展受到很多方面的影响，现代汉语方言在其自身的演化进程中，总是会与别的方言或汉民族共同语即普通话有或多或少的共性和联系，这是由它们的同源关系和彼此间的相互影响造成的。演变原因是问题的关键，因为演变原因直接影响到演变过程和演变结果。从汉语方言中已经发生和正在发生的声调演变情况来看，导致声调产生演变的原因有两大类。一类是语言系统特别是语音系统内部的原因，例如音系的简化，声母清浊对立的消失，入声韵塞音尾的丢失，调值之间的相近度，连读音变的影响，词语的多音节化，等等。另一类是语言系统外部的原因，例如强势方言、普通话或其他语言的影响。这两大类原因的性质很不相同，因此，由它们导致的演变过程和演变结果也很不一样。比如，由内部原因导致的演变过程往往是渐变的，由外部原因导致的演变过程则往往是突变的。内部原因所导致的演变结果具有很强的系统性，而外部原因所导致的演变结果系统性差，往往演变得不彻底，造成很多异读（一字多调）现象（曹志耘 1998）。但是一般来说，演变是由内外原因共同造成的。从表 9 可见，20 世纪黄冈一带的方言（除武昌话外）都有入声，去声都分阴阳（除蕲春话、武昌话外），而 20 世纪竹山周边方言都没有入声，只有竹山话去声分阴阳，其他四种方言去声都不分。由此可见，那时的竹山话虽然没有入声，但是从去声分阴阳可见黄冈一带方言的影子。现代的竹山话在声调方面跟 20 世纪竹山话没什么变化，没有入声，去声分阴阳，只是调值略有变化。由此可见，竹山方言声调还算稳定。

表 9			各地方言声调比较				
方言			声调对比				
竹山周边（20世纪）	竹溪	阴平 24	阳平 42	上声 35	去声 313		
	竹山	阴平 34	阳平 53	上声 43	阴去 313	阳去 33	
	郧西	阴平 24	阳平 53	上声 55	去声 31		
	郧县	阴平 55	阳平 42	上声 53	去声 313		
	房县	阴平 24	阳平 42	上声 53	去声 313		
黄冈周边（20世纪）	大悟	阴平 33	阳平 42	上声 53	阴去 35	阳去 55	入声 313
	孝感	阴平 24	阳平 31	上声 53	阴去 35	阳去 33	入声 13
	安陆	阴平 33	阳平 31	上声 53	阴去 35	阳去 55	入声 13
	云梦	阴平 24	阳平 11	上声 53	阴去 35	阳去 44	入声 13
	红安	阴平 22	阳平 31	上声 55	阴去 35	阳去 33	入声 13
	黄陂	阴平 33	阳平 313	上声 42	阴去 35	阳去 44	入声 24
	麻城	阴平 313	阳平 42	上声 55	阴去 35	阳去 33	入声 24
	罗田	阴平 11	阳平 42	上声 55	阴去 35	阳去 33	入声 313
	英山	阴平 11	阳平 31	上声 44	阴去 35	阳去 33	入声 313
	浠水	阴平 11	阳平 42	上声 44	阴去 35	阳去 33	入声 313
	蕲春	阴平 22	阳平 313	上声 42	去声 35		入声 13
	武穴	阴平 22	阳平 31	上声 44	阴去 35	阳去 11	入声 13
	黄冈	阴平 34	阳平 313	上声 42	阴去 35	阳去 44	入声 24
	武昌	阴平 55	阳平 413	上声 42	去声 35		
竹山方言（现）		阴平 24	阳平 53	上声 55	阴去 412	阳去 41	

四 结语

可以看出，竹山话在这几十年里最大的变化是舌尖前音失落，只留下舌尖后音，现在受普通话的影响出现了一种很接近舌尖前音的舌叶音。鼻音声母逐渐失落，目前处于中间阶段，含舌根鼻音的字所剩无几。元音方面，含［ɿ］的韵母变化最大，目前余留下来的只有［ʅ］和［ʅe］，在舌尖后音后保留着，其他都变为［u］了，零声母后分化为多种。通摄在端组和精组后读［əŋ］，其他后面读［oŋ］，与20世纪竹山话通摄一律读［oŋ］完全不同。声调还是五个调，但是调值有所改变。不到百年，竹山方言无论是声母、韵母还是声调都发生了很大的变化，说明语言的变化非常之大。

（注：现代竹山方言语料均为作者本人调查所得。发音人：王玉平，出生于 1959 年 10 月，大专文化程度，在县政协工作，竹山县城关镇人。）

参考文献

Campbell, Lyle:《历史语言学导论》（第二版），世界图书出版公司 2008 年版。

Li Yan, The Belongings of Zhushan Dialect in Hubei Province, *Proceedings of 2022 International Conference on Asian Language Processing* (IALP).

曹志耘:《汉语方言声调演变的两种类型》，《语言研究》1998 年第 1 期。

李蓝:《西南官话的分区（稿）》，《方言》2009 年第 1 期。

刘祥柏:《江淮官话的分区（稿）》，《方言》2007 年第 4 期。

刘兴策:《刘兴策文集》，武汉大学出版社 2010 年版。

帕维尔·玛突来维切:《吴语瓯江方言韵母演变研究》，博士学位论文，北京语言大学，2005 年。

盛银花:《竹山竹溪方言的撮口呼读音及其价值》，《湖北第二师范学院学报》2016 年第 1 期。

石汝杰:《汉语方言中高元音的强摩擦倾向》，《语言研究》1998 年第 1 期。

王力:《汉语史稿》，中华书局 1980 年版。

王萍:《连云港方言语音研究》，《连云港职业技术学院学报》2008 年第 4 期。

徐通锵:《历史语言学》，商务印书馆 1997 年版。

詹伯慧:《现代汉语方言》，湖北人民出版社 1981 年版。

赵彩红、陈会斌:《鞍山方言的语音特征》，《辽宁科技大学学报》2014 年第 2 期。

赵元任:《钟祥方言记》，科学出版社 1939 年版。

赵元任:《湖北方言调查报告》，商务印书馆 1948 年版。

周政:《陕西平利话的归属》，《陕西教育学院学报》2002 年第 3 期。

周政:《关于安康方言分区的再调查》，《方言》2006 年第 2 期。

朱丽师:《从语音学角度看竹山方言的归属问题》，《郧阳师范高等专科学校学报》2015 年第 2 期。

On the Sound Evolution of Zhushan Dialect in Hubei

Li Yan

Abstract: Zhushan is located in the northwest of Shiyan City, Hubei Province, whose dialect changes a lot because of the most recent immigrants. From the era of Zhao Yuanren who investigated Zhushan dialect till nowadays, great changes have taken place in the aspect of initials, finals and tones. This paper probes the evolution of initials, finals and tones of Zhushan dialect with the help of the dialects of its origin, that is, Huanggang dialect and its surrounding dialects. As for the initials, this paper focuses on the evolution of nasals, laterals, dorsals and velars. As for the finals, it analyses the evolution of the final [ɻ] and *Tong* She, while final [ɻ] is the center which is very typical.

Key words: Zhushan dialect; Phonological evolvement; Initial change; Final change

文学与文化

浅谈《洪堡的礼物》中犹太文化传承

吴 晶①

摘 要：《洪堡的礼物》（1975）是贝娄前期创作的高峰，标志着贝娄写作风格的转变。这部作品通过对两代犹太裔美国知识分子人生浮沉与友情发展的描述，展现了在战后美国现代社会中奋斗与挣扎的犹太知识分子集体画面，也同时呈现了犹太文化传承这一核心主题，再现了作品的犹太性。

关键字：《洪堡的礼物》；犹太性；文化传承；洪堡

一 引言

贝娄的第八部长篇小说《洪堡的礼物》（1975）标志着他前期三十年创作的一个高峰。1976年，他获得了普利策小说奖，同年又获得了诺贝尔文学奖。罗得里格斯（Rogridgues 1981：34）曾给予贝娄20世纪80年代之前的作品比喻式的评价："《洪堡的礼物》如同贝娄的珠穆朗玛峰，耸立在《赫索格》和《雨王亨德森》两座高峰之上。从那宏伟的高度看去，《塞穆勒先生的行星》如同一道山脉裂缝，露出发光的云团。在那之下是片面积小而又近乎完美的高原——《抓住时机》，在它下方又延伸着《奥吉·玛琪历险记》那座绵延的山脊。在遥远的天际，透过旋转的薄雾，瞥见山麓下的《受害者》和《晃来晃去的人》。"

《洪堡的礼物》标志着贝娄写作风格的转变。这部作品的创作从个人空间描写转向公共领域，从主人公内心独白转向人文社交与政治活动书写，为他后期的小说创作，如《院长的12月》（1982）、《更多的人死于

---

① 作者简介：吴晶（1982— ），女，陕西师范大学外国语学院副教授，博士，研究方向：英语语言文学。

心碎》(1985)、《拉维尔斯坦》(2000) 等，开辟了新的写作方向。这部小说以传记形式呈现，从著名剧作家查理·西特林 (Charlie Citrine) 的叙事角度，讲述他与诗人冯·洪堡·弗莱谢尔 (Von Humboldt Fleisher) 一生的友情和各自生活的变化，故事结局洪堡离世，遗赠他两部未出版的剧本，将其从经济和精神困境中解救出来。洪堡的形象是以 1966 年故去的犹太诗人德尔莫尔·施瓦茨 (Delmore Schwartz) 为原型。叙述者对导师的回忆表达了贝娄在现实生活中对挚友的敬意。

《洪堡的礼物》的文学背景涵盖了第二次世界大战后现代美国社会。主人公目睹了美国现代化的扩张与犹太移民后裔的世俗化和转变。他们是有世界影响力的杰出知识分子，拥有共同的犹太血统与犹太人意识。这部小说通过展现两代犹太知识分子之间跨越生死的人文联结，呈现了在后现代美国社会中奋斗与挣扎的犹太知识分子的集体画面，讴歌了美国大机器化时代异化危机中人性的纯善与犹太人文主义思想。

二 世俗化面具与犹太终极问题

《洪堡的礼物》中的自我矛盾和荒诞陆离的知识分子有着特殊的双重文化身份。正如西特林描述洪堡时，比喻地说道"不定型的脚就穿不定型的鞋子"(Bellow 1975：190)。洪堡拥有异于常人的体格，做着不同寻常的行径。他不是虔诚的宗教教徒，而是具有深邃思想的世俗化无神论者。然而，在他过度的物质膨胀和对异族文化崇拜的表象之下，又掩藏着不可磨灭的犹太意识。精神的崇高性和对于金钱和权力贪嗔之间的不平衡，导致了洪堡人生的混乱和衰落。艺术成为他的生活方式和世俗化的表达面具，并非是他神圣的祭坛，或尊为理想的职业。在艺术面具背后，他秉着对犹太文化根脉与上帝契约的最真实的怀念。犹太性，转化为存在的意义和个人价值感的体现。作为拥有犹太良知的犹太知识分子，西特林成为这位前辈最为可靠的叙事者，最为惺惺相惜、同频共振，最有资格去理解和诠释导师怪诞行径与其背后的心路历程。

洪堡是"犹太裔美国文艺复兴"的缩影，是 20 世纪 30 年代和 40 年代犹太裔美国知识分子的代表人物。他处于白色人种主流学术界的边缘，对任何形式的反犹主义威胁和压迫都极为敏感。他专长于用毕生的精力和智慧来掩盖他与生俱来的"犹太恐惧"(Jewish terror)，并肩负跻身融入美国主流文化和复兴犹太文化的双重重任。他选择艺术和诗歌作为他的生活方式，正如他高呼的那句浪漫主义座右铭："假如生命不使人陶醉，那它就不是生命，什么都不是。让生命要么燃烧，要么腐烂。"（Bellow 1975：29）然而，作为一位先锋派诗人，他并没有将自己的生命挥洒于抑或阳春白雪的审美创造，抑或享乐主义的无病呻吟，抑或爱默生式的先验遁世。在战后国家繁荣的文化背景下，"先锋派的纽约，人人都精于生财之道"，"狂放和诗的时代终于结束了"（Bellow 1975：7），洪堡面对自己确切无疑的美国品质，义无反顾地投身于物欲世界，热衷于金钱和名誉的拉锯战，直至生命的尽头。在洪堡的世界观里，艺术、金钱和权力三者相互依存、共生共荣。他奋斗辉煌的一生也恰恰反映了犹太知识分子内心对于获得美国文化认同和民族肯定的强烈渴望。

在描述洪堡的个性时，西特林特意择选与使用大写的英文字母来予以定义。"洪堡，我认为是堆砌的太多了呀——诗歌、美、爱、荒原、异化、政治、历史、无意识，不一而足。当然还有狂躁和抑郁。"（Bellow 1975：7）其中"金钱"和"生意"这两组字眼被西特林反复强调，凸显这两个元素如同美国护照一般，以证明老先生的文化身份。洪堡对于金钱的痴迷无须修饰，通篇皆然。西特林这样叙述道："他既想纵横驰骋、淋漓尽致地抒发胸臆，又想博览多闻，精通哲理，寻求诗与科学的共同之处……他既想解救并造福人类，又醉心于一己的名利兼收。"（Bellow 1975：119）"金钱总能激励他。他顶爱谈论有钱人，还经常提到曾经轰动一时的黄金丑闻，诸如皮皮奇（Peaches）和阔佬布朗宁（Daddy Browning）、哈利·索瓦（Harry Thaw）和伊芙琳·奈斯比特（Evelyn Nesbitt），以及爵士时代、斯各特·菲茨杰拉德（Scott Fitzgerald）和超级富豪。他很熟悉亨利·詹姆斯（Henry James）的女继承人，有时他自己都可笑地谋算着发财。"（Bellow 1975：4）"洪堡坚信世界上有财富，尽管不属于他的，但他对这些财富拥有绝对的要求权，同时他也坚信自己一定能弄得到手。他曾经告诉我，他命中注定要打赢一场大官司，一场价值百万美元的官司。"（Bellow 1975：134）洪堡沉迷于金钱的白日梦中，甚至于将"金钱"的概念灌输到友情、爱情与亲情中。例如，他建议好友西特林和他自己为彼此开一张空白支票，以作为结拜兄弟的契约。待西特林成名时，洪堡出于嫉妒，从当初的支票中取出一大笔钱，以此来惩罚西特林对他的超越与疏远。妻子凯瑟琳在洪堡看来，犹如被父亲卖给洛克菲勒（Rockefellers）的一件宝贝，继而又由洪堡从买家手里赢了过来。在洪堡被普林斯顿大学辞退的那段时间里,凯瑟琳遭遇了洪堡的恶劣对待,甚至家暴,他像看守囚犯一样监视她,甚至想杀了她。丧心病狂、众叛亲离的洪堡在孤独中走向自己生命的尽头。他临终时才发善心,将遗产留给西特林和凯瑟琳,希望他们能过得宽裕一些。

在金钱书写这一点上,贝娄展示了一种不同于莎士比亚、伏尔泰、狄更斯、T. S. 艾略特、菲茨杰拉德、庞德和海明威等作家的手笔。比起那些作家刻画的贪婪犹太人形象,洪堡这位资深知识分子对金钱的过度痴迷却表现出他想被世俗化与美国人身份认同的内心需求。他跟西特林坦白道:"如果我还有一点诗人不应该有的财迷的话,那是有原因的。是因为我们毕竟是美国人。我问你,假如我不在乎钱,那我还算什么美国人呢?"(Bellow 1975: 159)可见,洪堡心心念念的资本主义交换工具——金钱,首先代表了自由的力量,这股强大的力量能够帮助他摆脱任何民族或种族主义压迫,以获得美国文化认同。

在宗教反犹的幌子下,金钱和经济权才是反犹运动最古老的祸源。犹太人和金钱之间的联系已有上千年历史。金钱是犹太人求生必需品与安全的保障。他们在经济上的成就与历史上的反犹运动密不可分。爱德华·德鲁蒙(Edouard Drumont)于 19 世纪宣称:"反犹主义是一场经济战争。"(Krefetz 1982: 5)西方政治反犹主义于 20 世纪 30 年代至 40 年代最为猖獗与丧心病狂。在欧洲,人类历史上最大规模的大屠杀夺去了 600 万犹太人与同性恋者的宝贵生命。希特勒在《我的奋斗》(*Mein Kampf*)一书中为其种族灭绝的残暴行径提出这番宣传语,说道"货币交易和贸易现在已完全为他们(犹太人)所垄断"(Hitler 1940: 426),"通过操作证券交易所,犹太人的影响力以惊人的速度增长。他们垄断了全国的劳动力。国际金融和国际共产主义都是犹太人削弱民族精神的伎俩。"(Hitler 1940: 430)为了抹杀"德国人民内在的犹太化",唤醒"民族自我保护的本能",纳粹进行了人类历史上最残忍的种族残害。在美国,虽然远离欧洲战场,犹太移民及其后裔仍处于尴尬的处境,他们承演受害者的角色,又难免遭遇纳粹思想和种族迫害的威胁。在这样的历史社会背景下,主人公洪堡对金钱的贪欲揭示了"犹太问题"的共性,表现出内在安全感与民族信心的缺失。洪堡的"犹太恐惧"使得他对种族歧视、自我保护和为权力而战等高度敏感。

同时代的商人在服装制造、百货商店和娱乐场所等领域中取得了成功，生意蓬勃发展，而洪堡的竞技场则是在学术领域。不可否认，犹太知识分子作为反犹太主义受害者的一个特殊群体，一直遭受着怨愤和攻击。直到现今，美国大学里仍存在一些针对犹太人的种族攻击行径。半个世纪前，作者索尔·贝娄本人就曾多次遭到西北大学、明尼苏达大学和普林斯顿大学英语系的歧视。当时，T. S. 艾略特、埃德蒙威尔逊、菲茨杰拉德、埃兹拉·庞德和海明威等反犹太主义代言人接二连三地表达对犹太知识分子文学原型的轻蔑。贝娄曾引用歌德《威廉·麦斯特的见习时光》(*Wilhelm Meister's Apprenticeship*) 中的一句话来嘲讽反犹知识分子的狭隘，"我们绝不容忍我们中间有任何犹太人的存在，因为我们怎能让他在他所否认的最高文化的起源和传统中分得一杯羹呢？"（James 2000：204）这部小说中洪堡的原型德尔莫·施瓦茨（Delmore Schwartz）的口头禅则是："即便是偏执狂，也有真正的敌人。"（James 2000：204）在这些精英私立大学中，普林斯顿的反犹敌意最为强烈。贝娄直言不讳地抨击"普林斯顿是一个白人聚居地，甚至比西北大学更不欢迎犹太人"（James 2000：181）。在这部小说中，洪堡就在这所"指定的"普林斯顿大学教书，他不可避免地遭受了歧视。他有自知之明地跟西特林说道，"我们是犹太佬，猥琐犹太人"和"在普林斯顿，你我都是阿猫阿狗，表演犹太杂耍。我们被当作笑料。滑稽可笑的无名鼠辈作为普林斯顿团体的一员，是不可想象的"（Bellow 1975：123）。他抨击推荐他进普林斯顿大学的同事塞维尔（Sewell），称"他进哈佛大学时还是一个无名鼠辈，摇身一变就成个大人物了。现在他是个上层的白人大老爷，在我们头上作威作福，对我们颐指气使。你和我就是来提高他的地位。他和两个犹太人在一起，就感觉自己是个王宫贵族了"（Bellow 1975：124）。

正是内心的安全感缺失，加深了洪堡的绝望与对权力的热切渴望，以此确保他在职场上能获得平等权利与尊重。他闯进新贝里沙基金会首任主席威尔莫·朗斯塔夫（Wilmore Longstaff）的办公室，请求其资助成立一个诗歌系，并任命他为系主任。而当朗斯塔夫辞职时，洪堡也丢了官衔。洪堡又继而参与史蒂文森（Stevenson）的总统选举，洪堡称赞他是"一个真正的知识分子"和"具有亚里士多德般伟大精神的人物"（Bellow 1975：227）。西特林对此表示质疑。史蒂文森政府起草每一份国情咨文的时候，都要征求洪堡的意见。"他将成为新政府的歌德，将要在华盛顿建立魏玛。"洪堡的乌托邦政治野心使其变成"史蒂文森统治下的文化沙皇"（Bellow 1975：227）。这也正揭示了犹太民族在人类历史上对文化认同的终极渴望，和被反犹太主义浪潮压制的犹太文化权力复兴的渴望。

洪堡对犹太历史的入骨情怀和复乐园的愿望融入他的诗歌表达中。在西特林的叙述中，唯一一次提到洪堡的作品时，他这样写道："洪堡的主题之一就是一种永恒的人类感受，认为有一种失去了的故国旧土。有时候，他把诗歌比作仁慈的埃利斯岛，在那里，一群一群的异邦移民开始更改国籍。洪堡把今天的世界看成昔日故国旧土的一种令人激动却又缺乏人性的模仿。他把我们人类比喻成乘船遇难的旅客。"（Bellow 1975：24）

诗歌是洪堡对过往记忆的载体，也被视为犹太人在美国土地上耕作和生存的工具。洪堡对犹太文化"自然化"的强烈渴盼与他早期成功后诗歌创作枯竭之间的致命矛盾，决定了他无法实现自己的自由理想。西特林对其的评论是"他想让世界充满光彩，但他没有充足的资源。他的尝试以失败告终"（Bellow 1975：243）。虽然内心的"犹太恐惧"刺激和加速了洪堡的美国化与世俗化，抑制了他的创造力，但他在学术和政治领域的接连失败也加剧了这种根深蒂固的恐惧。1952年，正逢他职业生涯的最低谷，德国自由大学邀请他去柏林演讲，但他拒绝了，理由是"他害怕被苏联政治保安局（GPU）或人民内务委员会（NKVD）劫持去，他害怕苏联人把他绑架去杀掉"，并且他"只会考虑一件事，十二个月来我都只是一个犹太人，没干别的，如此而已"（Bellow 1975：53）。洪堡宁愿待在美国与难民扎堆，忍受失败的苦恼，也不愿去德国谋生。这段插曲成了他生命中的一个转折点，之后他的境况迅速滑坡，被送到了精神病院。

洪堡有着奥赛罗式的情结，他将自己的犹太恐怖转移到与凯瑟琳的婚姻中，由于失去了金钱和权力，他怀疑妻子对他不忠甚至对其施以家暴。洪堡和西特林是美国犹太移民后裔中与非犹太人通婚的先例，因为"20世纪50年代的人仍认为异族通婚等同于种族自杀"，1965年以前美国已婚犹太人口中异族通婚的比例仅占百分之九（Heilman 1995：129）。洪堡的这桩婚姻根基就不稳定，他的异族岳父从一开始就瞧不起他，并且他的自我意识也非常强烈，他反复强调自己"是一个东方人，而她是一个女基督徒，这让他很害怕"。在他出版民谣而出名后，他毅然搬到了农村，其中一个重要原因就是为了逃离岳父和传说中的情敌洛克菲勒，因为他的妻子曾被"卖"给洛克菲勒。可是在乡下，他的恐惧不但没有消减，还变本加厉地折磨他，他甚至出现了受迫害的幻觉。"他躺在卡斯特罗沙发上读普鲁斯特（Proust）或杜撰什么丑闻的时候，他预计三K党会在他的院子里烧十字架，或者从窗户外朝他开枪。"（Bellow 1975：23）他害怕他的邻居，经常做噩梦他们烧毁了他的房子，他与他们械斗火拼，他们对他动了私刑，还抢走了他的妻子等等。可见，对洪堡而言，婚姻在某种程度上是文化认同和美国文化适应的一种象征性的心理保障。而婚姻的稳定性是以他临时的高度自信和暂时安全感为依托。当职业生涯失败时，他对婚姻的信念也即刻崩塌。对妻子的怀疑是洪堡自我否定的表现。妻子凯瑟琳的逃离和这段婚姻的终结也标志着洪堡与美国非犹太势力之间的最后一丝牵连的断裂。

洪堡在第二次世界大战期间反犹太主义高峰期，在非犹太人统治的美国社会获得了声望和认可，可谓是美国犹太知识分子中的佼佼者与拓荒者。犹太问题和犹太恐惧使洪堡陷入与金钱和权力的纠缠之中。他想要知识分子获得权力的梦想，之后由西特林等晚辈继承与实现。西特林自20世纪50年代开始成名，且颇具影响力。据真实历史记载，截至1952年，很多犹太知识分子在美国的大学各学院、系部获得了教学科研职位，例如，欧文·豪（Irving Howe）在布兰迪斯大学任教，紧随其后，菲利普·罗斯（Philip Roth）与莱昂内尔·特里林（Lionel Trilling）成为哥伦比亚大学德高望重的教授，哈罗尔·罗森堡（Harold Rosenberg）担任广告委员会的顾问，等等。犹太知识分子不仅前所未有地在美国高知领地获得一席之地，而且将这种斩获的权力转变为一种新兴的力量（James 2000：181）。这份力量彰显了洪堡的"礼物"（gift）以及洪堡的生命的精髓，这不仅是留给西特林，而且是留给所有犹太知识分子同胞们的一份意义斐然的精神遗产。

三 犹太文化传承

《洪堡的礼物》之"礼物"传达出"继承""传承"的含义。"继承"（inheritance）这一概念在起源于希伯来《圣经》的犹太文化中具有重要意义。"遗产"（heritage）一词在希伯来《圣经》中应用最为广泛，不仅指土地和财产从一代传到另一代，而且指上帝应许赐给"上帝的选民"——以色列子民的"世俗的和精神上的恩赐"。《摩西五书》明确地区分了不动产和私人财产，即土地是上帝赐予以色列子民的，不可转让（利未记25：23—28）。"继承"是犹太父权制的传统概念与行为，在经文中有明确的界定与制约：（1）长子继承父亲双份的遗业（申命记21：15—17）。（2）如果家里没有儿子，女儿有权继承遗产（申命记27：8）。（3）如果没有直接继承人，可由兄弟或更远的亲属继承（申命记27：9—11）；在任何情况下，遗产都不应从一个部落传到另一个部落。因此，希伯来人通过"继承"的方式将其与上帝的约定神圣化，确保人类从伊甸园被放逐后生命得以延续，并扼制与摧毁非道德越轨行为。"继承"在犹太教中具有特定的伦理义务和文化意义：（1）强调犹太一神论。"耶和华拣选雅各归自己，拣选以色列特作自己的子民。因为我知道耶和华为大，也知道我们的主超乎万神之上。"（诗篇135：1—21）（2）要求遗产内容的正当性。"善人给子孙遗留产业，罪人为义人积存资财。"（箴言篇13：22）"义人必承受地土，永居其上。"（诗篇37：29）（3）指明懂得珍惜的智慧。"智慧人家中积蓄宝物膏油，愚昧人随得来随吞下。"（箴言篇21：20）（4）验证了人类死亡的命运和犹太精神的传承。"凡有遗命，必须等到留遗命的人死了。"（希伯来书9：16）"我要死了，但神必与你们同在，领你们回到你们列祖之地。"（创世记48：21）

《洪堡的礼物》从犹太教的角度再现了继承的意义。顾名思义，洪堡的"礼物"象征"遗产"，建构了两位犹太知识分子之间的关联，表达了人文主义的关爱。小说阐述了犹太继承关系的两个重要母题——"父与子的关系"与"死亡的见证"，展示了与现代美国文化无法融合的犹太元素，表现出贝娄对犹太传统文化的盛赞。

"父与子的关系"是一个典型的圣经母题，勾画了整个犹太父系图的脉络纵横。在希伯来《圣经》中，耶和华与以色列人的关系被喻为父与子的关系。在《创世记》中，人是由上帝创造的，上帝按照自己的形象创造了人，并赋予其生命。这种父子关系反映了犹太教的二元论观点。一方面，上帝是以色列人的父亲、指挥官和启蒙老师。上帝与犹太人订立契约，要求犹太人服从和忠诚他，作为奖励，他保障以色列人的富贵荣华。这是伦理一神论的核心思想。"你当心里思想，耶和华你神管教你，好像人管教儿子一样。"（申命记8：5）上帝之爱实质是一种父爱和保护性的爱，而犹太人对上帝的爱则是对上帝律法的遵守。从上帝那里，人获得了圣地迦南和犹太伦理这取之不尽的遗产，而对于上帝，犹太人"要尽心、尽性、尽力爱耶和华你神"（申命记6：6）。另一方面，人作为神的儿子，有一种与生俱来的叛逆性，时不时要挑衅父亲的权威，激起上帝对人的愤怒，招致惩罚，而最终，人又悔改而归向上帝。《以赛亚书》记载："耶和华说，我养育儿女，将他们养大，他们竟悖逆我！"（以赛亚书 1：2）从亚当偷吃智慧树上的苹果、该隐的罪行、金牛犊的塑造到大洪水、所多玛和蛾摩拉的大火，等等，所有《圣经》里的先例都呈现出父与子关系的张力，重申着上帝的父权。犹太人的神耶和华是一位健谈的父亲，上帝与犹太人的沟通方式主要包括交谈、对话和询问，这也凸显了上帝和犹太人之间的亲密感，和上帝形象的直观化。

父子关系在犹太父权制传统中也有明显的体现。《创世记》记载，上帝应许犹太民族祖先亚伯拉罕一块土地作为他的遗产，多国及其君王作为他的继承人。"我已立你作多国的父，君王从你而出，我要将你现在寄居的地，就是迦南全地，赐给你和你的后裔永远为业，我也必作他们的神。"（创世记 17：5—8）亚伯拉罕去世后"将一切所有的都给了以撒"。（创世记 25：5）后来，雅各、约瑟、摩西继承了获得应许之地的期望，直到约书亚带领犹太人民踏上迦南之地，犹太人离散历史中的犹太精神也得以传承。

在《洪堡的礼物》中，父子关系这一母体尤为鲜明。洪堡和西特林与其说像兄弟，却更像一对精神层面的父子。这种特殊的精神纽带连接了两位犹太知识分子，重塑了《赫索格》（1976）中被耗尽与曲解的情分，也慰藉了《抓住时机》（1956）中父与子水火不相容而留下的父爱缺失的遗憾。

洪堡和西特林之间的惺惺相惜与彼此关爱，弥合了在移民文化和美国同化旋涡中亲生父子之间疏远而扭曲的关系。洪堡和西特林有着不同的童年背景，他们彼此都在这份友情里寻找童年的爱的缺失，这构成了互补式的犹太化父子关系模式。洪堡经常引用李尔王的话："城市里有暴动，乡村里有叛乱，宫廷里有政变；父与子的系带已经扯断。"他把"父子关系"念得很重，以及"毁灭性的骚乱纷纷攘攘地伴随着我们，直到我们走进坟墓"（Bellow 1975：5）。洪堡的躁郁症源于他童年的创伤。他的父亲是一名匈牙利犹太富商移民，"曾追随与潘幸（Pershing）将军麾下，驰骋于奇瓦瓦（Chihuahua），在以妓女和马匹闻名于世的墨西哥追捕过潘乔·维拉（Pancho Villa）"。在经济繁荣时期，他在房地产行业赚了一大笔钱，"在海滨大饭店租了一套房"（Bellow 1975：5）。可惜到了大萧条时期，他破产了，心脏病发作死在佛罗里达州。洪堡的父亲给洪堡留下的唯一的印象就是金钱的力量和犹太家庭凝聚力的破裂。洪堡的母亲疯了，被送进精神病院。长大后的洪堡努力重拾童年缺失的犹太家庭之爱。他在婚姻中对凯瑟琳保持忠诚，在与西特林的友谊中，扮演着"父亲"的角色。他予以西特林无私的父爱，鼓励和指导他走上文学之路，引导他进入学术界，还十分关心他的私事。与此同时，他也施展着父亲的权威，要求他服从自己，建议彼此签署空白支票作为"契约"，继而擅自从西特林的账户中取出一笔钱，作为西特林对他疏远的惩罚，他认为那是西特林背叛和反抗他。洪堡幼稚荒诞的小动作恰好暴露了他内心对爱的需求以及他对西特林的炙热的爱。在与西特林疏远十五年后，他在写给西特林的遗言里表达了自己的情感，如父亲一般对西特林说："你也许是个能唤起家庭情感的人。你是孝悌于父兄的那种人。""虽说都是你的错，我仍然像着了魔一般的爱你。"（Bellow 1975：339）令人唏嘘的，洪堡在凄凉离世前，还特意写了一部以西特林的生平故事为原型的剧本，作为遗物送给西特林，希望这份最后的礼物能为西特林挣一笔钱。洪堡将父亲的角色演绎得有血有肉，可笑而可爱。他用生命最后的力气力图将西特林从困境中解救出来，引导其回归正道。他遗嘱中的尾言，"我们应该为我们的同类做一点事情。不要老是财迷心窍。克服你的贪婪。祝你交桃花运。最后记住：我们不是自然的生物，而是超自然的存在"（Bellow 1975：347）。

就西特林而言，他在人生观和做人做事原则方面，跟自己的亲生父亲相差甚远，而更像是洪堡的儿子。与洪堡的身世不同，西特林出身于一个贫穷的波兰犹太移民家庭。他回忆起童年家世，这样写道："我家祖辈姓特斯林（Tsitine），从基辅移民到美国。这个姓氏在埃利斯岛被改成了英文拼写。我在波兰人聚居的芝加哥长大，在卓别林（Choplin）语法学校念书，八岁的时候在结核病疗养院的公共病房里住了整整一年。在那个医院里，我日日夜夜诵读圣经。"（Bellow 1975：65）

这一段描述跟贝娄小时候的生病经历很相似。作者把这段童年往事赋予了西特林这个犹太晚辈角色，给予了他对犹太家庭的怀念与自己犹太血统的肯定。贝娄将幼年的西特林刻画成"一个多愁善感、病恹恹的小男孩"，"那样热诚地"（Bellow 1975：68）爱着他的家人。可惜，他的家人们一心想变成真正的美国人，"已经忘记，或正在力图忘记过去"（Bellow 1975：244）。这成为幼小的西特林的童年遗憾。在他成年后，也很难与家人产生共鸣。他惋惜地说道，"我父亲也变成美国人了，朱利叶斯

(Julius)也是。他们已经都没有犹太移民的爱好了。只有我还在以自己幼稚的方式坚持着。我的感情账总是透支"(Bellow 1975:299)。对于西特林来说,犹太血统和犹太性是生命中不可否认、不可磨灭的一部分。他坚信"如果没有记忆力,存在也就遭到损伤"(Bellow 1975:244)。比起被美国文化同化的家人,洪堡对西特林的影响更深。二人不仅惺惺相惜,更以父子的方式相待。西特林对洪堡从崇拜到顺从,再到叛逆、疏远直至又悔改和好,演绎了儿子对父亲的依赖与自我独立之间的矛盾。

他们的关系始于西特林作为一名粉丝写给洪堡的信。这件事成为西特林人生中的第一次重大转折。洪堡读完信之后,邀请西特林到纽约的格林威治村会面。洪堡给予了他父亲般的肯定和信任,说跟他很有眼缘,亲切地把他介绍给格林威治的文化同僚,还鼓励他写书评。对刚入行的西特林来说,洪堡是他的偶像和灯塔,他最初非常虔诚和忠诚地追随着他。但当故事发展到后面,当洪堡身败名裂、坠入低谷时,恰是西特林新星璀璨、人生巅峰之日。他取代了他的导师,并几乎实现了洪堡所有的政治抱负。洪堡精神崩溃、神志错乱时,西特林却选择了逃离,与洪堡疏远了十五年之久。洪堡曾反复提及他和西特林的最后一次会面。就在他去世前两个月,洪堡在街上啃着椒盐脆饼干当午餐,他"面色苍白,老态龙钟,一身晦气",而西特林则躲在一辆汽车旁偷偷看着他。那天早上,西特林"与参议员贾维茨(Javits)和罗伯特·肯尼迪(Robert Kennedy)一起乘坐海岸警卫队的直升机飞过纽约上空",然后"参加了在中央公园草坪上举办的政治午餐。头面人物彼此寒暄,场面非凡"。他"在麦迪逊大道购物时,一遇到喜欢的东西,不问价就买了"(Bellow 1975:8)。这强烈而鲜明的对比,象征性地揭示了西特林潜意识里对洪堡俄狄浦斯式情节。他取代了洪堡的地位,又不敢去面对洪堡,因而他注定要遭受苦难、悔改不已。洪堡的死成为西特林生命的另一个重大转折。他一边无限地缅怀着与洪堡的种种过去,一边开始正视自己华而不实的混乱生活。整个过程如同丧亲悔过的浪子回头、重新思考父亲曾嘱咐而被自己忽视甚至否认的问题,即他们的"根"与"初心"。

这个问题就是犹太性。洪堡"不止一次"逼迫西特林承认他对黛米·冯格尔(Demmie Vunghel)有类似的(通婚)恐惧。当洪堡把犹太恐惧扩展到与白人同事的人际关系时,洪堡想让西特林与他感同身受,"我希望你和我一样感到被侮辱",不断强调与提醒西特林,"你不是一个真正的美国人。你是个外国人。你像那些刚到美国来的犹太移民，老是低声下气、卑躬屈膝……你不过是这些基督徒大宅子里的犹太小耗子，而却又妄自尊大、目中无人"（Bellow 1975：124）。洪堡的假设竟在后期西特林的生活中实现了。尽管西特林在社会战场上没有洪堡那么激进，但他有着与生俱来的犹太自豪感，他不喜欢与上流社会的白人交往；心理的不平等引发了他与异教徒丹妮丝的婚姻冲突与婚姻的结束。虽然外在风光无限，西特林的内心是孤独的，他不可同化的、难以适应的犹太情节一直都在。他和"老芝加哥校友"以及黑社会的人交往，是文化怀旧情结的体现，他所寻找的是对美好的古老犹太历史的熟悉和亲密感。在这种"堕落"和"精神自杀"中，西特林暴露了他潜在的犹太意识和对犹太本源的牵念。他对自己犹太人身份的极度敏感，在他的恋爱中表现得最为明显。初恋内奥米·卢茨（Naomi Lutz）对他来说成了一种心理上的缺失和创伤。他被拒绝的原因竟然是因为内奥米和她的父亲"已经成为伟大的美国公众的成员了，从而获得了满足感。使我感到疏远的是我和他们之间的差异。我是一个过去的朋友，而不是一个地地道道的美国人"（Bellow 1975：215）。在跟信仰基督教的女友黛米·冯格尔相恋的过程中，西特林越发谨小慎微、处处被动。他被黛米一点点地同化了，他听从她的建议与洪堡绝交，之后娶她为妻。黛米的意外死亡导致西特林精神支柱的崩塌，开启了离开洪堡后的自我迷失模式。他的第三段婚恋关系是与丹妮丝的结合。这段婚姻混杂了不可调和的文化冲突，以离婚而告终。丹妮丝咄咄逼人的言语直击他的内心，"追根到底你毕竟是从贫民窟出来的穷小子，你的心仍在老西区的臭水沟里"（Bellow 1975：6）。他们异族通婚的破裂证明，西特林难以同化的犹太自豪感与丹妮丝追求社会地位的野心格格不入。他对婚姻的设想是传统的犹太核心家庭。他后来又在与莱娜达的婚外情里寻觅温存。莱娜达还是离开了他，与另一个男人步入婚姻的殿堂。就在莱娜达离开的时候，西特林对洪堡的思念突然升温且异常强烈。西特林在婚恋里兜兜转转，最终还是回到了与洪堡的联系上。经历了"恋爱"洗礼的他，如同逆子反省一般，清醒地意识到自己的真实需求和身份定位，回归到"爱"的本源。

洪堡与西特林之间传承的是一种以爱为核心的人文精神。虽然西特林迷恋女色、淘金心切、结交黑道，但他仍然保留了一颗仁爱之心。他曾发出这段感慨，"老天，我一心想的是做好事。我想做好事想得要命。这种做好事的情感,可以追溯到我早年对生存的意义的独特感受——我好像陷进了透明的生活深处,又让我感受到了早年独特的存在感——激奋的、拼命地摸索着生存的意义"(Bellow 1975:3)。西特林继承了洪堡的犹太良知和普世人文主义思想。他投巨资创办了一本公益杂志《方舟》(这个期刊名称寓意精神拯救世界),还撰写了一本关于"厌烦"主题的书,这本书很可能是他和洪堡共同创作的,是对意大利食人影片的讽刺反馈。西特林说明洪堡意图"把墨索里尼、斯大林、希特勒,甚至罗马教皇都写进去"(Bellow 1975:182)。在西特林对"厌烦"的定义中,他将对现代西方世界反犹主义和反人文主义意识形态的批评延伸到对"厌烦"的讽刺和批判。他将厌烦定义为"由未被使用的力量引起的一种痛苦,是被埋没了的可能性或才华造成的痛苦"(Bellow 1975:199)以及"一种控制社会的工具。真正的乏味,深沉的沉闷,无不渗透着恐惧和死亡"(Bellow 1975:201)。他的谴责直指20世纪西方极权主义和恐怖政治。他指出,"古往今来,最令人厌烦的文章莫过于希特勒的长篇巨制《桌边漫谈》了"(Bellow 1975:201)。西特林解释这些现象根源如下:"一是缺乏与外部世界的直接联系;二是,在我看来,有自我意识的自我就是厌烦的活动中心。这种日益增长的、膨胀的、恣肆的、痛苦的自我意识,是左右我们生活(商业、技术-官僚权力、国家)的政治和社会力量的唯一对手。因此,充分意识到作为一个个体的自我,也就是区别于其他所有人。"(Bellow 1975:203)

四 结语

如上所述,西特林的言论体现了人类社会和人类关系的犹太价值观,是对20世纪人类关系异化、现代虚无主义,甚至是最残忍的食人主义、个人主义与个人英雄主义观的直接与严厉的抨击。带着根深蒂固"上帝选民"的身份意识,西特林实现了洪堡"为我们的同类做点什么"的遗愿。洪堡的死亡再次强化了他内心的犹太意识,并再次肯定了他的人生方向。他拒绝了哥哥朱利叶斯提出的经商建议,毅然决定去打理洪堡留下的精神遗产。小说的结尾,西特林和洪堡的母亲一起安葬洪堡,象征着西特林与洪堡在精神层面的回归和好。贝娄在小说中有意建构的父子关系模式,重新联系几代人之间的纽带,强调了"继承"在犹太历史和传统中的重要性与后现代美国犹太知识分子的集体主义民族精神。

参考文献

Bellow, Saul. , *Humboldt's Gift*, New York: Viking, 1975.

Heilman, Samuel C. , *Portrait of American Jews: The Last Half of* 20th *Century*, The University of Washington Press, 1995.

Hitler, Adolf. , *Mein Kampf*, New York: Reynal & Hitchcock, 1940.

James, Atlas. , *Bellow: A Biography*, New York: Random House, 2000.

Krefetz, Gerald. , *Jews and Money: The Myths and the Reality*, New Haven and New York: Ticknor & Fields, 1982.

Rodridgues, Eusebio. , *Quest for the Human*, Leweisburg: Bucknell UP, 1981.

Rosamund, Rosenmeier. , "Saul Bellow, Norman Mailer and John Updike", *Jewish-American Fiction 1917-1987*, New York: Twayne Publishers, 1992.

On the Jewish Cultural Inheritance in *Humboldt's Gift*

Wu Jing

Abstract: *Humboldt's Gift* (1975) marked a climax in his early stage of creation and inaugurated a change in Bellovian style. Through the narration of different life trances and friendship of two generations of Jewish elites, this novel constructs a collective picture of Jewish intellectuals striving and struggling in the modern post-war American society, and at the same time, exhibits the core theme of Jewish cultural inheritance and reflects in-depth Jewishness.

Key words: *Humboldt's Gift*; Jewishness; cultural inheritance; Humboldt

英国早期叙事文学发展演变探析

李 莉①

摘　要：英国早期叙事文学的发展不仅同英国社会的不断进化息息相关，而且也是历代作家认真探索与反复实践的结果。它的发展有分明的轨迹：史诗—传奇—小说，经历了一个从原始到成熟的发展过程。通过对英国早期文学史上四部代表作品《贝奥武甫》《高文爵士与绿衣骑士》《鲁滨逊漂流记》和《汤姆·琼斯》的分析，文章探讨了英国早期叙事文学的发展演变。

关键词：早期英国文学；体裁；演变；叙事

石昌渝（1994：53—55）指出，"欧洲小说起源于神话，它的发展有分明的轨迹：神话—史诗—传奇—小说。但是由于神话文本是一个无法讨论的问题，所以，小说从文体上与神话有什么传承关系，也是说不清楚的问题……神话对后世文学的影响，主要是题材和精神"。由此我们可以把史诗看作是最早的书面叙事文本。小说作为文学殿堂里的后起之秀，经历了从史诗到传奇再到小说的发展演变。在英国文学史中，《贝奥武甫》《高文爵士和绿衣骑士》《鲁滨逊漂流记》和《汤姆·琼斯》可以说都是具有划时代意义的伟大作品，本文拟通过对这四部代表作品的分析来探讨英国早期叙事文学的发展演变。

一　英国早期叙事文学的萌芽——史诗

史诗作为一种特定的体裁，形成了以下基本特征：由于处在西方民族两次大迁徙、大入侵的历史背景中，史诗大多都描写战争，讲述英雄的冒

---

① 作者简介：李莉（1993— ），女，陕西师范大学外国语学院博士研究生，研究方向：中世纪英国文学。

险事迹。伊恩·瓦特（1992：275）指出，"史诗是一种口头的诗的样式，它所记述的是那些参加集体的而非个人的开拓事业的历史人物或传奇人物的广为人知的、而且通常是非凡的业绩"。巴赫金（1998：515）在对史诗和小说的研究中指出："史诗描写的对象是一个民族庄严的过去，用歌德和席勒的术语说是'绝对的过去'；史诗渊源于民间传说（而不是个人的经历和以个人经历为基础的自由的虚构）；史诗的世界远离当代，即远离歌手（作者和听众）的时代，其间横亘着绝对的史诗距离。"

《贝奥武甫》是现存最古老的英语史诗，也是古英语文学的最高成就，据说该史诗已被翻译成65种语言，讲述的是北欧斯堪的纳维亚半岛（Scandinavia）的英雄贝奥武甫（Beowulf）三战怪物的英勇事迹。全诗由3182行押头韵的诗行（Alliterative Line）组成，可分为两部分：第一部分叙述贝奥武甫年轻时打败怪物格伦德尔（Grendel）和他母亲的故事，第二部分叙述国王贝奥武甫年老时斩杀喷火巨龙的故事，史诗以贝奥武甫的葬礼结束。两部分之间时间虽相差50年，但这两部分构成了史诗主人公贝奥武甫的完整形象，因此二者缺一不可。评论家们对该部史诗做出了高度评价，Ker（1908：173—174）认为该诗的美和力量主要取决于它的综合性、包容性和它改变故事气氛的能力。Davenport（2004：109—110）认为贝奥武甫和怪物格伦德尔母亲大战是本诗最精彩的部分，展现了诗人展开事件叙述的技巧，如适当的可视化，节奏的调整，叙事、演讲和描述的混合。李维屏（2003：26）指出："作为英国早期叙事文学的杰出范例，《贝奥武甫》展示了后来的小说家们乐意效仿的三个艺术特征：即塑造一个英雄人物的现象、描述一个精彩动人的故事以及展示公认的价值观念。"李赋宁（1998：67）也认为，史诗作者把英雄时代斯堪的纳维亚半岛的一些历史事件和传说故事用预言或回顾的方式，用暗示或插曲的手段，穿插在主要故事情节里，充分显示了其艺术水平。而且这样一来，贝奥武甫的事绩就成了英雄时代整个日耳曼世界的一个组成部分；贝奥武甫的降妖除怪行为就具有了推动人类社会发展的历史意义。

插曲艺术的运用虽有其优点，例如具有史料价值、可增加作品的广度、有富于变化的动态美等，但也导致史诗中的时间和空间被频繁切割、转换，自然的故事时序被不同的插曲时间打乱，虚实空间交错叠加，虚幻与现实交相辉映，使时序前后跳动、空间不断变换，容易造成某种含混效果，使读者产生突兀感，读来艰深难懂。另外，史诗的故事情节和结构也比较整齐、简单，主要讲述了贝奥武甫三战妖魔的故事，Ker（1908：165）认为其故事情节本身没有重要的诗学价值；与尼伯龙根传说（Niblung legend）的悲剧主题、芬斯堡传说（the tale of Finnesburh）、马尔登诗歌（Maldon poem）的历史严肃性相比，它都缺乏分量。

从叙事学的角度看，《贝奥武甫》已经有一个完整的故事，且有一定的人物塑造，但故事情节和结构简单，故事缺乏连贯性，人物性格比较单一扁平，贝奥武夫从始至终都是一个近乎完美的人物，无所畏惧，勇敢善战，但这毕竟只是叙事文学的开端。

二 英国早期叙事文学的发展——传奇

从史诗到后来的小说，经历了一个漫长的演变过程，在这两者之间，还有一个传奇（Romance）作为中间环节，对小说也有着深远的影响。Davenport（2004：130）认为传奇很难定义，因为有太多的传奇文学以至于泛滥，需要子分类。但其中心是对骑士精神的叙述，其中骑士为荣誉和爱情而战，一般是在宫廷背景下进行历史冒险；传奇拥有以下特质：感伤、逃避现实、缺乏现实主义、接受超自然和理想化的人物和环境等等。韦氏词典（Merriam-Webster）对传奇（Romance）的定义如下：（1）一种中世纪故事，基于传说、骑士爱情和冒险或超自然；（2）一种散文叙事，描写与发生在遥远的时间或地点的事件有关的虚构人物，通常是英雄的、冒险的或神秘的人物；（3）爱情故事，尤指小说形式的爱情故事。

《高文爵士与绿衣骑士》是英国中世纪传奇文学中最为优秀的作品之一，创作于14世纪，它的题材属于亚瑟王和圆桌骑士的传说系列。诗歌分为4个部分，共2530行，在情节上主要由3个部分组成：砍头游戏、城堡诱惑和交换战利品。在叙事艺术上，此诗较《贝奥武甫》有了一定的发展，语言优美含蓄，情节完整紧凑，人物性格细腻丰满，人物的塑造开始具有一定的个性与深度，人物不再是简单的善恶分明的扁平人物。《贝奥武甫》的作者将贝奥武甫刻画成了一位不食人间烟火的天神，他在危险面前从不怀疑自己的能力，从不逃避与退缩，总是直面困难。但高文爵士则不同，他被刻画成一个有血有肉的凡人，在文中被塑造为一个充满矛盾的形象。他勇敢、渴望捍卫骑士的荣誉，但当考验来临时他又情不自禁地退缩，暴露了人性中的弱点，例如为了保命，他不惜违背与城堡主人的约定，悄悄收下了城堡女主人所谓的可以防身的绿色腰带，透露了高文和普通人一样惧死向生的心理。戚咏梅（2010：70）认为，《高文爵士与绿衣骑士》"打破了对传奇人物的描述以行动为主的模式，将对外部行动的描述比重减到了最低，与此同时，赋予了主人公高文爵士丰富的心理活动"。例如，作者对高文面对城堡女主人的诱惑产生的心理活动的描述占据了大量篇幅，大大增强了其真实感。第一天高文听见门被偷偷打开时，"他从沉重的被褥里伸出头来，抓住床帘一角，轻轻地把它撩起；高文警觉地向外瞭望发生了什么事……高文爵士仍在装睡，轻轻地打着呼噜，心里却在琢磨自己究竟该怎么办，以及会有什么后果，他想此事过于离奇"（沈弘 2019：360—361）。另外，作者善于运用悬念和烘托气氛，且人物对话流畅自然，尤其是第三部分高文与城堡女主人的对话，有"攻"有"守"，非常生动。至于叙事的时间和空间，《高文爵士与绿衣骑士》与《贝奥武甫》相比，也展现了不同的特点，不像《贝奥武甫》一样具有很强的时空跳跃性，相反，故事结构极为完整而集中，形成一个有机整体。时间上，从最初高文在亚瑟王宫廷的新年晚宴上接受绿衣骑士的砍头挑战开始，相继引发多个情节，彼此之间环环相扣；空间上，从最初亚瑟王的宫廷到高文途中遇到的城堡，再到绿色教堂，最后又回到亚瑟王的宫廷，完全符合情节发展的顺序，井然有序。而且在诗歌的"城堡诱惑"部分，两个场景并列，室外城堡男主人与侍从们在林中驰骋打猎，寒风呼啸，号角齐鸣，而室内高文却在与女主人细语呢喃，柔情蜜意，像"猎物"一样落入女主人设下的圈套而不自知，一动一静，形成了很强的张力。两个故事双管齐下，有条不紊，而不显重复。

传奇是在史诗基础上进一步的发展，但两者之间又存在明显区别。Moorman（1967：27—28）指出，史诗文学是对英雄时代民族生活庄严的颂扬，它的英雄是简单的人，精通日常生活中的活动。他们不是通过阶级地位、财富或出身成为领袖，而是通过卓越的心智。他们的动机与生活的实际需要有关。Jokinen 认为史诗英雄只在情况需要时战斗，为自己所在部落和民族的生存而战，传奇英雄则主动寻找可以证明自己的考验或冒险；传奇英雄很少为捍卫自己的人民而战，而是为理想而战。正如 Auerbach（1974：135）所说："冒险尝试是骑士理想生活的真正含义。"Finlayson（1980：54）提出，传奇英雄本人"在很大程度上是一种理想化的存在，与社会现实关系不大，而且肯定不是从社会现实中衍生出来的"。肖明翰（2005：68）也指出了史诗与传奇的另一个不同之处，即女性的地位，女性在前者中几乎没有地位，而在后者中往往占有十分重要的位置，传奇英雄除了要像史诗英雄那样在战斗中英勇无敌外，还必须举止优雅，知道如何向女士献殷勤。例如在《高文爵士与绿衣骑士》的"城堡诱惑"部分，城堡女主人始终占据主导地位，每次都是主动"出击"，掌控着整个对话过程，不断地诱惑和试探高文，而高文始终处于不利的"防守"位置，始终在矛盾中徘徊。Davenport（2004：131）也指出，传奇是一种严肃的写作形式，从史诗的强调国家主权或部落忠诚转向了个人抱负的探索和实现。Jokinen 认为史诗英雄和传奇英雄在观念和表现上的差异，可以用时代的变迁来解释。Taylor（1930：7—12）将史诗和传奇之间精神上的差异归因于"民族性格的重大变化"，即"从民族团结到封建主义，从民族战争到内乱和十字军东征"。

总的来说，从结构、叙事、心理描写、对话等方面看，《高文爵士与绿衣骑士》已有点像近代小说。饶芃子（1994：9—11）也认为，传奇在艺术上已具有近代长篇小说的框架，传奇是一种有意识的虚构，作者通过这种虚构在作品里创造一个完整的艺术世界，具有早期小说的本质特征。可以说，传奇是小说的"幼年"，它与小说的不同之点，就是它的虚构是超现实的，当它发展到面向现实的时候，小说就产生了。

三 英国早期叙事文学的成熟——小说

18 世纪，英国封建制度彻底瓦解，资本主义经济迅速发展，中产阶级的队伍日益扩大。随着社会的快速变化，现实生活和人际关系也愈发复杂。这无疑为小说的发展提供了极为适宜的气候与土壤。小说作为一种新的文体，在艺术形式上发生了重大的变化。首先，小说"一反以往作品之取材于已有的作品或神话或历史或寓言、传说，而直接取材于个人经历，并且把人物置于独特的时空背景之中，强调个人经验的真实性。这种对于个人的独特经验的表达正是小说区别于以往文学的一个重要特征"（赖骞宇 2009：19）。其次，小说开始强调时间和空间在作品中的重要地位，具体的、物理的和有限的时间成为支配小说框架与情节的重要力量；人物所处的地理环境和故事的背景更加清晰和明确，空间形象的地位显著提高（李维屏 2003：60）。最后，"小说的聚焦对象与此前的文学相比也发生了巨大的变化，主要表现在：抛弃了以前叙事文学神性的、虚幻的色彩，而聚焦于现实生活中的普通人、时代关注的问题、具体的日常生活的细节和场面、人物的内心世界，着重描写现实人生和具体的、个人的生活"（赖骞宇 2009：66）。《鲁滨逊漂流记》和《汤姆·琼斯》便是这样的作品。

《鲁滨逊漂流记》的作者丹尼尔·笛福（Daniel Defoe）是英国启蒙时期现实主义小说的奠基人，被誉为"欧洲小说之父"。殷企平等（2001：16—17）指出，"在英国文学的历史上，笛福是第一个有意识地将创作的对象确定为真实的'生活的世界'，并努力通过作品确立小说创作的基本原则的作家。"小说是作者根据一个水手亚历山大·塞尔科克的真实经历创作的，主要讲述了主人公鲁滨逊在航海途中不幸遭遇风暴，流落至荒岛，凭着顽强的意志在恶劣环境中生存了下来，最终得以返回故乡的故事。不同于史诗和传奇故事，笛福在该作品中运用了现实主义表现手法，在人物形象塑造和叙述视角等方面都进行了创新。小说采用第一人称叙述视角，拉近了读者与小说的距离。小说生动塑造了一个立体的、个性化的人物，笛福笔下的鲁滨逊是一个具有鲜明个性的形象，并且成为早期资产者的典型。作者通过详尽的细节描写使其性格特征跃然纸上，如不满足于现状、勇于探索世界的好奇心、征服欲和冒险精神、狂热的个人主义精神、一切以个人经济利益为中心的行事准则等。此外，作者也很重视人物的心理描写，如在写鲁滨逊初到荒岛时，"尤其是有一天，我手里拿着枪，在海边走着，想到我困在这样的处境中，心情非常忧郁。这时候，理性似乎从另一方面在劝我，说：'得了，你处境荒凉，这话不错，不过别忘了，你们其他人在哪儿呢？登上艇子的你们不是有十一个吗？那十个人在哪儿呢？干吗不是他们脱险，而你送了命？干吗偏偏是你独自个儿保全了一条命。是待在这儿比较好呢，还是在那儿好呢？'接着，我指指海……于是我又想起我的生活资料是多么丰富"（鹿金 2017：74）。鲁滨逊此时的矛盾心情给读者留下了深刻的印象。刘意青（2006：254）指出，小说还有一个不容忽视的特点便是它那朴素自然、平铺直叙的语言，全书的叙述中没有任何豪言壮语，我们读到的都是平实自然的描述。然而，正是通过这些逼真的、接近读者日常生活的细节描写，笛福成功为我们勾画出了一幅幅现实主义图画。例如，鲁滨逊造船的描述，"我砍倒了一棵香柏树……它长二十二英尺，同树桩相连的地方直径五英尺十英寸长，细的一头直径四英尺十一英寸长。细的一头还愈来愈细，往上一段距离，然后向四面八方长出粗枝和细枝。我不知干了多少力气活儿才砍倒了这棵树。

我花了二十天又是劈又是砍的，才砍断树根。我又花了十四天把粗枝、细枝和巨大的伸展的树冠砍掉。这是我用斧子和短柄斧干成的，花掉的力气简直没法用语言来表达。在这以后，我又花了一个月，又是削又是刮，按照比例把木料修整成船的形状，还使它有了一个船底……硬是造出了一艘非常漂亮的独木舟"（鹿金 2017：146）。善于动手、不怕吃苦、有耐心的鲁滨逊形象跃然纸上。最后，小说采用了精确的时间标记，小说的主体部分，即鲁滨逊在荒岛上的经历部分，采用了日记形式，把主人公的经历一天一年地写下来，大大增加了其真实感。但小说也有其缺陷，如结构比较松散，情节不够集中，故事与故事之间并没有因果关系；小说还常常额外添加与主要情节线索无关或关系不大的次要情节以及冗长枝蔓的内容。但刘意青（2006：248）认为，虽然在情节构造和人物刻画上笛福的作品离发展成熟的小说尚有相当距离，但它们已向现代小说迈出了关键的一步。

《汤姆·琼斯》是英国小说史上划时代的一部杰作，是 18 世纪英国著名小说家和剧作家亨利·菲尔丁的代表作。该书共分 18 卷，篇幅宏大，是一部包罗英国 18 世纪生活一切方面的小说；相比笛福的《鲁滨逊漂流记》，菲尔丁的《汤姆·琼斯》在人物塑造、叙事角度、叙事手法、情节构造等方面都有了很大的进步。

首先，小说展示了错综复杂的人物关系，人物众多是《汤姆·琼斯》的一个极其重要的特征。小说几乎囊括了社会各个阶层的人物，而且每人都有鲜明的个性，而《鲁滨逊漂流记》的主要人物只有鲁滨逊一人；且相比鲁滨逊一成不变的性格特色，主人公汤姆的性格是发展变化的，他活泼好动，朝气蓬勃，时而忠实诚恳，宽宏大量，豪爽侠义，情感真挚，时而又轻率鲁莽，落拓不羁，不能控制自己的情欲，多次做出严重违背道德的举动。在叙事角度上，作者采用了第三人称全知叙事视角，作者介入作品之中，由作者本人讲故事，每一卷开始都有一篇序章，探讨作者关于文艺批评、创作方法、善与恶、爱情婚姻、生活体验等问题的观感和见解，既为作品增添了哲理意味，又在广度之外增添了深度。在叙事手法上，菲尔丁使用了大量的悬念、突转、巧合、误会等戏剧手法，如主人公汤姆的身世是贯穿始终的悬念，使得作品更为引人入胜，同时也大大丰富了西方长篇小说的表现手段。菲尔丁纯熟的小说艺术在《汤姆·琼斯》的谋篇布局和框架结构上得到了充分的展示，小说不仅体现了长篇史诗宏大的框架，而且还具有严密的结构，虽然情节复杂，人物众多，但作者布局精巧，层次井然，有条不紊。《汤姆·琼斯》结构上的严谨，令人叹为观止，李维屏（2003：96）认为它"宏大的史诗框架结构及其有条不紊的布局方式不仅使它代表了18世纪中叶英国小说艺术的最高成就，而且也为以后的作家提供了可供借鉴的艺术模型"。

  Markman（1957：581—582）探讨了史诗、传奇和小说中主人公的不同之处。他认为史诗中主人公的功能似乎是炫耀他的特质，而这些特质在大多数情况下已为听取吟唱的听众所熟悉和欣赏，史诗主人公必须通过籁歌（lays）或民歌（folksongs）来赢得声望。小说主人公和史诗主人公则完全不同，最初完全是一个未知数，而且他将被置放的环境也是不可预测的。小说主人公必须在故事发展过程中赢得声望，我们的阅读乐趣来自我们在他的成长过程中看到了自己的一些东西，因为在想象力和同情心的驱使下，我们仿佛变成了主人公。而传奇主人公位于前两者之间，其性格是提前可知的，但其行为表现是未知的，我们知道主人公是谁以及他是怎样的人，但我们不知道他将会做什么。他必须在传奇中赢得声望，事实上，他可能在故事发展过程中得到或失去一切。传奇中主人公的功能是成为人类的战士，并通过经受极其严峻的考验来证明人类在善恶行动上的能力。

四 结语

  早期英国叙事文学经历了史诗—传奇—小说的发展演变，从口头形式到书面形式、从诗歌体到散文体的演变过程充分体现了文学发展的基本规律，像其他艺术形式一样，不可避免地经历了一个从原始到成熟的发展过程。叙事文学的发展不仅同英国社会的不断进化息息相关，而且也是历代作家认真探索与反复实践的结果。

参考文献

Auerbach, E., *Mimesis*, Princeton: Princeton University Press, 1974.

Davenport, T., *Medieval Narrative: An introduction*, OUP Oxford, 2004.

Finlayson, J., Definitions of Middle English Romance, Chaucer Review, 1980（15）: 44-62.

Jokinen, A., Heroes of Themiddle Ages, http://www.luminarium.org/medlit/medheroes.htm.

Ker, W., *Epic and Romance: Essays on Medieval Literature*, Macmillan, 1908.

Markman, A., The Meaning of Sir Gawain and the Green Knight, Publications of the Modern Language Association of America, 1957, 72 (4): 574-586.

Moorman, C., *A Knight There Was: The Evolution of the Knight in Literature*, Lexington: University of Kentucky Press, 1967.

Taylor A. B., *An Introduction to Medieval Romance*, London: Heath Cranton Limited, 1930.

赖骞宇:《18世纪英国小说的叙事艺术》,中国社会科学出版社2009年版。

李赋宁:《古英语史诗〈贝奥武夫〉》,《外国文学》1998年第6期。

李维屏:《英国小说艺术史》,上海外语教育出版社2003年版。

鹿金译:《鲁滨逊漂流记》,中国宇航出版社2017年版。

刘意青:《英国18世纪文学史》,外语教学与研究出版社2006年版。

戚咏梅、吴瑾瑾:《中世纪浪漫传奇的流变——〈高文爵士和绿色骑士〉的个性化创作特征研究》,《外语教学理论与实践》2010年第2期。

钱中文等:《巴赫金全集(第一卷)》,河北教育出版社1998年版。

饶芃子等:《中西小说比较》,安徽教育出版社1994年版。

沈弘译:《英国中世纪诗歌选集》,浙江大学出版社2019年版。

石昌渝:《中国小说源流论》,生活·读书·新知三联书店1994年版。

肖明翰:《中世纪欧洲的骑士精神与宫廷爱情》,《外国文学研究》2005年第3期。

伊恩·瓦特:《小说的兴起》,三联书店1992年版。

殷企平、高奋、童燕萍:《英国小说批评史》,上海外语教育出版社2001年版。

On the Development and Evolution of Early British Narrative Literature

Li Li

Abstract: The development of early British narrative literature is not only closely related to the continuous evolution of English society, but also the result of careful exploration and repeated practice by previous writers. Early British narrative literature experienced a development process from primitive to mature, which has a clear track: from epic to romance to novel. This paper discusses the development and evolution of early British narrative literature through the analysis of four representative works in the history of early British literature: *Beowulf*, *Sir Gawain and the Green Knight*, *Robinson Crusoe* and *Tom Jones*.

Key words: Early British Literature; Genre; Evolution; Narrative

《雨王亨德森》中的死亡叙事艺术

张晓霞[①]

摘　要：美国作家索尔·贝娄在其代表作《雨王亨德森》中借由高超的死亡叙事手法描述了主人公亨德森获得精神救赎的过程。小说中众多关于死亡的言论及死亡意象不仅喻指亨德森精神上的死亡，同时也推进了整个故事的向前发展。书中关于死亡的言论揭示了亨德森对于死亡的恐惧由无意识到有意识到超越这一过程。非洲两个部落首领在死亡意象面前的从容的态度帮助亨德森克服了对于死亡的恐惧。作者通过与《金枝》及《圣经》的互文性仿写构建的"替罪羊"——达甫国王最终帮助亨德森超越了对死亡的恐惧，并在"爱美""爱人"中寻求到了生命的意义。

关键词：《雨王亨德森》；死亡叙事；替罪羊

一　引言

发表于1959年的《雨王亨德森》是美国当代著名作家索尔·贝娄（Saul Bellow）的代表作之一。众多评论者从不同角度对该小说进行了评析，有的从共同体思想角度（张甜：2011），有的从浪漫主义角度（蓝仁哲：2004），有的从超验主义角度（Quayum：2004），有的从精神分析角度（车凤成：2010），有的从负罪——救赎角度（白英丽：2006）评析，但鲜有人从死亡叙事的角度评析该作品。"从叙事学的角度看，'死亡叙事'包含两层含义：一是故事层面的死亡，二是话语层面的死亡。故事层面的死亡把文学文本中的死亡事件和死亡意象作为研究对象，解读其承载的思想内涵和文化意蕴；话语层面的死亡则是考察死亡事件和死亡意象

[①] 作者简介：张晓霞（1973—　），女，陕西师范大学外国语学院讲师，硕士，研究方向：英美文学。

在文本中的叙事功能。"（张武、杜志卿 2015：32）在故事层面上，《雨王亨德森》里众多关于死亡的言论喻指主人公亨德森沉睡的心灵及精神上的死亡；在话语层面，关于死亡的言论及死亡意象承担重要的叙事功能，推进文本故事情节得以发展。此外，整本小说与《金枝》及《圣经》构成互文性仿写，作者着重通过"替罪羊"（达甫国王）这一形象表达了"死亡——重生"这一主题，预示了亨德森精神上的救赎。

二 关于死亡的言论及死亡意象推动小说故事情节的发展

《雨王亨德森》讲述的是主人公亨德森灵魂之死以及精神救赎的故事。体格健壮、腰缠万贯的亨德森在美国经历了深刻的精神危机。为了自救，他去了具有史前气息的非洲腹地去寻求生命的意义。引发他精神危机的是对于死亡的恐惧，最终拯救他的是对于这种恐惧的克服、超越（张晓霞 2016：65）。在精神救赎的过程中，亨德森经历了对于这种恐惧的无意识——意识——最终超越这几个阶段。书中关于死亡的言论及死亡意象推动了这几个阶段的依次实现即故事情节的向前发展。

（一）关于死亡的言论推动小说故事情节的发展

当亨德森还在法国时，有一次他去一个水族馆，看到了一条章鱼。当时他"感到无边的寒气，想要当场死去"（贝娄 2012：18）。他认为那是死亡在向他发出警告。在那之前，他的心里已经经常出现一个声音，"我要，我要"，但他不知道他到底要什么，也不知道他所要的和死亡之间有什么关系。后来在非洲时，在薇拉塔勒女王的指引下，亨德森才意识到他想要的是活下去，是精神上存活下去。章鱼向他发出的死亡警告让他潜意识中的精神重生的欲望被激发了出来，从而让他萌发了去非洲的想法。

在非洲，亨德森遇到了两个拯救他灵魂的人。一个是阿纳维部落的薇拉塔勒女王，另一个是瓦里里部落的达甫国王。两个人对于死亡的洞见剥开了亨德森心中的迷雾，帮助他实现了灵魂的救赎。当亨德森见到薇拉塔勒女王时，已经超越了对死亡感到恐惧的女王告诉他小孩对世界感到惊奇，成人则感到恐惧，原因是成年人明白了人终究要死（贝娄 2012：80）。她接着犀利地指出，一直困扰亨德森的"我要"是"要活下去"（贝娄 2012：81）。至此，亨德森对于死亡的恐惧由潜意识上升至意识这个层面。亨德森开始直面这个恐惧，并寻求克服这个恐惧的方法。

瓦里里部落的达甫国王是最终帮助亨德森实现精神救赎的人。他通过让亨德森模仿狮子使其学会狮子勇敢的品格。在与亨德森的倾心交谈中，达甫讲述了他成为国王的经历以及他终将死于非命的宿命。在讲述这些充满死亡气息的事件时，达甫坦然无惧的态度让亨德森明白死亡并没有那么可怕。达甫国王更是通过思想上的引导帮助亨德森认识战胜死亡恐惧的途径，那就是"爱美""爱人"（贝娄 2012：248）。"与整个人类融为一体预示着救赎、精神的重生。"（Violet 2016：90）亨德森最终在非洲如愿以偿，获得了灵魂的新生。

从以上分析可以看出，主人公亨德森、非洲的薇拉塔勒女王及达甫国王对于死亡的言论推进了小说故事情节的向前发展。同样，小说中鲜明的死亡意象也昭示了亨德森精神救赎之旅的轨迹。

（二）死亡意象推动小说故事情节的发展

在非洲这样一个需要亨德森进行抉择的社会空间里，他经历了各种凶险，并遇到各种各样的人（张军等 2018：108）。亨德森在非洲经历的两个部落分别是充满友爱氛围的阿纳维部落与充满死亡气息的瓦里里部落。在阿纳维部落，亨德森看到的第一景象是牛的死亡。带给亨德森极大触动的是当地人对于死去的牛流露出极大的悲伤。那里的人把牛看作自己的亲人，绝不会为了牛肉而杀掉健康的牛。据罗得里格斯（Rodrigues）考证，大学期间主修人类学及社会学的贝娄依据其导师梅尔维尔·赫尔斯科维茨（Melville J Herskovits）的《东部非洲牛的情结》和拉维瑞德·罗斯科（Reverend John Roscoe）的《中非的灵魂》写出了阿纳维部落人对牛的深厚感情（Rodrigues 1971：243-244）。罗得里格斯在他的另外一本专著里指出："在《雨王亨德森》中，贝娄对人类学知识的处理，如同他对赖希理论的处理，是艺术家的态度，而不是学者的态度。"（Rodrigues 1981：122）如果说贝娄的导师以学者冷静的态度真实客观地记录了东非部落人对牛的挚爱，那么贝娄则以艺术的手法赋予其特有的叙事功能。阿纳维人对于死去的牛流露出的悲伤让亨德森坚硬的内心开始融化，让他意识到在这样一个"原始"部落里，人与动物之间可以如此平等，如此富有感情。这种爱的意识开始唤醒其"沉睡的心灵"。温和善良的阿纳维部落指出了亨德森想要的，但无法帮助他得到他所需要的。要获得重生，亨德森必须直面更加残酷的现实，以便对死亡有更加深刻的领悟并进而消除对于死亡的恐惧。

他在非洲经历的第二个部落就是这样一个充满死亡威胁的世界。他刚刚踏进瓦里里的领域，"迎接"他和他的导游的就是荷枪实弹的瓦里里人。随即他们被扔进放有一具死尸的小房间。在去觐见国王的路上，亨德森看到许多挂有尸体的绞刑架。见到达甫国王时，他同时看到了放在国王身边的骷髅头，后又目睹了达甫与一女子抛掷骷髅头的表演。在这些众多的死亡意象面前，达甫国王没有丝毫的恐惧。相反，他用从容超然的心态教导亨德森要打破对于死亡的恐惧。"正是通过瓦利利（瓦里里：引者注）国王达孚（达甫：引者注）面对这一死亡世界的态度与方式，使得汉德森（亨德森：引者注）对死亡及人生才会有所醒悟。"（白爱宏 2012：70）达甫在死亡世界的无惧态度帮助亨德森对人生有所醒悟。他的国王身份、经历、思想及最终死于非命更是让他成为了拯救亨德森灵魂的殉难者或"替罪羊"。

三 小说中"替罪羊"形象的书写

亨德森在瓦里里部落遇见的达甫国王是一个明显的受害者。法国当代著名哲学家、人类学家勒内·吉拉尔在其《替罪羊》中详细分析了迫害的诸类范式。他指出四类范式：一种社会和文化危机的描写，一种普遍的混乱；"混乱者"的罪行；被指控犯罪的嫌疑者是否有被选定的特殊的标记和"混乱"的自相矛盾的标志；暴力本身。他同时指出在一个使人得出迫害结论的文献中并不需要存在所有范式。其中三类就足够了，甚至经常是两类（吉拉尔 2002：29）。吉拉尔所描述的四类范式均存在于瓦里里部落及其国王达甫身上。

首先是第一类范式，即社会和文化的危机。当瓦里里部落遭遇干旱，前任雨王因未能成功履行职责而被处死，整个部落的生存受到了威胁。其二是"混乱者"的罪行。吉拉尔列举了几类常见的指控罪状。第一条就是指控嫌疑分子用暴力侵犯他人，侵犯最高权力机构的象征人——国王、父亲或者侵犯那些在早前社会和现代社会里手无寸铁的弱者，特别是儿童（吉拉尔 2002：18）。在瓦里里部落，达甫没有带回已故国王附体的狮子格米罗，而是幼狮阿蒂。这一举动引起了全部落的不安。因为他们认为除格米罗外别的狮子都有巫师的灵魂。他们把妇女小产和干旱归咎于达甫身边的阿蒂。在达甫对手的眼里，达甫因迟迟不肯捕捉格米罗而侵犯了父亲及部落里的弱者，是罪大恶极的祸首。第三类范式即选择迫害的普遍特点。吉拉尔在提到文化和宗教标准及身体标准外，还提到"异常"是选择受害者的首要标准（吉拉尔 2002：22）。他解释说在危机时期，特权者的危险比其他阶层更高（吉拉尔 2002：23）。达甫国王作为当时部落的首领，在部落出现危机时成为一个"异常者"，成为驱邪转灾的受害者。第四类范式即暴力本身。达甫国王因迟迟没有捕捉格米罗而数次遭到以布纳姆为首的人对他的生命威胁。最后达甫死于捕捉格米罗的行动中。以上四类范式充分说明达甫是一个受害者。吉拉尔认为受害者就是一只替罪羊。替罪羊的概念既包括受害者的无辜，又包括集体将矛头对准他们（吉拉尔 2002：50）。吉拉尔所论及的四类范式表明达甫是一只替罪羊。作者贝娄通过与人类学巨著《金枝》及《圣经》的互文性仿写完成了达甫"替罪羊"这一形象的建构。这一建构深化了作品"死亡——重生"这个主题。

（一）小说与《金枝》的互文性仿写

"20世纪文学，特别是现代主义以下的文学，没有人类学的知识背景，往往就失去了一种最佳的知识背景。"（叶舒宪 2010：47）这一点对贝娄作品研究者来说尤为重要。贝娄本人在大学期间跟随伯尔维尔·赫尔斯科维茨学习人类学。1937年6月，贝娄以优异的成绩从西北大学毕业，获社会学与人类学学士学位。1937年9月贝娄进入威斯康星大学的社会学与人类学系，开始攻读硕士学位（周南翼 2003：33）。贝娄曾经以饱含感情的语气谈及自己的人类学学习。他说道："在1930年代，人类学专业的学生是最不合时宜的。他们试图从最深层去批评社会。人类学的学习暗示激进主义……这种激进主义给了年轻的犹太人更大程度的自由去挣脱环境的束缚。"（Steers 1964：36）《雨王亨德森》是贝娄所有小说中最具有人类学特色的。贝娄有一次在采访中说道："若干年前，我跟随已故的赫尔斯科维茨教授学习非洲人种史，他批评我写了《亨德森》这样的书。他说这个主题太严肃了，不适合这样的戏谑。我觉得我的戏谑是严肃的。"（Harper 1966：189）

英国人类学家弗雷泽的《金枝》无疑对贝娄的创作产生了重要影响。《雨王亨德森》里有关瓦里里部落的描写与《金枝》有明显的互文性仿写。在叙事模式上，《金枝》和瓦里里部落都体现出"杀王"的模式。在人类社会的早期，人们很多时候无法解释、掌控与自身生存息息相关的自然现象。于是把希望寄托于神——人，即具有超自然神力的人。在原始社会，祭司、国王常常就是这样的神——人。"有时，当一个神灵附身的人死去，神性会转移到另一个人身上。"（Frazer 1894：45）原始人认为神——人的生命力与大自然的兴衰是紧密相关的，如果神——人的能力衰退，大自然也会受影响。为了避免危险的发生，在神——人刚流露出力量衰退的迹象时就应被处死，他的灵魂必须在受损前转移到另一个精力旺盛的继承人身上（Frazer 1894：200）。这就是弗雷泽所说的"杀死神王"。阿里奇亚祭司即是一位神王。大地的物产，自然的风调雨顺，人畜的平安皆系于该祭司一身。他的正常死亡将成为社会的一大灾难。为了防止灾难的发生，必须趁神王还身体强健时将其处死，以确保他的神力未衰退时就传给他的继承者（Frazer 1894：312）。内米祭司不得善终的命运在其继位时就已注定。同样在瓦里里部落，国王在年老体衰时也会被处死。达甫国王直言不讳地对亨德森表明了这点。他们都是各自部落或族群驱邪转灾的"替罪羊"。这些"替罪羊"以自身充满悲壮意味的死亡意图为整个族群带来新生。在瓦里里部落，达甫国王以自己的死亡为亨德森带来了精神上的新生。

（二）小说与《圣经》的互文性仿写

上文谈到小说与《金枝》的互文性仿写，以及两者都具有的"死亡——重生"这一叙事模式。"在《金枝》第二版中，弗雷泽认为，耶稣之死可以被看成是西亚萨卡亚节中死亡与复活仪式的巴勒斯坦版。"（刘曼 2017：68）无疑耶稣基督是更具象征意义的替罪羊。达甫的经历在更深层意义上与耶稣的经历构成了互文性仿写。

作为一名严肃的人类学专业的学生，贝娄无疑深受《金枝》的影响。除此之外，贝娄还深受《圣经》的影响。作为虔诚的犹太教徒的儿子，贝娄在幼年时便熟读《圣经》。他四岁时便开始熟读《旧约》，对里面的人物有强烈的认同感。贝娄八岁时，因病住院半年。在此期间一位女传教士给他一本《新约》叫他去阅读。在一次采访中，贝娄在谈及此段经历时说道："我被耶稣的一生深深感动，在我看来，他就是犹太人中的一员。"（Bellow 1994：288）在《雨王亨德森》中，贝娄通过将达甫与《新约》中的耶稣进行互文性仿写强化了达甫"替罪羊"的形象，从更深层次上阐明主人公亨德森获得精神重生这一主题。

耶稣被其信徒视为王，达甫本人也是瓦里里部落的王。耶稣被称为"神的羔羊，除去世人罪孽的"（《约翰福音》1：29）。耶稣自始至终都知道自己将来被钉十字架的命运；达甫在继承王位时就知道自己将来会被处死。在对待死亡的态度上，耶稣为了免除人类的罪及死亡，凛然赴死；达甫也是出于对部落的责任感接受了将要死于非命的命运。耶稣"他被藐视，被人厌弃，多受痛苦，常经忧虑"（《以赛亚书》53：3）。达甫也是常受布纳姆等人的排挤，甚至威胁。耶稣临死前对他的使徒们说："这是我立约的血，为多人流出来，使罪得赦。"（《马太福音》26：28）达甫死于狮子之口后鲜血浸湿了亨德森的裤子。基督徒认为耶稣用自己的生命为他们带来复活与永生的希望；达甫也用自己的生命为亨德森带来精神的重生。达甫和耶稣具有高度的互文性。

耶稣以自己的被钉十字架与复活给基督徒带来了复活与永生的信念。这种信念来自内心深处对肉体死亡的无所畏惧。耶稣告诉他的信徒，人们在尘世不过是寄居的旅客，最终的安居之所在天国。信徒肉身死亡被认为是回归天国——永久的家。"基督以死战胜死亡，信徒因信仰而跨越死亡。"（李慧、惠敏 2015：28）当信徒仰望十字架，首先想到的是耶稣为自己而死。耶稣的死为信徒打开了通往永生的门。一个真正的基督徒不会畏惧死亡，因为他相信在以基督为榜样的生命结束时，他所信靠的耶稣会给他一个公正的审判，并将他带回天国。效仿基督的生活就是充满爱的生活，因为"上帝就是爱"。上帝对信徒的诫命是"爱人如己"。耶稣让其信徒们在跨越死亡的基础上看到了永生，在今世则学会了爱。

以上所述基督教救赎的核心思想与达甫教导亨德森的思想如出一辙。当达甫用幼狮阿蒂训练亨德森时，他说道："恐惧消失之处，便是美出现之地。我想完美的爱也是如此，如果我没记错的话，克服了自我，爱人之心便油然而生。"（贝娄 2012：248）此处所讲的恐惧便是对于死亡的恐惧。当亨德森说他不知道他心里一直害怕什么时，达甫说："从我们大家都不想要的东西来推断，那是死亡，一切根源的根源。"（贝娄 2012：221）。听到这话亨德森禁不住大声叫起来："你不知道我该多么感激你呵！嗯，我自己就是悟不出这个道理。"（贝娄 2012：221）

潜藏在亨德森心底的对于死亡的恐惧被达甫揭示了出来。为了帮助亨德森克服这种恐惧，达甫用幼狮阿蒂来训练他，让他学阿蒂的动作、表情、吼叫。如同耶稣一样，达甫意在教会亨德森克服这种恐惧以后，做到爱人如己。达甫认为"人是具有报复心的动物"（贝娄 2012：202），但他同时认为"真正的勇士是不会以报复度日的……一个勇士会设法使邪恶止于其身，把灾难留给自己，不让别人遭受危难"（贝娄 2012：203）。这就是他崇高的抱负。达甫敏锐地指出了亨德森心灵沉睡的根源，即缺乏爱心，而这又源于对于死亡的恐惧。在经过浴火重生般的狮训后，亨德森终于认识到只有爱才能打破沉睡的心灵，打破对于死亡的恐惧从而实现薇拉塔勒女王所说的"格郎——图——摩拉尼"即"活下去"。达甫成功地救赎了亨德森的灵魂，就如同耶稣救赎了自己的众信徒。

四　结语

《雨王亨德森》讲述的是主人公亨德森精神死亡及重生的故事。作者贝娄通过大量关于死亡的言论、众多死亡的意象及与《金枝》和《圣经》的互文性仿写表达了作品蕴含的死亡——重生这个主题。亨德森及非洲两个部落首领关于死亡的言论揭示了亨德森对于死亡恐惧由无意识到有意识到超越这一过程。在非洲的阿纳维部落和瓦里里部落，亨德森目睹了众多的死亡意象，例如死去的牛、薇拉塔勒女王身上的狮皮以及达甫国王身边的骷髅头等。这些死亡意象及两位国王对待它们的态度帮助亨德森认识到人不应该对死亡心存恐惧。最终帮助亨德森完成精神救赎的达甫国王是一个"替罪羊"形象。贝娄通过与《金枝》和《圣经》的互文性仿写从叙事模式及人物建构上实现了"替罪羊"形象的书写。达甫国王就如同《金枝》中的神王与《圣经》中的耶稣，付出自己的生命，拯救了亨德森的灵魂。达甫告诉亨德森，人们要打破对于死亡的恐惧。他对于亨德森的教导及他的死让亨德森意识到死亡是生命的一部分。"意识到死亡让生存变得更为重要，更有意义。"（Vaishnav 2011：99）亨德森最终在爱中找到了生存的意义，获得了灵魂的新生。作者贝娄也让主人公在超越对死亡的恐惧中实现了小说死亡叙事的终极目的。

参考文献

Bellow, Saul., *It All Adds Up: From the Dim Past to the Uncertain Future*, New York: Penguin Books USA Inc. 1994.

Frazer, James George., *The Golden Bough: A Study in Comparative Religion*, New York: Macmillan, 1894.

Harper, Gordon L., "Saul Bellow" *Paris Review*, IX (Winter, 1966), 189.

Quayum, M. A., *Saul Bellow and American Transcendentalism*, New York: Peter Lang

Publishing Inc. 2004.

Rodrigues, Eusebio L., "Bellow's Africa" *American Literature*, Vol. 43, No. 2 (May, 1971): 242-256.

Rodrigues, Eusebio L., *Quest for the Human: An Exploration of SauL Bellow's Fiction*, London and Toronto: Associated University Presses, 1981.

Steers, Nina A., "Successor' to Faulkner?" *Show*, IV, (Sept., 1964).

Vaishnav, Harmik, *Alienation and Affliction: In the Fictions of Saul Bellow and Jerome David Salinger*, Saarbrucken: VDM Verlag Dr. Muller, 2011.

Violet, B. Darling, *The Concept of Man in the Select Novels of Saul Bellow*, Saarbrucken: OmniScriptum Gmbh & Co. KG, 2016.

白爱宏：《抵抗异化：索尔·贝娄小说研究》，中国社会科学出版社2012年版。

白英丽：《〈雨王亨德森〉的"负罪——救赎"母题》，《中山大学学报论丛》2006年第11期。

车凤成：《索尔·贝娄作品的伦理道德世界》，中国社会科学出版社2010年版。

蓝仁哲：《〈雨王亨德森〉：索尔·贝娄的浪漫主义宣言》，《四川外语学院学报》2004年第6期。

李慧、惠敏：《以死救赎——弗兰纳里·奥康纳的基督教救赎伦理》，《外国语文》2015年第6期。

刘曼：《"替罪羊"之文化内涵演变考释——以〈金枝〉为中心》，《世界民族》2017年第4期。

［法］勒内·吉拉尔：《替罪羊》，冯寿农译，东方出版社2002年版。

《圣经》，中国基督教三自爱国运动委员会，中国基督教协会2009年版。

［美］索尔·贝娄：《雨王亨德森》，蓝仁哲译，上海译文出版社2012年版。

叶舒宪：《文学人类学教程》，中国社会科学出版社2010年版。

张军、张平、吴建兰：《美国犹太文学中的空间书写与美国民族认同的建构研究》，《外语教学》2018年第5期。

张甜：《〈雨王亨德森〉与贝娄的共同体思想》，《外国文学研究》2011年第6期。

张武、杜志卿：《论〈瓦解〉的死亡叙事艺术》，《外国语文》2015年第5期。

张晓霞：《雨王亨德森精神救赎之评析》，《安徽文学》2016年第12期。

周南翼：《二十世纪文学泰斗贝娄》，四川人民出版社2003年版。

Death as a Narrative Strategy in *Henderson the Rain King*

Zhang Xiaoxia

Abstract: American writer Saul Bellow portrays the process of the protagonist Henderson's redemption by means of extraordinary death narrative strategy in his representative work *Henderson the Rain King*. Large numbers of remarks about death and death images in the novel not only signify Henderson's spiritual death but also push forward the development of the plot. Remarks about death in the book highlight the process of the unawareness, awareness and transcendence of Henderson's fear of death. The composure in the face of death images held by the two African tribal leaders helps Henderson overcome his fear of death. The king Dafu, a scapegoat created by the author's inter-textualizing *the Golden Bough* and *the Bible*, helps Henderson transcend the fear of death and find the meaning of life in the love for beauty and the love for others.

Key words: *Henderson the Rain King*; Death as a narrative strategy; Scapegoat

文化与教学

越界性与文化身份：
大航海文学中的边界突破

乔 溪[①]

摘 要：边界勾勒着一个群体所占据空间的形貌，并定义该群体的文化身份。从"我者空间"进入"他者空间"须经历地理与心理的双重越界过程。在大航海文学的想象中，跨越世界边界之举往往能将原本封闭的边界转为开放状态，解锁身份的复数形式，从而与"他者"建立联系，该模式有助于理解和促进当今世界的文化交流。从地理批评角度来看，任何边界都等待被跨越，而边界一经跨越随即消解，处在无限的流动中，因此一个群体的空间与文化身份也处在永恒的变化中。在外语教学方面，启发外国语言文学专业学生对越界性进行思考，有利于引导其建立跨文化意识，并帮助其更好地认识文化身份。

关键词：地理批评；越界性；大航海；文化身份

一 引言

人类空间的外部往往呈现为某种形式的边界。这些边界定义着空间范围及其内部群体的身份，因此蓄积着排他性，异质空间的边界相互碰撞常伴随着巨大能量的释出。在互联网与全球化的作用下，"远方"的概念发生了根本性的变化，人类空间显得愈发拥挤，导致异质文化间的接触愈发频繁，边界碰撞随之加剧。针对全球化背景下的边界问题，法国学者贝尔唐·韦斯特法尔（Bertrand Westphal 2018：21）在《地理批评宣言》中提

[①] 作者简介：乔溪（1987— ），女，陕西师范大学外国语学院副教授，研究方向：地理批评与海洋文学研究。

本文系国家社会科学基金项目"中西大航海文学地理批评研究"（项目编号：22XWW008）的阶段性研究成果。

出了"越界性"(transgressivité)。作为地理批评(géocritique)的核心概念之一(与空时性、指涉性并列),越界性揭示了空间的流动特性,鼓励打开封闭的边界,从地理和心理两个层面走出"我者空间",进入"他者空间",突破精神和物质的界限,对"他者"持开放态度(Westphal 2007:72-73)。回溯至大航海时代,人类初次在全球范围触碰彼此的边界,这一时期人类经历了剧烈的空间转向,原本封闭的空间急速向外扩展,"我者"与远方的"他者"骤然相遇,此时发生的一系列远洋航行活动被视为全球尺度下的边界初探。

1405年郑和首次下西洋,1497年葡萄牙航海家达·伽马绕过好望角,两支船队分别从世界的东方和西方驶入印度洋。当时中国与欧洲尚缺乏直接交流,印度洋是二者共同的"他者空间",既承载了中国对西方的想象,又承载了欧洲对东方的想象。郑和与达·伽马分头到达印度洋的壮举不仅未使想象破灭,反而为之提供了更加丰富的素材,并催生出两部文学作品。1572年,葡萄牙诗人路易斯·德·卡蒙斯(Luís de Camões)以史诗形式创作的《卢济塔尼亚人之歌》(下文中简称《卢济》)问世;1597年,中国小说家罗懋登完成了神魔小说《三宝太监下西洋记》(下文中简称《西洋记》)。两部作品成书时间相近,分别讲述了郑和与达·伽马的航海经历与见闻,且皆在史料的基础上加入了大量神话情节,大胆想象了双方从熟悉空间进入陌生空间、从"我者空间"跨入"他者空间"的过程。二者不存在直接影响关系,是比较研究当时中国与欧洲文学边界书写的理想资料。

二 边界的焦虑

边界天然具有阻断和限制的特性,它能够造成禁锢感,从而引发焦虑情绪。《卢济》与《西洋记》充满对边界的描写和隐喻,作品中反映出远洋航行者清醒的边界意识。葡萄牙船队起航前,众人所期待达成的目标是"航遍无垠的海洋,像阿耳戈一样成为天庭的星座(《卢济》4章85节)"。阿耳戈号是希腊神话中远赴海外觅取金羊毛的英雄所乘坐的快船,其最显赫的功绩是征服了博斯普鲁斯海峡两侧的撞击巨岩,突破了地中海与黑海之间的边界,从而拓宽了已知世界。葡萄牙船队以阿耳戈号为榜样,充分展现了其跨越新边界的意图。然而与雄心壮志并存的是新边界潜藏的危险,文中多处可窥见水手们的焦虑情绪。船队越过赤道线时,南

北半球的视角发生了颠覆:

> 我们发现船队已在另一个半球,
> 看到的是新的星座,(5章14节)
> ……
> 只见那大小熊星不惧朱诺,
> 在尼普顿的海水中尽情沐浴。(5章15节)

被天后朱诺惩罚而永不得入海的大小熊星座在赤道线的另一边沉入海平面以下,此现象令人极度不安,它意味着熟悉空间中的一切规则在边界之外都将失去效力,越界的代价是陌生空间的不可预见性。《卢济》第五章中,跨越赤道之前的航程顺风顺水,而之后则处处险情,作者以生动的比喻书写了雷电、暴风雨、桅顶电辉火、水龙卷等场景,足见赤道是截断航线的几条边界之一。

达·伽马1497年航行的著名成就是首次绕过好望角,此地也是《卢济》中的另一条重要边界所在。从第五章三十七节开始,船队遭遇了化为海角的可怖巨灵亚达马斯托尔,卡蒙斯用三节篇幅刻画了其庞大而惊悚的形象,他守卫的海域是"凡夫俗子不可逾越的禁区(5章42节)",因此谴责葡萄牙人"越过禁区的界限(5章41节)",并威胁道"死亡只是最小的灾难(5章44节)"。这个"奇形怪状,硕大无朋,眼窝深陷,面色惨白,黑洞洞的嘴巴露出一口黄牙(5章39节)"的巨灵是边界的拟人化表征,反映着充满焦虑的边界想象。

《西洋记》的边界焦虑在起航前就已揭晓。全书共一百回,而在第九回中,张天师与永乐帝讨论下西洋的可行性时已经提到阻挡在航线上的两条天堑:吸铁岭、软水洋。该作品采用虚构与现实相结合的地理布局,罗懋登参考了马欢的《瀛涯胜览》和费信的《星槎胜览》,此二人皆为郑和下西洋的随行人员,对地理位置的记录有较强的客观性;但文中可见作者受《西游记》影响颇深,其世界结构借鉴了佛教的四大部洲说,将西洋诸国的分布与西牛贺洲叠合,产生了一系列地理错位现象,并加入了女儿国、酆都鬼国等未录入《瀛涯胜览》的想象地名,吸铁岭、软水洋也系想象。关于这两处边界的描述,原文如下:

……过了日本扶桑、琉球、交趾，前面就有吸铁岭，五百里难行。过了吸铁岭，前面就是八百里软洋滩……鹅毛儿也直沉到底，浮萍儿也自载不起一根……软水洋这一边还是南赡部洲，那边去就是西牛贺洲了。（罗懋登 1996：99）

软水洋分隔了南赡部洲和西牛贺洲，是"我者空间"与"他者空间"的边界。与《卢济》的不同之处在于，赤道线、好望角只是伴随着风暴、巨浪等航海活动常见的危险因素，虽然急剧提高了越界的风险，却仍是可以挑战的；吸铁岭、软水洋的特殊属性则使越界行动本身成为"物理不可能事件"——船上的铆钉、铁锚等金属制品靠近吸铁岭会造成宝船解体，而软水洋更是没有浮力的水域，绝非仅仅依靠决心与勇气即可征服的边界。由此可见，《西洋记》中的边界具有更强的阻隔性，源自更深层的焦虑。两部作品中边界的不同表征或与彼时中、葡思想差异相关，《西洋记》成书时中国正处于闭关锁国阶段，《卢济》则写于葡萄牙海外扩张的上升时期，因此罗懋登笔下的边界限制力较强，而卡蒙斯设想的边界限制力较弱。放在如今全球化语境下来看，与异质文化交流程度越高、意愿越强，对边界的想象即越开放。尽管上述几条边界的强度各有不同，但均能反映进入陌生空间、"他者空间"之前普遍存在的危机意识与焦虑情绪。

边界的焦虑与文化身份密切相关。韦斯特法尔在《领地与文学》中指出："固定的边界内部集合着令一个群体与众不同的特性，从而赋予这个群体特定的身份，使之趋于稳定。"（Westphal 2015：9）越界意味着放弃这种稳定，与"他者"的属性杂糅，带来的结果是越界者身份的复数化。当今世界异质文化的边界呈网状密集交错，因而许多人的身份都是复数的，他们在多个空间中穿梭，没有绝对固定的归属，既不追求稳定，也不排斥自身所带有的异质性，对于这类人，边界焦虑是得以缓解的。而在这两部作品诞生的 16 世纪，无论在中国还是欧洲，"我者"与"他者"均呈鲜明的对立关系，身份的复数化可能导致混乱与迷失，越界行为可能打破原有的平衡与稳定，故而表现出较为强烈的边界焦虑。

三　边界的跨越

"任何边界都等待被跨越。"（Westphal 2007：71）尽管困难重重，历经艰险，航路上的各种边界最终已在身后。

受殖民思想影响，大航海时期的欧洲执着于将空间固化，通过绘制地图、命名地点等方式力图将空间束缚在具体的地方、场域，这种倾向甚至延续至今。然而这一系列举动反而证明，边界和它所包裹的空间一样，都处于永恒的流动变化中，德勒兹和伽塔利正是在此基础上提出空间的"解辖域化"与"再辖域化"（Deleuze 1980：635），韦斯特法尔延续这一思想，强调边界的流动性和可跨越性。

边界是流动的，故其形态在时间维度上也不断发生着变化。若将《卢济》与《西洋记》中呈现的边界放入时间更早的参考系中，便可印证其形态的转变。卡蒙斯采用史诗的形式创作《卢济》，古希腊神话经典史诗中亦不乏对世界边界的描写，上文提到的阿耳戈号即是例子。为了从地中海驶入黑海，阿耳戈英雄必须面对博斯普鲁斯海峡两侧的撞击巨岩（Symplégades），两块巨岩之间有条狭长的缝隙，一旦有船试图穿过，巨岩就会合拢以夹碎船只（Rhodes 1974：191）。将此模型简化为"两个障碍物中间留有空隙"，即得到一个门形边界。无独有偶，同样是希腊神话，《奥德赛》里尤利西斯在归途中也遇到了一个门形边界——墨西拿海峡，其两侧分别住着海怪卡律布狄斯和斯库拉（Homère 1995：114）。另一个例子是位于直布罗陀海峡两侧的海格力斯之柱，它们标记着地中海世界的最西边，后来但丁在《神曲·地狱篇》中提到此地，受火刑炙烤的尤利西斯正是因为航行到海格力斯之柱以外的禁地而遭到惩罚（Dante 1987：337）。这些都可看作门形边界，直观呈现为闭合式形态。而随着时间推移以及海洋空间的拓展，在后来创作的《卢济》中，赤道是一个向两端无限延伸的线形边界，亚达马斯托尔是一个可以绕过的角形边界，二者呈现为敞开式形态。

《西洋记》中亦能观察到这种变化。根据对软水洋的描述，可以推断其原型来自中国神话中的"弱水"。《山海经》的《海内南经》《海内西经》《大荒西经》皆提到西王母居所附近的弱水（方韬 2009：206，213，255）。《海内十洲记》有："凤麟洲在西海之中央，地方一千五百里。洲四面有弱水绕之，鸿毛不浮，不可越也。"弱水在此为四面环绕的围形边界，呈闭合式。而明代《西洋记》所描写的软水洋、吸铁岭都是向两端无限延伸的线形边界，与《卢济》中一样呈敞开式，两部作品都在一定程度上体现出欧洲与中国的空间意识逐渐拓宽，趋于开放。值得注意的是，上文所引希腊神话的几个门形边界的原型皆为海峡，这是否说明闭合式形态的边界仅是某种对海峡的想象，而与空间意识无关？并非如此。希腊神话书写的边界以海峡居多，这与当时海事活动限于地中海范围有很大的关系。根据罗懋登描述，吸铁岭、软水洋应大致位于今越南一带，而郑和下西洋也有穿越马六甲海峡的经历，该海峡却并未在《西洋记》里表现为边界，因此闭合式边界的想象与海峡的地形并无绝对关联，它更多是反映一个时期的空间意识。

边界是可跨越的，《卢济》和《西洋记》虽然将其刻画为险阻重重的地方，但船队最终还是成功越过。卡蒙斯在《卢济》第五章三十七节至六十节书写了葡萄牙船队绕过好望角的过程，其中大部分是巨灵亚达马斯托尔的自述，主要内容有三：第一，通过回忆往事彰显自己曾经的威势；第二，不满葡萄牙人驶入禁地冒犯自己；第三，自己如何因迷恋忒提斯而中计被困好望角（当时称风暴角）。巨灵的回忆十分悲情，从无所不能的泰坦沦落为禁锢海角的岩石，虽然他不断预言达·伽马一行将遭到各种厄运，并威胁要倾覆船队，但其话语更像是苦涩的诉说：

> 天神们把我这巨大的身躯变成天边荒僻的海角，
> 为了加深我的痛苦，
> 忒提斯又把苦涩的海水将我围绕。（5章59节）
> 它这样叙说，接着一声哀号，
> 突然在我们眼前消失，
> 头上的乌云顿时消散，
> 大海在远处发出隆隆声响。（5章60节）

此处，边界竟不攻自破。先前希腊神话中封锁边界的神祇大多能对斗胆越界之人造成毁灭性破坏，而到了大航海时代，驻守在好望角禁地的却是一个失去力量的神祇，他虽不满人类对海洋的征服，却无能为力地看着船队进入新世界。1572年文艺复兴影响正盛，卡蒙斯的作品带有典型的人文主义精神，海洋的神性一直在消退与留存之间振动，人性的强大与脆弱亦渗透在字里行间。瓦斯科·穆拉（Vasco Graça Moura）（Camões 2001：10）指出，卡蒙斯的观点充满了矛盾的张力，人如同泥里的虫豸般渺小，却能在天地间成就大业；既可以在诸神的帮助下依靠勇气与胆识克服困难，又可能在自然、财富、命运的玩弄下一败涂地。罗懋登则不然，彼时是中国明代神魔小说的流行时期，《西洋记》中的海洋仍是由神魔所主宰的空间，航程中的一切经历，无论好坏，皆为神魔所致。《西洋记》的角色设置明显体现了这一思想，作品虽讲述郑和下西洋，但故事的主角却非郑和，而是燃灯古佛的化身金碧峰，该角色与《西游记》中孙悟空的设定十分相似，船队下西洋途中的各种险阻都靠他上天入地得以解决，跨越两条世界边界的壮举也在此范畴。小说中人的力量不仅无法超越神魔，甚至无法超越器物，郑和等人在航海途中起到的微末作用也往往离不开神物加持。裴亚莉（2020：71）在梳理《西游记》中人与物的关系时指出，作品中人对宝物的依赖表现在对"物力"超越"人力"的承认与赞美中，《西洋记》所刻画的宝物如"金翅吩琉璃""钵盂"之类也印证了这一观点。

《西洋记》第二十一回题为"软水洋换将硬水，吸铁岭借下天兵"（罗懋登 1996：227），船队终于到达南膳部洲的边界，先后遇到软水洋和吸铁岭。金碧峰跟东海龙王沟通后了解到软水洋上层的水没有浮力，而下层是正常的海水，于是借助法器钵盂将上层的软水舀起，露出浮力正常的海水供船队平稳通过。随后，金碧峰向天庭借来天兵，向龙宫借来海兽，在船员毫无察觉的情况下连夜将宝船搬运到了吸铁岭的另一侧。正如《卢济》一样，《西洋记》里的人类不费吹灰之力地跨越了原本不可能突破的世界边界。不同之处在于，达·伽马船队的成功是因为驻守边界的神丧失力量，而郑和船队的成功则是依靠神的助力。通过分析这些边界的内在逻辑，可以观察到其差异：卡蒙斯笔下的亚达马斯托尔为刻意设置的边界，其存在具有主动性；罗懋登笔下的软水洋、吸铁岭为天然生成的边界，其存在具有被动性。前者有禁止通行的明确目的，而后者只是客观上妨碍了通行，这也从侧面反映了当时欧洲与中国对边界的态度与认识。当然，不管出于什么原因，这些边界终究为人所突破，"他者空间"注定会打开，交流势不可挡，于是无论在欧洲还是在中国，群体的身份都走向了复数。

四 边界的消解

边界一旦被跨越就失去了对空间的限制功能，换言之，边界一经跨越随即消解，这一思想在许多文学作品中都有体现。

亚达马斯托尔在一声哀号中灰飞烟灭，葡萄牙船队原路返回的航线上再无与之相遇，所剩的只是好望角这一地点，标记着边界曾经存在过的痕迹。博斯普鲁斯海峡的撞击巨岩也是如此，韦斯特法尔在《似真世界》中写道："对于阿耳戈英雄来说，撞击巨岩是被赋予生命力的怪兽，跨越此障碍等同于征服了世界另一边的守卫。"（Westphal 2011：112）这条边界有生命力，因此它的存在也具有主动性，与上文提到欧洲的边界认识相符。为了在穿过海峡的同时免受巨岩碾压，阿耳戈英雄首先放出了一只白鸽飞越海峡，巨岩立刻收缩以阻挡白鸽，阿耳戈号趁巨岩合拢的瞬间向海峡进发，此时巨岩在第二次收缩之前必须先分开再合拢，时间延长一倍，阿耳戈号顺势冲过了海峡。此后，撞击巨岩因被征服而失去活力，固定在开放的状态，失去了驻守边界的作用。越界的最终结果是边界的消解。

　　《西洋记》中也能找到类似规律。郑和的船队跨越了软水洋与吸铁岭，在原路返回的途中，这两条曾经的边界均改换了特性。吸铁岭失去了磁力，磁石化为黄金，变成对船只毫无威胁的黄金海岭，不再具有禁锢空间的作用。软水洋的情况则更值得进一步分析。根据第九十六回所述，宝船返回时再次来到软水洋前，土地公让船队放心通过，并解释道："自从昔年佛爷爷（指金碧峰）经过之后，硬水愈多，软水愈少，每日间只好一时三刻是软水。却又在半夜子的时候，日间任是行船，坦然无阻。"（罗懋登 1996：1071）自第二十九回船队第一次跨越软水洋后，这里的水情发生了改变，每天只有在夜间的一时三刻没有浮力，其他时间恢复正常，即这条边界随着越界行为的发生失去了实际的限制力，但它并未因此完全消失，而是保留了每日片刻的特殊性，这种特殊性不足以维持边界的禁锢作用，却能够标记边界曾经存在的痕迹，与变成黄金岭的吸铁岭、只剩下一块巨石的好望角以及定格在海峡两侧的撞击巨岩本质相同。

　　解释这个现象，可以引入韦斯特法尔提到的一对概念，即古希腊语中的近义词 limes 和 limen（Westphal 2011：111），笔者在《地平线与风景》一文中也使用过这两个词，二者都带有"界限"（limit）的意思，limes 是一条封闭的边界，代表一个封闭空间的尽头，不可突破；而 limen 是一条开放的边界，犹如一道门槛，注定要被跨越（乔溪 2014：146）。本文谈及的各种边界最初都表现为 limes，看上去似乎具有强力的阻断作用，但它们同时也是等待被跨越的，且一经突破，原本的封闭意义就随之消解，转化为一条 limen 式的开放边界。

　　基于此逻辑，可以将边界理解为一组涟漪状向外部退散的线，随着一次次的越界，边界不断消解、持续后退；其所定义的空间也不断被释放、重新定义、持续扩展；同样，其所定义的群体也不断地获得新的身份，曾经的陌生空间逐渐变成熟悉空间。越界是边界流动的原动力。保罗·祖姆托尔（Paul Zumthor 1993：275）在比较了欧洲从中世纪到大航海时期的海图后指出，陌生空间在海图中表现为海怪、巨兽占据的区域。随着地理大发现的推进，原本集中在地中海的怪兽向更远处的大西洋退去。"地图的边缘在缩小，终有一天所有的怪兽都会消失不见。"

以地图来阐释边界的问题是十分贴切的隐喻，但在此又会引出另一个问题。祖姆托尔观察到的海图皆是以欧洲视角为中心而绘制的，倘若绘图者持续使用唯一视角，那么地图的边缘的确会逐渐缩小，怪兽向外退散直到消失不见；但如果加入多重视角，地图的中心就变成了复数，欧洲眼中的世界边界可能是另一群体的世界中心，如此一来，以欧洲视角看上去退到边界的怪兽很可能与另一群体的中心重叠。该现象是滑稽而严肃的——在交流尚不频繁的时代，相距甚远的文化群体鲜少意识到世界的中心与边界皆为复数，而非唯一；但随着地理大发现将空间连成一片，在今天全球化程度如此之高的情况下，这就变成了不可忽视的问题。当许多群体各自空间的边界碰撞、扭曲、重叠时，究竟应如何看待边界？

五　边界的反转

乔治·阿甘本（Giorgio Agamben 2002：36）在《无目的的手段——政治学笔记》中结合拓扑学将欧洲内部的各种复杂交错的边界看作莫比乌斯带的形态。将一条纸带拦腰扭转一次再首尾相接，就会得到一条莫比乌斯带，倘若一个点沿着莫比乌斯带移动，它就可以在不越过纸带边缘的情况下从正面走到反面再回到正面，无限循环转换。韦斯特法尔（2016：24）在《子午线的牢笼》中援引这一观点，认为在莫比乌斯带结构下的边界可以实现内部与外部的自动交替，直到相互融合不可分辨，从而消解边界。

大航海时期的文学作品尚不涉及这种复杂局面，但在《卢济》与《西洋记》中却有两处情节暗示了这种可能性。郑和与达·伽马都曾到过印度的卡利卡特，在这两部作品中均有叙述，但二者在此地的际遇截然相反——郑和收到了国王的礼品和降书，达·伽马却遭遇软禁，兵戎相见，最终率船队逃离卡利卡特。如果把船队看作"我者空间"，把卡利卡特

（《西洋记》中称为古俚国）看作"他者空间"，那么与之交往也意味着一种边界跨越，郑和成功地跨越了这条边界，而达·伽马却以失败告终。值得注意的是，两部作品不约而同地书写了船队递上国书的情节以及卡利卡特王对来访者态度的瞬间逆转。

达·伽马到达卡利卡特时，国王的态度起初是友好的（7章64节），并表示需要与大臣商量后才能决定是否接受葡萄牙人的贸易条约，并安排达·伽马一行稍作休息。然而在葡萄牙人的宿敌摩尔人挑拨下，国王开始怀疑来访者的动机并渐生敌意，船长心中暗想："仇恨的摩尔人设置的阴谋使他产生如此糟糕的念头。"（8章64节）糟糕的念头竟导致了越界失败。

郑和船队则正好相反。到达古俚国之前，郑和首先派遣使者王明给国王递上国书，言辞颇为傲慢。王明担心对方不肯接受，他得知国王宠信几个道士，于是先乔装为算命的道士混入古俚国，取得国王的信任。原先得宠的道士曾说服国王派兵抵御大明船队，称郑和等人"一路上执人之君，灭人之国"（罗懋登 1996：677），而王明却告诉国王即将有喜信送到，紧接着换上大明使臣的衣服重新进城，带着国书自称"送喜信的来见国王"。国王思想中先入为主，读着言辞傲慢的国书仍觉得是喜信，于是欣然接待了郑和一行人，并奉上降书和礼品。一念改变，边界随之崩解。

小说的情节虽有夸张之处，但背后的原理却与越界思想十分契合。边界定义身份，身份反过来也可修改边界，王明通过主动调整身份的方式从莫比乌斯带的外部悄无声息地走入内部，又给内部植入了新的思想，使之与外部达成一定的共识，增加了彼此之间的共性，从而实现了内外转换，把边界从僵化的地理概念中解放出来，不再视之为区分"他者"和"我者"的分明界限（张蔷 2020：64）。

六 结语

本文由"跨文化比较"课程讲义凝练而来，旨在引导外国语言文学专业的学生从大航海时代东西方产生的这两部文学作品中管窥边界的实质，以在当今复杂而多元的空间中参考借鉴。正如韦斯特法尔所言，任何边界都等待被跨越，不同群体应随时保持一种越界状态，主动了解和进入"他者空间"，实现文化交融，增强理解互信。边界一经跨越随即消解，从原本封闭的 limes 转换为开放的 limen。从单一视角来看，世界边界呈涟漪状不断向外退散；而随着身份的复数化、聚焦的多样化和中心的消解化，看待重叠交错的边界亦可引入拓扑学视角，将其视作莫比乌斯带式的内外交替、无限转换的形态。如此一来，空间在向外扩展的同时也在向内折叠，"我者"与"他者"之间交替转换的关系替代了传统思想下的对立关系。

参考文献

Agamben, G., *Moyens sans fins, Notes sur la politique*, traduit de l'italien par Danièle Valin, Paris: Rivages, 2002.

Camões, L., *La Poésie lyrique, une anthologie protugaise et française*, préface de Vasco Graça Moura, traduction de Maryvonne Boudoy et Anne-Marie Quint, Bordeaux: L'Escampette, 2001.

Dante, A., *La Divine Comédie, L'Enfer*, traduction de Jacqueline Risset, Paris: Flammarion, 1987.

Deleuze, G., F. Guattari, *Mille Plateaux*, Paris: Minuit, 1980.

Homère, *L'Odyssée, tome II (chants VIII-XV)*, texte établi et traduit par Victor Bérard, Paris: Les Belles Lettres, 1995.

Rhodes, A., *Argonautiques, tome I*, traduction de Émile Delage, Paris: Belles Lettres, 1974.

Westphal, B., *La Géocritique. Réel, fiction, espace*, Paris: Minuit, 2007.

Westphal, B., Territoire et littérature. Quelques excursions deçà et de-là de la mer Méditerranée, Rhesis International Journal of Linguistics, Philology, and Literature, 6.2: 5-15, 2015.

Westphal, B., *La Cage des méridiens*, Paris: Minuit, 2016.

Westphal, B., *Le Monde plausible*, Paris: Minuit, 2011.

Zumthor, P., *La Mesure du monde*, Paris: Seuil, 1993.

［法］贝尔唐·韦斯特法尔：《地理批评宣言：走向文本的地理批评》，《南京工程学院学报》（社会科学版）2018年第18卷第2期。

［葡］路易斯·德·卡蒙斯：《卢济塔尼亚人之歌》，张维民译，社会科学文献出版社1992年版。

方韬译注：《山海经》，中华书局2009年版。

罗懋登：《三宝太监下西洋记》，石仁和校点，三秦出版社1996年版。

裴亚莉、石燕：《神游与痴醉：〈西游记〉中的人—物关系》，《人文杂志》2020年第3期。

乔溪、贝尔唐·韦斯特法尔:《"地平线"与"风景":东西方审视世界之不同视角》,《陕西师范大学学报》(哲学社会科学版) 2014 年第 43 卷第 3 期。

张蔷:《论韦斯特法尔的空间隐喻与世界文学观——从〈子午线的牢笼〉谈起》,《外国文学研究》2020 年第 42 卷第 2 期。

Transgression of Limits in Literature of the Age of Discovery

Qiao Xi

Abstract: Boundary outlines a cultural space and defines the identity of the community inside. Going from "us-space" into "other-space" requires both geographical and psychological "transgressions". Literary works of the Age of Discovery are full of imagination where the action of boundary crossing can turn the closed boundaries into open ones, unlock the plural of identities and therefore build connections with others. From a Geocritical point of view, all boundaries call for crossing, and deconstruct the moment when it happens. Boundaries are fluid, and in permanent changing.

Key words: Geocriticism; Transgressivity; Age of Discovery; Cultural identity

康熙与路易十四
——从施政到科学态度之比较

王燕红[①]

摘　要：清朝的康熙皇帝和法国的路易十四几乎生活在同一历史时代，分属于亚欧大陆东西两端的两个帝国。相距万里的两个帝王有许多相似和相异之处，他们之间是否有交集？是否有相互的影响呢？本文就二者对科技进步的贡献，对待农业和商业的态度，生活习惯和思想信仰等方面作具体比较，以观孰优孰劣。

关键词：康熙；路易十四；交集；比较

一　引言

中国和法国这两个分属于亚洲和欧洲的大国，各自拥有悠久的历史和灿烂的文化，分别占据着亚欧大陆的东西两端。遥远的距离与文化的差异并不能阻止两国之间的往来、交流和相互影响。早在 17—18 世纪，东西两个帝国中，分别出现了一位伟大的帝王：中国清朝的康熙皇帝（1661—1722，在位 61 年）和在位时间大致相同的法国太阳王路易十四（1643—1715，在位 72 年）。这两位具有雄才伟略的东西方君主有着许多惊人的相似之处，甚至有人称路易十四为法国的"康熙大帝"：他们冲龄继位，经历过皇太后摄政和大臣辅政；亲政后文治武功，极力维护和发展中央集权；二者都因长寿闻名，在位时间非常长；性格上，两人都非常自律，且爱好艺术；甚至在容貌上，二人脸上都有儿时得天花留下的疤痕。康熙是中国历史上明君的代表人物，而路易十四可以说是法国历史上最伟

[①]　作者简介：王燕红（1978—　），女，陕西师范大学外国语学院讲师，研究方向：法语语言与文化。

大的皇帝……学者们曾对两位君王的施政策略和在科技进步上的贡献进行比较，这里我们将述说二人的交集，再比较二者在各方面的相似、相异之处，更加立体而多面地展现两位统治其帝国半个多世纪的皇帝之形象，他们是平分秋色，抑或谁更胜一筹？

二 交互和影响

两个远隔万里的帝国、两位颇有相似之处又差别甚多的君主是如何产生交集，并相互影响的呢？这一切的联系肇始于彼时来华的法国传教士们。在那个交通并不便利的时代，欧亚大陆有着海路和陆路两个途径的往来。地理大发现和大航海时代以来，一批批传教士通过海路来到中国，形成一场规模浩大的西学东渐运动。从17世纪末至整个18世纪，法国在西方对华传教第三次高潮中，超越了始唱主角的葡、西、意，独占鳌头。康熙在位期间，来华的耶稣会士有五十多人。野心勃勃的路易十四不甘落后于欧洲其他国家，当康熙的钦天监监正南怀仁教士（Ferdinand Verbiest，比利时来华传教士）呼吁西方各国向中国增派传教士时，他精心挑选并派出六名博学多才的耶稣会士前往中国，为了避免与葡萄牙在教权上的冲突，授予其"国王数学家"之称号（其中洪若翰——Jean de Fontaney、张诚——J. FR. Gerbillon、白晋——Joachim Bouvet、李明——L. D. Le Comte、刘应——C. de Visderou 5人1687年到达中国）。他们几经艰险，于1688年3月21日谒见了康熙皇帝，并带来了太阳王馈赠给康熙的私人礼物，这虽不属于常规外交，但应该是两国之间首次正式而非宗教的交往。后来白晋和张诚共任康熙的老师，教授数学和天文，深得器重；洪若翰曾用奎宁治愈身患疟疾的康熙；张诚精通满、汉语言，在中俄签订《尼布楚条约》时担任翻译，立下大功。1697年，白晋奉康熙之命返回法国，带去了康熙赠给路易十四的49卷汉籍，还呈献了近十万字题为"Portrait historique de l'empereur de la Chine présenté au roi"的报告，后出版为《康熙皇帝》，介绍康熙的日常生活、军事征战和政治统治。该书的描述中充满了对康熙的溢美之词，说他"深信君主的威信和真正伟大应当较少地借助于外在的豪华，而更多的是在于他道德的光辉"，康熙虽贵为一国之君，拥有天下财富，却深居简出、勤奋简朴。这些都引起路易十四对这位远在东方的君主的强烈兴趣，他随即又招募了马若瑟（Josephe Marie de Prémare）等十名传教士随白晋来华。白晋力促"安菲特利特"

即"女神"号（L'Amphitrite）开往中国，1698年3月，十名教士从法国西海岸的拉罗谢尔港乘该船出发。这也是中法关系史上的一件大事——法国"安菲特利特"号大型商船首航中国。

彼方曾有使者来，清朝时的中国也有人去过路易十四的宫廷。来华的传教团中有一位柏应理神父（Philippe Couplet，比利时汉学家），回法国时带着一位中国年轻人沈宗福，两人在凡尔赛宫得到召见。1684年9月发行的期刊《墨丘利》中生动描述了这次觐见的种种细节：沈宗福应邀参加路易十四的晚宴，国王对其着装和行为都显得很好奇，他"饶有兴趣地观赏这位远方来客如何用右手的两个手指灵活地夹着两支象牙筷子取用食物"。实际上，柏应理和沈宗福此行有着更重要的任务，正是他们带来了柏应理的上司——时任北京皇家天文台钦天监监正一职的南怀仁神父的紧急求助信。

诚然，这些来华传教士肩负着文化、外交和宗教的三重使命。文化交流是双向而成功的：两位帝王互赠礼物、书籍；白晋将卢浮宫、杜伊勒里宫的铜板和木板印制的文集、画册带往中国，印有象征法国皇室的百合花图案还引起了康熙的极大兴趣，百合花从此作为装饰图案在中国备受推崇；中国的文化和物品也被带到西方，丝绸、瓷器、画等手工艺品在法国大受追捧，18世纪弥漫在西欧的"中国风"就此产生；最为重要的是，传教士们对中国古籍进行研究（后被称为传教士汉学），对中国和欧洲的思想和文化有着非凡的影响，尤其是为即将到来的欧洲启蒙时代提供了素材。传教方面，1692年3月17日，康熙曾颁布"宽容赦令"，允许天主教在中国自由传播。安田朴（Etiemble）在其《入华传教士》一书中引用了康熙致礼部的谕令："西洋人治理历法，用兵之计修造兵器，效力勤劳……应仍照常行走……"（贝尔纳·布里赛，2014）虽如此，但由于康熙本人对儒家文化推崇备至，且热衷于政治远胜于神学，因此他们的传教活动除开初有过"短暂的兴旺"外，并"没有很多成功的记录"（张国刚，2001）。但是这几位有"国王数学家"之名的耶稣会士们都是出类拔萃、饱学多能之士，他们在科学、医学、语言等方面的天赋和才干使得他们得以留在康熙的身边，成为连接太阳王与康熙帝的纽带。

三　经济思想

康熙和路易十四在经济策略上有着较大的区别。

中国自古是一个农业国家，农业作为社会经济的基础长久以来都是国之根本。国家的稳定，百姓的安居，都与农业息息相关，所以中国两千多年的封建社会都是农业社会。从皇帝、百官到平民，土地始终是根本；从原始的刀耕火种到农具和农业技术的不断革新，都反映了农业的重要地位。所以在古代中国，统治者们大多采取重农抑商的政策，自战国以来，农为本、商为末的思想就一直占主导地位，清朝也不例外，康熙亦是遵循此道。

从康熙在土地、农业、赋税上所实行的措施就可见一斑。土地政策方面，康熙八年，政府下令停止圈地。他下谕户部"自后圈占民间房地，永行停止，其今年所已圈者，悉令还给民间"。还把一部分明末藩王所占田地给予"原种之人，令其耕种"，永为世业。另外，康熙还鼓励垦荒，在其统治时期，政治形势逐步稳定，为进一步垦荒创造了有利条件。康熙十年，清政府下令新垦荒地4年起科，并重申顺治时对地主垦田给予奖励的规定，后又改为6年，到康熙十二年甚至改为10年。他的这些土地政策实施得力，效果良好。赋税政策方面，实行"摊丁入亩"，即"盛世滋生人丁，永不加赋"，既稳定税收，又减轻农户负担。农业耕种方面，康熙在位时在江南大力推广双季稻，使单位面积产量进一步提高。他赐稻种给苏州织造李煦利，在苏州试种成功，亩产总量都在五六石以上，后又推广至两淮、浙江、江西等地。此外，他还时常令各地种植一些因地制宜的经济作物。

除了以上这些具体的"行"，康熙的"重农"还体现在他的"言"上，清朝章梫所著的《康熙政要》一书中就记载了许多康熙谈及农业的谕令。如一则，康熙二十九年，圣祖（康熙）谕户部曰："朕唯阜民之道，端在重农……所有庄田，勿致播种后时，以副朕敦本劝农，爱养兵民之意。"这里他明确表示农业是人民富足的根本，用心良苦地说了许多劝农之言，告诫大家切勿误了农时。再一则，康熙三十一年，圣祖召尚书库勒纳等入，谕之曰："顷尔等进来时，曾见朕所种稻田耶？"可见，康熙甚至在宫里种了稻子。还有一则，圣祖巡幸所及，轸念民依，之稼穑之艰难，尝作《农桑论》《稼说》《刈麦记》诸篇，以示王政之本。御制《农桑论》曰："尝观王政之本，在乎农桑。"可见，他还亲自撰写农事文章，并且在文中强调王政的根本就是农业。所以，见之"言""行"，足证康熙以农为本，重视农业。

清朝的商业，到了康熙统治中后期，在农业和手工业恢复和发展的基础上也发展起来。其实康熙也认为商业是社会里不可或缺的一环，士农工商四民各安其业，社会才能正常运转。清初，由于频繁的战争导致商人承担着极重的赋税。康熙二十五年，他提出爱护商民，停止征收重税，"重困商民，无裨国计……所有现行例收税溢额，即升加级记录，应行停止"。当然他此番谕令主要是出于维护社会安定的目的，促商也仅限于国内。康熙抑制商业主要表现在对外贸易方面。嘉庆以前，中国在国际贸易上始终保持贸易顺差的地位，中国的茶叶、瓷器、丝绸、谷物、烟草等许多商品在国外都大受欢迎，销量极高。但是康熙同清朝其他皇帝一样，认为自己是"天朝上国"，地大物博，并不鼓励进行海外贸易，加上害怕中国人同外国人接触后会不利于自己的统治，因此采取了闭关自守的态度，多次发布谕令，对百姓出海经商和外国人来华贸易严厉禁止。虽然康熙时期有过短暂的"开海"时期，即开放海上贸易，但在开放口岸主要是允许外国商船来华贸易，并不鼓励中国商人出去开拓市场。因此"开海"也有诸多限制：例如出海船只需缴纳货税、船钞及"耗银"等杂税；私带违禁品，如硫磺、军器等物出洋的"照例处分"（章榕，2012）；对中国商人征收的船钞要高于对外国商人的征收标准，以限制国人出海经商；同时，对出海船只的载重也有严格的规定，且只能打造单桅。同时，创建行商制度，对外商的贸易活动，通过"广东十三行"等严加控制。这些保守的倾向造成了海外贸易的诸多不便，使之日益萎缩。此外，出于稳定政治统治、保护以农为本的自然经济以及传统的"天朝上国"思想等原因，康熙五十六年又实行"禁海"，停止南洋贸易，法令规定："凡商船，照旧东洋贸易外，其南洋吕宋、噶罗吧等处不许商船前往贸易，于南澳等地方截住。"因此，虽然康熙的政策曾在一定程度上促进了对外贸易的发展，但后来又对海外贸易严令禁止，清朝继明朝之后再次出现的资本主义萌芽未能像西方那样迅猛发展，清政府贻误了走向世界的时机。

与康熙相比，路易十四是个重商主义者。

路易十四年轻时经历的投石党运动让他心有余悸，他力图将贵族排斥于政治圈子之外，选任中产阶级来担任政府要职。他惩治了贪污腐败的财政大臣富凯（Fouquet）之后，任命商贾之家的柯尔贝尔（Colbert）为财政总监。柯尔贝尔积极推行财政改革，开源节流，增收节支，使国家财政状况有所好转；西欧在中世纪结束后重商主义就成为主流，柯尔贝尔也接受了重商主义的观念，并大力推行之：创建新作坊，改革合作制度，实施保护关税政策，撤销关卡，以发展商业和对外贸易。

在政府的支持和控制下，大量的工商企业成立，包括一些著名的公司，例如1667年定名的"戈布兰织锦公司"，标榜是"王室家具的制造者"。此外还设立了许多贸易公司：1664—1670年间，东、西印度公司及东地中海公司、北方公司相继成立，政府对它们实行鼓励和补贴的政策。限制进口价值不高的粮食、农产品和木材，鼓励作坊生产地毯、瓷器等高档奢侈品出口。发展海军，与主导局势的荷兰、英国一较高下。同时，拥有海军舰队可以刺激国内相关产业的发展和手工业工人的就业。在这位财政大臣的努力下，法国海军船舰从1661年的二三十艘增加到1667年的140艘。柯尔贝尔还减免本国出海贸易船只的货运税收，开放敦刻尔克和马赛为自由港，并在布雷斯特建立了一个专门面向英国的港口。这些措施都极大地鼓舞了本国商人出海贸易，港口的开放也吸引了北海、大西洋、地中海以及近东的外来贸易，促进了海外贸易的发展，为路易十四的奢华生活和频繁战争积累了财富。此外，路易十四派往各个大陆的传教士，也身负收集信息的任务，其中就包括了解在那些大陆或国家进行贸易的可能性和前景。造船技术的提高和航海舆图的测绘，也很大程度上以发展海外贸易为目的。

除了海外贸易，路易十四也注重国内手工业的发展，下令创办手工工场，给予免人头税的优惠政策。在贸易初期，法国可供外贸的商品较少，于是下大力气提高纺织、玻璃制造等工艺。值得一提的是，路易十四发动的许多战争也是以商业利益为动机，例如与荷兰大动干戈很大程度上是为了争夺海上贸易权，打击这个有着"海上马车夫"之称的国家，如"1687年为与荷兰人争夺暹罗鹿皮的出口垄断权，法王路易十四派来了600名士兵"（刘新成，2007）。

由此可见，康熙为了保护自然经济不遗余力，与外界经济的接触也极为谨慎，扼杀了在南方出现的资本主义萌芽，这终将使清王朝的经济落后于西方，埋下了王朝衰败的隐患；观之路易十四，商业的发展为帝国积累了财富，刺激了资本主义经济，加强了法国与世界各国的贸易往来。当然，重商主义政策也有其副作用，即农业经济发展艰难，在粮食歉收时饥荒遍地，还导致大量的粮食倒卖。沃邦曾说："并非大量的黄金白银使一个国家变得强盛富裕……一个王国的真正富庶在于粮食充裕。"可见过分重商或重农都不好，好比两条腿跛了一条，需并重发展。从这个角度来看，康熙和路易十四的经济政策应该是各有利弊。

四 助力科学

康熙从小勤奋好学，除了治国理政，他对文学、艺术都有着浓厚的兴趣，也十分倾心西方科技。而路易十四虽然对科学并不十分热衷，但为了显示自己的功德，极力赞助科技与文艺，在无意间促使了科学技术在整个法国的繁荣与飞速发展。

当初，五位"国王数学家"来到中国时带来天文仪、望远镜、钟表等一些西方先进科学仪器，引起了康熙对西方科技的浓厚兴趣。康熙最初对科学技术的兴趣，并不是出于科学家对科学事业的热爱，而是为了用科学治理国家。当他看到科学技术对农业、工矿业、军事、治理河道、防治自然灾害以及医治疾病有着极大的帮助时，他就决定对科学技术多加了解，并加以利用和发展，因此开始学习西方科技。一些外国传教士曾有过这样的记载："他连续两年如此专心致志，以致把处理其他事务以外剩下的几乎全部时间都花在数学上。"南怀仁也记述道："每日破晓，我就进宫，并经常午后三四点钟才告退。我单独与皇帝一起，为他读书和讲解各种问题。"康熙对数学和天文极为感兴趣，还常常用自己所学的天文知识和仪器来测量太阳子午线高度，无论是在北京行宫，还是在出巡的行宫里，他都让侍从带着仪器，当着朝臣的面专心致志于天体观测和几何学的研究。从康熙五十二年开始，康熙命人编修了一部天文历法著作《律历渊源》，并根据南怀仁的《灵台仪像志》和《康熙永年历法》以及许多实测数据进行修正和补充，历经近十年；他还关注生理学和医药学，在宫廷里建立实验室来制造药丸、药膏等，并且命人翻译了《人体解剖学》，附有解剖图，西方的解剖学就是在这时传入中国。康熙命御医用作参考，但禁止刊印，所以没能流传开来；康熙在地理方面也有一项重大功绩，这便是命人进行测绘并制成《皇舆全图》。他也亲身参与其中，每次出巡，都命人带着仪器，随时测量，还大胆使用外国科技人员和设备。这项工作历时11年才完成，该图包括总图和各省的分图，都是依据实地测量的数据而制，东抵大海，西越西藏。这部地图集就当时的世界水平而言，堪称地理学方面的最高成就；此外，康熙本人还有一部科技著作《康熙几暇格物编》，记述了他本人和其他人了解到的自然现象，主要涉及地理和生物方面的知识。

　　当然，康熙也不是一味沉溺于西方科技，他还十分注重培养国内的科技人才。例如梅文鼎、陈厚耀、何国宗、明安图等，康熙希望他们能够结合中西科技之成果。在康熙六十大寿之年，成立了算学馆，地点设在畅春园的蒙养斋。蒙养斋正是由钦天监洋人对选拔出来的八旗子弟或世家子弟进行教授的地方，也是康熙召集学者研究科学、编撰书籍的场所，康熙正是想要在此实现中西科技之融合。"算学馆"也被西方人称为中国的"皇家科学院"。

　　无独有偶，在此之前，远在法国的路易十四也支持大臣柯尔贝尔于1666 年创立了一个学会，他挑选了一批学者定期在皇家图书馆里开会、讨论，这便是法兰西科学院的前身。1699 年 1 月路易十四正式给科学院制定章程，时称皇家科学院（Academie royale des sciences），由法国王室赞助（前文提到的有"国王数学家"之称的六位传教士即是由该科学院授予的头衔）。法国国家科学研究中心的凯瑟琳·杰米女士（Catherine Jami）曾说"路易十四根本没有兴趣参与任何科学活动"，他热衷于奢靡的宫廷生活，跳芭蕾舞、演戏剧，甚至可以说他是法国奢侈品"软实力"的缔造者；他好武善战，爱好文艺，却对科学缺乏热情。据说，有一次路易曾叫科学家们测绘全国地图，结果比原本以为的小，他便很生气地说："我的科学家比我的敌人让我失去的领土更多。"然而，正是这位对科学并不热衷的法国皇帝无意中推动了科学的发展。法国科学院的成员们享受津贴，科研活动也受到资助，他们的活动更加自由，可以选择自己要研究的领域——物理、数学、天文、生物……皇家科学院甚至用高额的津贴招揽外国人才，如意大利天文学家多米尼克·卡西尼，荷兰的物理学家惠更斯，丹麦的天文学家罗梅尔等。路易十四的慷慨资助使得许多科学家把科技的发展一股脑都归功于他。科学院建立的第二年，即 1667 年，路易十四又接受了柯尔贝尔的建议，建立了巴黎天文观测台，下令改革地理学，派出科考人员考察大西洋和地中海的各地。当时的欧洲在 16—17 世纪已经形成了近代自然科学体系，这也为法国在科学方面的发展提供了有利的土壤。

　　康熙的算学馆里主要教授他本人感兴趣的数学，研究有利于观测星象的天文学，编撰能实际应用于农事的历法以及学习以绘制《皇舆全图》为目的的地理学科。因此，虽然康熙在中国历代帝王中被认为是最为热爱和尊重科学的一位，但由于其实用主义的思维和政治动机，使他的科学行为具有明显的局限性。正是这种局限性，使得他的皇家算学馆在《律历渊源》编撰完成后基本宣告终结。而路易十四的皇家科学院却在科学蓬勃发展背景下的欧洲延续并发扬光大，如今名为法国科学院，仍是法兰西学会下属的五个学院之一。显而易见，康熙虽热衷科学，但他的算学馆后来没能像法兰西科学院那样大放异彩，科学在清朝的发展比之于法国相对落后，探究之，有着很大的文化原因。

首先，在17、18世纪的欧洲，科学工作者已经有了一定的社会地位。而在康熙时代的清朝，科举考试主要考八股文和试帖诗，八股文考试内容出自经义，也就是说，饱读诗书、精通孔孟之道的"儒者"，才算个文人，才有入仕的机会。康熙本人尊崇儒学，以理学治国。他如此勤奋地学习科学，时常在大臣面前炫耀自己的博学，影响了少数周围的人，却没有大规模地发展科学。如果他把数学等科学考试纳入科举，使更多的人重视科学、学习科学，也许能像18世纪的法国，迎来一个启蒙时代。由于思想的局限，他没能大范围地影响世人，改变其知识结构和思维方式。而当时法国的科学家已经有自己的刊物发表其研究成果，不需要通过考试来谋官职，进而谋生，因此可以全身心地投入科学研究。其次，虽然康熙比较开明、务实，但他对于科学的学习带有很大的政治动机和个人兴趣，所以西方传教士在宫廷里传授的知识也以他的兴趣为主，没有系统化。他注重科学的实际用途，在这一方面力求开拓，研究的成果也得到了一定的应用，但总是有诸多局限。最后，清朝时期的中国西方科学知识主要是通过西方传教士带来的，并非全都是当时西方最先进的科学研究和成果。同时清政府长期盲目自大，与外界隔绝，对外来的西方科学文化认识有限，利用也有限。康熙时代培养了一些科学人才，但出色的不多，就拿著名的历算学家梅文鼎来说，他是这一时期最富盛名的数学家，但其研究成果主要是搜集、补充、总结我国古代数学成就，并引入、介绍西方研究成果，在一定程度上推动了数学研究的进展，但创新的部分很有限。另外，在一些大型的科学项目上，总是或多或少地依赖西方人，比如天文观测台的钦天监一职长期由外国人占据，在编撰《律历渊源》和绘制《皇舆全图》这样的浩大工程中，总少不了西洋人的参与。由于这种保守的态度，康熙时期的科学发展更多的是"引进来"，缺乏"走出去"，不像法国那些传教士，已经开始远赴世界各地探索和研究。

因此，不论动机，就结果而言，路易十四显然在推动科学的发展上更胜一筹，向人们展示了他作为"太阳王"的功勋。

五　其他

在治国方面，两位帝王都野心勃勃，有着过人的雄才伟略，他们在位期间，通过一系列的战争和政治策略，励精图治，建立统一的中央集权，把各自统治下的帝国带入繁盛时代：康熙运筹帷幄，剿灭三藩；刚柔并济，收复台湾；抗拒沙俄，勘定边界；御驾亲征，平定漠北；勤政爱民，整顿吏治，用他毕生的心血为"康乾盛世"奠定了基础。而路易十四则是一位敬业的国王，热爱自己的事业，"做任何事从不半途而废"；有用人之才和容人之量——任用的首相和大臣都是勤奋而有条不紊，甘心献身君主理想的工作狂（马萨林、柯尔贝尔等）；注重外交和法国在欧洲的地位，为此发动战争；重视教育、资助艺术和科学的发展，在他之后，法国的思想和文艺达到新的高度，迎来光辉的"启蒙时代"；采取措施加强自己在军事、政治、经济等各方面的决策权，建立了一个君主专制的国家，他在位时期法国的中央集权达到顶峰，几乎整个西欧都曾为之臣服。他自称"太阳王"，宣称"朕即国家"，是欧洲君主专制的典型和榜样。但他并没有像康熙那样为后继者们打下雄厚的国力基础，相反，其奢靡的生活和几乎不间断的战争使法国在他统治末期就陷入了经济和政治的危机。

在生活方面，康熙崇尚节俭，认为"帝王要达到天下大治，首先在于维持道德教化，辨别等级权威，崇尚节俭，禁止奢侈"。他多次下谕令，禁止奢靡僭越，崇尚节俭淳朴，著《勤俭论》以自警。法国来华传教士白晋也评价"康熙皇帝本人的生活是非常简单朴素的"，在饮食、服饰、居所各方面，都从不铺张浪费。康熙可以说是亚洲最富的君主，"亚洲的君主们一贯喜欢炫耀自己的奢侈和豪华，但这种情形在康熙皇帝周围却根本看不到"（白晋，2008）。而路易十四正好完全相反。他喜欢铺张浪费，奢侈豪华，每吃一顿饭都要一百多人伺候；他在巴黎郊外营建金碧辉煌的凡尔赛宫，室内装潢和园林喷泉都极尽奢华；他衣着华丽，注重时尚和奢侈品；他把贵族们都召到凡尔赛宫，时常举行宫廷宴会，极尽享乐。当然部分原因是要腐化这些贵族，使他们失去与自己对抗的力量。

六 结语

诚然,这两位伟大的帝王功在一方、各有千秋,推动王国的进步和发展,对各自的信仰虔诚而执着,在许多人眼中已极为接近哲人们口中"理想的君主"。他们的行为、策略、思想都受到所处国家的社会环境、文化背景和国际形势的影响,在不同的方面显示出各自的才能,通过以上这些跨越山海的横向比较,立体地展现出一代君王的无限魅力。

参考文献

［法］贝尔纳·布里赛:《法兰西在中国 300 年》,王眉等译,上海远东出版社 2014 年版。
［法］伏尔泰:《路易十四时代》,王晓东编译,北京出版社 2007 年版。
［法］乔治·杜比等著,傅先俊译:《法国文明史》,东方出版社 2019 年版。
［英］J.H. 申南:《路易十四》,李宁怡译,上海译文出版社 2001 年版。
(清) 章梫纂,曹铁注译:《康熙政要》,中国古籍出版社 2012 年版。
胡泽:《康熙传》,花山文艺出版社 2016 年版。
江菲:《康熙与路易十四时期的科学交流》,《中国社会导刊》2005 年第 17 期。
李景屏:《康熙与路易十四施政之比较——从法国派遣科学传教团来华科考谈起》,《文史知识》2010 年第 3 期。
刘新成、刘北成:《世界史(近代卷)》,高等教育出版社 2007 年版。
吕一民:《法国通史(珍藏本)》,上海社会科学院出版社 2019 年版。
杨元华:《中法关系史》,上海人民出版社 2006 年版。
鱼宏亮:《康熙与路易十四的交会》,《时代人物》2015 年第 9 期。
张国刚:《明清传教士与欧洲汉学》,中国社会科学出版社 2001 年版。
朱绍侯:《中国古代史(第五版)》,福建人民出版社 2010 年版。

Kangxi and Louis XIV
——A Comparison from Administration to Scientific Attitude

Wang Yanhong

Abstract: Emperor kangxi of the Qing dynasty and Louis XIV of France lived in almost the same historical era and belonged to two empires at the east and west ends of the eurasian continent. There are many similarities and differences between them. Is there any intersection between them? Are there mutual influences? This article makes a specific comparison on the contribution of the two to the progress of science and technology, attitudes towards agriculture and business, living habits and ideological be Liefs, to see which one wins.

Key Words: Kangxi; Louis XIV; Intersection; Comparison

浅析民族高校英语教学中中华民族共同体意识的实践途径

马 莹 孙 坚[①]

摘 要：党的十九大报告中提出"铸牢中华民族共同体意识"，要加强各民族交往交流交融，促进各民族像石榴籽一样紧紧抱在一起，共同团结奋斗、共同繁荣发展。服务国家民族团结进步事业、深化民族团结教育、铸牢中华民族共同体意识是民族高校义不容辞的责任。在民族高校英语教学中，建立完整的中华民族共同体培育机制，制定外语教学体系目标，构建中华民族共同体意识的逻辑层次，通过认知教育、情感教育和价值观教育，紧抓教育主阵地，树立学生中国文化自信，引导学生树立社会主义核心价值观，以国家战略需要为导向培养具有中国情怀的专业人才是铸牢中华民族共同体意识的可行路径。

关键词：中华民族共同体意识；民族高校；英语教学

一 引言

党的十九大报告中提出要"铸牢中华民族共同体意识，加强各民族团结进步"。铸牢中华民族共同体意识是新时期促进民族团结进步的根本方向，也对民族工作、民族地区教育及民族高校的发展具有重要的指导作用。民族高校英语教育既要具有民族性的特征，彰显和回应民族教育的价值需求，凸显文化育人的特色功能，又要抓住机遇，积极服务于国家战略层面的转变，满足社会需求，顺应信息技术发展的趋势。

进入新时代，在"一带一路"倡议和构建人类命运共同体的框架下，

[①] 马莹（1984— ）女，回族，西北民族大学外国语学院讲师。研究方向英语教学。
孙坚（1966— ）男，陕西师范大学外国语学院英语教授；博士生导师，研究方向英语学。

中国日益走向世界舞台的中心，民族高校英语教学需满足国家战略层面的需求，突出外语复合型人才的培养理念，对学生中华民族共同体意识的培育需要有清晰的教育目标做支撑。高校外语教育要把中华民族共同体意识融于爱国主义教育，有利于提高学生的政治素养，促进民族团结。中华民族共同体意识的培育是最需要师生共同参与的一项复杂工程，民族高校又是传承中华民族优秀文化的重要阵地，在英语教学中应发挥文化育人的作用，弘扬社会主义先进文化，传播中国声音，讲好中国故事，培育学生的文化自信。蒋洪新等（2020）认为，在新兴科技高速发展的今天，大数据、物联网、云计算、区块链等推动着经济发展，民族高校英语教学要培养复合型和融通型人才，这些人才要以报效祖国，服务社会为人生目标。

二　民族高校英语教学中铸牢中华民族共同体意识的意义

习近平同志指出，铸牢中华民族共同体意识是维护国家统一和民族团结的思想基础，是实现中华民族伟大复兴的必然要求。要以文化为基点，从经济、政治、民族团结进步、教育等全方位、各领域增强中华文化认同，促进各民族交往交流交融，铸牢中华民族共同体意识，为实现中华民族伟大复兴凝聚力量。

高校必须坚持办学的正确政治方向，民族高校绝不能例外。民族高校坚持党的领导和社会主义办学方向，全面贯彻党的教育方针，既要遵循高等教育发展的普遍规律，也要从民族高等教育的特殊规律入手，充分考虑少数民族和民族地区的文化特点和发展阶段，实事求是、因地制宜地制定民族高等教育的发展举措。加强对少数民族及大众群体的中华民族共同体意识教育，建设适合中国国情、符合民族地区特点、富有中国特色的社会主义大学，推动中国民族高等教育创新发展。民族高校铸牢中华民族共同体意识教育是党的教育方针的总要求，是国家推动民族团结教育实现中华民族伟大复兴的中国梦的重要组成部分，具有深远的历史意义和重大的现实意义。

1. 深化民族高校英语教学改革

民族高校不仅要肩负起培养具有良好的综合素质、扎实的英语基本功和专业知识与能力，适应我国对外交流、国家战略和少数民族、民族地区经济社会发展、各类涉外行业需要的专业人才，同时还要培养具有中华民族认同、中国文化认同、中国国家认同的社会主义建设者和接班人。民族高校英语教学通过嵌入式教学模式将铸牢中华民族共同体意识贯穿至教学全过程，依照2020年4月颁布的《普通高等学校本科外国语言文学类专业教学指南》（外语教学与研究出版社），结合民族高校实际情况，从培养目标、培养规格、课程体系、教学计划（大纲）等方面做纵向设计型教育，依托师资队伍建设、教学环境建设、教学质量管理等横向层面全方位地将铸牢中华民族共同体意识嵌入对各民族学生培养的全过程。培养学生树立正确的人生观、世界观和价值观，具备良好道德修养，拥有中国情怀与国际视野。在英语教学中，着重培养学生具备英语语言文学基本知识、跨文化交际、思辨批评鉴赏、创新实践等能力，还需要探索外国语言文学类各专业学生接受专业知识教育和人文素养教育的有效途径；针对各个少数民族汇聚一堂的民族高校教育，应在普遍教育模式中采取特色性差异化教育方式，紧抓教育主阵地，夯实中国文化自信的基础，培养为国家和地方社会发展与经济建设服务的专业性人才。

2. 促进民族团结

民族高校的学生来自全国各地、不同民族，在同一教学场域中学习和生活。不同民族学生之间的交流和互动能够促进大家对各民族的历史、文化、经济、生活、风俗、习惯、文学、艺术等方面正确认识，并且产生民族自豪感和民族认同感，这种途径能够有效促进各民族学生的中华民族认同感、中国文化自信和中国国家认同感，从而引导各民族学生形成尊重、团结与和谐的文化融合自觉性。课堂教学是最为重要的中华民族共同体意识培养途径，教师将共同体意识教育嵌入课堂教学中，学生直接或间接地通过课程学习，深入了解各个民族，形成正确的民族观、文化观和国家观。

3. 完善育人体系

文化认同是树立文化自信的基石，中国文化博大精深，贯穿与融合了华夏数千年璀璨的历史文明，蕴含着深刻的人生哲理。首先，在教学中弘扬和传播中国优秀文化，包容西方文化，增强少数民族学生强烈的中国文化自信。其次，加强以历史教育为主题的爱国主义教育。爱国主义教育中最不可或缺的就是历史学习。历史记忆是构建国家认同最为重要的部分，也是培养少数民族学生中华民族共同体意识最重要的手段。同时，还需要加强学生思想政治教育。面对全球化的冲击，民族高校的思想政治教育是育人体系中不可缺少的一部分。根据学生的特点，构建思想政治教育课程体系，创新教学方法，帮助学生树立正确的人生观、世界观和价值观，增强政治认同。中华民族共同体意识的培育应当嵌入学生学习文化知识的各个层面，有利于实现文化认同，建立文化自信。

三 民族高校英语教学中铸牢中华民族共同体意识的必要性

民族院校办学目标是以马克思主义和中国特色社会主义为理论指导，为少数民族地区发展培养高素质人才，巩固和维护民族平等、团结与和谐。铸牢中华民族共同体意识是我国民族院校工作与事业发展的核心任务，也是民族高校发展的重要基础。

1. 政治必要性

民族教育旨在推进民族团结，培育学生的"五个认同"和"四个自信"。在英语教学中，培养方式、课程设置、课程体系、师资力量和文化氛围等都是中华民族共同体意识培育的重要过程。2019年10月印发的《中共中央关于坚持和完善中国特色社会主义制度，推进国家治理体系和治理能力现代化若干重大问题的决定》指出，"要坚持不懈开展马克思主义祖国观、民族观、文化观、历史观宣传教育，打牢中华民族共同体思想基础"，因此，民族高校需要培养学生具有良好的政治素养，有助于民族高校稳定发展，建立有力的政治屏障，防止在全球化发展之下西方思想的侵蚀与不良意识形态的影响。

2. 文化必要性

民族高校"以社会主义先进文化为引领，积极传承中华民族优秀传统文化，促进各民族文化交流创新，培育大学生的文化自信"（李卫英 2020：177）。文化包含着民族的理想与信念，传承好中华优秀文化，树立中国文化自信，才能在新时期英语教学改革与实践中发挥积极作用，积极应对国家战略对少数民族人才的需求，为铸牢中华民族共同体意识保驾护航。"一带一路"倡议为民族高校英语教学带来了机遇与挑战。培养学生树立中国文化自信与跨文化交际能力是民族高校英语教学的根本任务。然而，当下英语教学中，重点关注学生听说读写译等语言技能，当涉及西方文化知识时，对中国文化提及较少，忽略了对母语文化嵌入和输出的培养，在跨文化交际中，学生的言行与思想无疑会受到西方文化的冲击，中国文化交流不对等，甚至出现了中国文化失语现象。这一问题严重阻碍英语教学中中华文化的传承和传播，不利于在英语教学中夯实中国文化根基，也不利于培养学生的中国文化自觉。

3. 师资队伍建设的必要性

教师作为铸牢中华民族共同体意识培育中国语言及文化的传播者，应该始终将立德树人贯穿于人才培养的全过程，实现教书与育人的有机结合。英语教师应当树立良好的人生观、世界观、价值观，对培养中国文化意识的有高度自觉，只有这样才能在课堂实践中推进文化认同教育。教师应该不断深入研究中国文化和西方文化，凝练相关教育资源，强化英语课程中国文化内容。同时，教师应当更新教学理念和教学手段，调整教学策略，探索相关课程内容的研发，充分发挥课堂作用，引导学生以批判性思维学习中西方文化，以不同的参照标准审视中国文化，汲取中国文化精华，达到知识传播和民族共同体意识培育的同频共振。

四 民族高校中华民族共同体意识培育的实践路径

1. 建立完整的中华民族共同体意识培育机制

现阶段，民族高校在铸牢中华民族共同体意识中缺乏长效性和完整性的培育机制。从教育方式上来看，虽然民族高校提倡大力开展课程思政和一系列有关铸牢中华民族共同体意识的主题教育活动，但缺乏相关教育目标、教学方法、学习效果等评价指标。

从民族高校课程开设情况来看，虽然有相关思想政治和民族理论与政策类课程，但没有以铸牢中华民族共同体意识为指导思想的相关课程体系，导致学生无法全面且系统学习相关理论和实践内容。以《民族理论与政策》为例，该课程主要介绍中华民族多元一体格局形成中民族的多元性与特殊性，但学生缺乏对中华民族一体化发展历程的认知，不能全面认识各民族对中华民族优秀传统文化做出的积极贡献，也很难把握中华民族共同体意识形成的历史进程。而在英语教学中，更难进行系统且全面的铸牢中华民族共同体意识的课程教学。另外，民族高校有丰富多彩的党团建设活动，内容涵盖国家、民族、理想、信念等，但这些主题活动的深层意义有待挖掘，教育效果有待提高，大多数活动只注重形式，教育性和实效性有待进一步提升，以达到预期效果。民族高校应该完善和建立起一套完整和全面的中华民族共同体意识培育体系，才能发挥其真正作用。

2. 制定外语教育体系目标

聚焦语言战略，以外语教育服务国家战略为前提，依据民族高校外语教育的特殊使命，建立外语教学中的铸牢中华民族共同体意识培育体系，研究相关的教学目标、教学方法和教学效果，在铸牢中华民族共同体意识视域下建构民族高校外语教学的目标体系。确定中华民族共同体意识视域下外语教育教学的理念和原则，制定民族高校外语教育宏观目标，确立外语教育评价体系，合理融合不同的教学方法，从教育目标、教学方法、学习效果等维度确立指标体系。

在外语教学中，依据民族高校学生实际外语水平和需求，结合适当的外语教学方法、依据教育目标、评价指标体系对外语教育目标的达成度、教学方法的适宜性和学习结果的有效性进行验证，通过实验、反思、验证环节不断修订评价指标体系。同时，在教学中注重价值引领、树立文化自信、强化实践育人的原则，在教育目标、教学方法、学习效果评价体系的指引下，总结适宜民族高校学生的外语教育理论，探索适宜民族高校学生的外语教学方法，探寻如何将中华文化内化为学生核心素养的有效路径，解决如何在外语教育教学中树立民族高校学生正确的世界观、价值判断和精神品格。

3. 构建中华民族共同体意识逻辑层次

教育是文化认同的根本途径，是推动文化和人类发展进步的大动脉。"中华民族共同体意识的核心在于共同体认同，这种认同并非人们自发形成的，需要遵循思想活动规律，在一定实践活动过程中培养和巩固"（蒋文静、祖力亚提·司马义 2020：14）。外语教育应在教学中注重价值引领、树立文化自信、强化实践育人的原则，依据心理学原理，根据民族高校学生的外语教育理论和适宜民族高校学生的外语教学方法，将中华文化内化为学生核心素养的有效路径，在英语教育教学中树立民族高校学生的世界观、价值判断和精神品格。通过中华民族共同体意识的认知教育、情感教育和价值观教育，了解、内化和形成中华民族共同体认同，铸牢中华民族共同体意识。

（1）认知教育

在规范化教育中，通过感知民族史诗、传说、童话、民谣、语言文字、英雄人物等中华民族的象征符号，培养中国文化自觉意识，以课程思政为切入点，在英语教学中凸显传播中国文化、讲好中国故事的任务，提升中国文化自信。认知教育是创建培养具有中国情怀，能放眼世界，善用思辨批判能力的跨学科专业人才的科学有效途径。英语教学应形成一套科学的知识体系，通过学习树立学生的文化自信，培养学生的跨文化交际能力，引导学生以客观的辩证的批判的眼光审视西方文化，坚定学生的中国文化自信。

（2）情感教育

在情感教育中，以学校教育和随境式教育共同培育学生对中华民族共同体意识的内化。个体的成长就是一个民族文化因子的发育和逐步成熟，是一种濡化的过程。个体形成自己的文化习惯需要内在的动力和外在的教化。内在动力的表现为高度的文化自觉和文化认同，对国家和民族深厚历史文化积淀、价值观、信念、国家主权等的认同。学生经过内化的象征教育后，还需要教化的情感教育。情感教育不仅仅是对学生心理、情绪和情感的教育，还需要培育学生的情感体验。蒋文静等（2020）认为情感体验是学生认知升华的一个重要阶段，通过社会实践、情感经历、课堂教学等手段，创造情与景的结合，以中华传统文化教育、历史教育和思想政治教育等主题强化学生的中国文化认同、历史认同和政治认同，提升学生的爱国情怀。而英语教育单纯针对外国文化习得会弱化学生对母语文化的认同，使其缺乏国家认同、文化认同和语言认同，无法在跨文化交际中进行双向交流的问题。在民族高校英语教学中，应该多维度、立体化宣传民族团结，让"五个认同"和"三个离不开"思想潜移默化到各民族师生的一言一行之中。同时，要用马克思主义唯物辩证观培养学生审视西方文化的能力，立足国家战略与发展需求，熟知国情和民情，增强社会责任感，服务"一带一路"建设。

（3）价值观教育

在价值观教育层面，认知内化和情感升华后是价值理性的表现，价值观教育是以认知和情感教育为基础，是由学生作为个体不断认知和实践形成了自己的自觉认同，从而构成了学生心理层面的价值观与信念。中华民族共同体意识必须以习近平新时代中国特色社会主义思想为指导，坚持以社会主义核心价值观为导向。依据英语教学中的培养目标和课程体系，立足中华文化体系，向世界讲好"中国故事"。同时，把世界各民族优秀文化介绍给学生，为中国逐步走向世界舞台的中心提供语言服务和文化咨询。

民族院校外语课程思政对学生树立正确的价值观意义重大，崔戈（2019）认为外语教学中"课程思政"不仅能够引导学生树立正确的价值观，守好民族院校的意识形态阵地，而且"课程思政"建设能够培养学生对中华民族的认知、情感和意志，引导学生树立社会主义核心价值观，建立文化自信与爱国信念，使学生形成中华民族共同体意识的价值共识。

五 结语

外语教学是国家谋求文化利益的手段之一，其终极目标是培养具有家国情怀和国际视野的人才。而外语教学旨在培养熟练掌握听、说、读、写、译技能的人才。民族高校英语教学中的培养体系是基于这一系列的教育环节进行的，而铸牢中华民族共同体意识的教育，无疑是一个长期持久的教育过程。在民族高校英语教学中，建立完整的中华民族共同体意识培育机制，制定外语教学体系目标，构建中华民族共同体意识的逻辑层次，在英语教学中开展认知教育、情感教育和价值观教育，有利于学生增强中华民族共同体意识。民族高校在外语教育与教学中必须服务于国家战略，提高民族高校学生中华民族共同体意识，培养学生对祖国的认同、对中华民族的认同、对中华文化的认同、对中国共产党的认同和对中国特色社会主义的认同，弘扬民族精神和时代精神，推动中华民族文化传播，成为中华民族伟大复兴的重要力量。

参考文献

崔戈：《"大思政"格局下外语"课程思政"建设的探索与实践》，《思想政治工作研究》2019年第7期。

蒋洪新、杨安、宁琦：《新时代外语教育的战略思考》，《外语教学与研究》2020年第1期。

蒋文静：《学校铸牢中华民族共同体意识的逻辑层次及实践路径》，《民族教育研究》2020年第1期。

李卫英：《民族高校培育中华民族共同体意识的价值维度及实践路径》，《贵州民族研究》2020年第5期。

罗利玉：《民族院校打牢中华民族共同体意识的逻辑遵循和路径探析》，《广西民族大学学报》2020年第5期。

孙杰远：《个体、文化、教育与国家认同——少数民族学生国家认同和文化融合研究》，商务印书馆2019年版。

文旭、文卫平、胡强、陈新仁:《外语教育的新理念与新路径》,《外语教学与研究》2020年第1期。

习近平:《决胜全面建成小康社会 夺取新时代中国特色社会主义伟大胜利——中国共产党第十九次全国代表大会上的报告》,《人民日报》2017年10月18日第1版。

A Brief Analysis on Practical Approaches to Sense of Community for the Chinese Nation in the English Teaching for Ethnic Colleges and Universities

Ma Ying　Sun Jian

Abstract: In the report to the 19th National Congress of the Communist Party of China, it was proposed that "building a strong sense of community for the Chinese Nation". With the promotion of communication and integration, different ethnic groups should cling together like pomegranate seeds so that they can work together for common prosperity and development. It is the bounden duty for ethnic colleges and universities to serve ethnic unity and progress, deepen ethnic education, and strengthen the sense of community for the Chinese Nation. In the English teaching for ethnic colleges and universities, it is the feasible approach to establish a complete cultivation mechanism of community for the Chinese Nation, develop the objectives of foreign language teaching system, construct the logical level of community for the Chinese Nation through cognitive education, emotional education and values education, develop students' self-confidence of Chinese culture to set up their core socialist values and cultivate professional talents with Chinese feelings guided by national strategic needs.

Key Words: Sense of Community for the Chinese Nation; Ethnic colleges and universities; English teaching

语言与教学

混合学习在国内英语课堂中的研究现状及趋势
——基于2005—2021年中国知网文献的可视化分析

高 芬 胡际兰[①]

摘 要：本文以中国知网（CNKI）2005—2021年发表的国内英语课堂混合学习的文献为研究对象，运用文献计量法和数据的可视化方法，从发文量总体趋势、文献来源分布、关键词共现、研究演变趋势、研究主体内容五个方面分析混合学习在国内英语教学研究中的现状、热点和趋势。结果显示：混合学习在英语教学研究中的应用总体呈上升趋势，研究主要集中在大学本科阶段，聚焦模式建构、教学主体、教学评价三方面的内容，同时也存在研究内容缺乏深度和广度、研究对象还不均衡、研究方法相对单一、教学评价有待完善等问题。

关键词：英语教学；混合学习；可视化分析

近年来，混合学习（Blended Learning）受到了国内外研究者的广泛关注。所谓混合学习就是把传统学习方式的优势和e-Learning（即数字化或网络化学习）的优势结合起来，也就是说，既要发挥教师在教学中的主导作用，又要充分体现学生的主体性（何克抗，2004）。

本文聚焦混合学习在国内英语教学研究中的应用，运用文献计量法和数据的可视化方法分析近16年研究的现状、热点和趋势，以期为未来混合学习的研究和实践提供经验和启示。

[①] 作者简介：高芬（1977— ），女，陕西师范大学外国语学院副教授。研究方向：英语教学、口笔译理论与实践。胡际兰（1997— ），女，陕西师范大学外国语学院2020级研究生。
本文系2023年陕西省外语专项课题研究项目（项目编号：2023HZ0903）、西安市2023年度社会科学规划基金项目（项目编号：23LW04）。

一 混合学习的研究设计

（一）研究方法

本研究运用文献计量法和数据的可视化方法，对2005—2021年以来中国知网收录的有关混合学习的研究文献从发文量总体趋势、文献来源分布、关键词共现、研究演变趋势、研究主体内容五个方面进行梳理，以期对混合学习研究的现状、存在的问题与不足、研究趋势等方面进行分析和总结。

（二）研究对象

本文的研究文献主要选自中国知网，运用高级检索功能，在主题栏输入主题词："混合学习"和"英语"（精确匹配），设定文献查询时间节点为2005年1月—2021年8月，检索出1113篇文献，其中期刊论文为777篇，硕博士学位论文为114篇，剔除关联度较弱的会议文献和硕博士学位论文，最终得到777篇文献。

（三）研究工具

文本采用的CiteSpace软件可用于文献关键词的可视化分析（陈悦等，2015），从而掌握研究趋势和热点（Chen，2006），以及绘制科学技术领域发展的知识图谱（侯建华、胡志刚，2013）。先从中国知网导出相关文献，再使用CiteSpace（5.7.R5）进行数据的保存和格式转换。

二 混合学习研究的现状梳理（2005—2021）

本研究主要从发文量总体趋势、文献来源分布、关键词共现、研究演变趋势、研究主体内容等五个方面展开：首先，描述了2005—2021年间有关混合学习发文量的阶段性特点；其次，描述了文献的主要来源；再次，以关键词分析该领域的研究热点和演变趋势；最后，对研究的主体内容进行分析和梳理，发现研究集中在大学本科阶段，聚焦模式建构、教学主体和教学评价三方面的内容。

（一）发文量总体趋势

对777篇文献按年份统计，并绘制图表（如图1所示），可看出混合学习近年的发文量总体趋势。图1显示，2005—2021年间，混合学习相关研究的发文量大致可以分为三个阶段：初步探索阶段（2005—2009），发文数量由3篇增长到27篇；缓慢发展阶段（2010—2014），发文量缓慢增长，由 28 篇增长到 44 篇；2013—2014 年间，虽有小幅波动，但发文量总体呈现增长趋势；快速发展阶段（2015—2021），发文量快速增长，由 67 篇增长到 111 篇，并且在 2019 年达到顶峰，2019 年后虽有下降，但发表的文献仍保持较高数量。

2005—2021年发文量

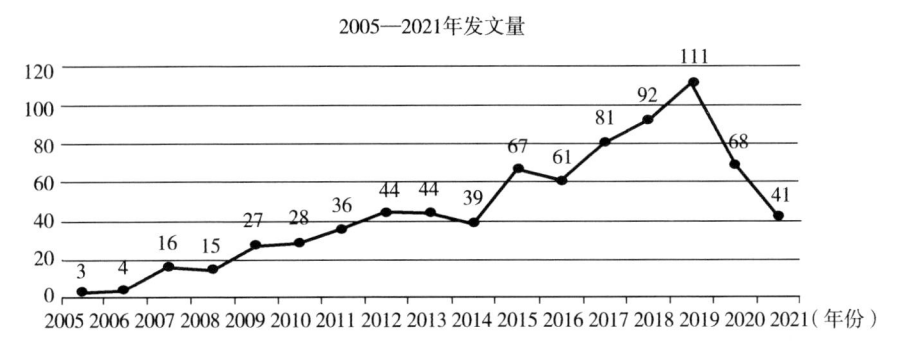

图 1 "混合学习"相关论文年度发文量（2005—2021）

可以看出，自 2010 年至今，有关混合学习的研究备受国内教育者和学者的关注。虽然在 2012—2014 年、2019—2020 年两个阶段，论文数量小幅下降，但总体仍然颇多。阅读相关文献可知，2010 年以前，我国混合学习研究刚起步，因此当时发文量很少。2010 年《国家中长期发展规划纲要（2010—2020）》提出信息技术在教育发展中的重要作用，2011 年，教育部又颁布了《教育信息化十年发展规划（2011—2020）》，就此信息技术在英语教学和研究中的应用引起相关研究人员和教育工作者的关注，混合学习的研究继而呈现增长趋势。2015 年，国家《政府工作报告》中首次提出"互联网+"，这一提法又促使混合学习的研究得以快速增长，呈现新的发展趋势。总而言之，发文量的增加与减少，与国家关于混合学习的政策紧密相关；反之，国家政策条例的制定和颁布决定了有关混合学习教学和研究的开展。

（二）文献来源分布

通过文献可以看出，国内混合学习相关研究的论文多数发表在英语教学类和教育类的普通期刊，占总文献的 69.8%。在硕博学位论文中，108 篇为硕士学位论文，占总文量的 9.7%，博士学位论文有 6 篇，占总文量的 0.5%。核心期刊文献一共是 34 篇，仅占总文献的 3%，分布情况如下（如图 2 所示）。

核心文献来源分布

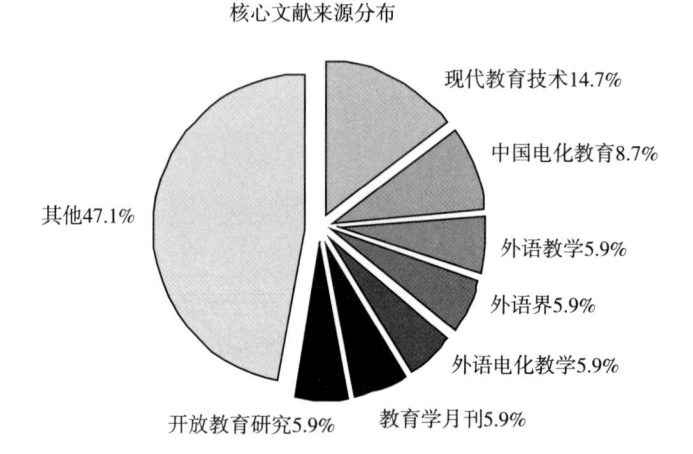

图 2 "混合学习"核心文献来源分布

从图 2 可知，发表混合学习的核心文献最多的是《现代教育技术》，共 5 篇（14.7%）；其次是《中国电化教育》，共 3 篇（8.7%）；再次是《外语教学》《外语界》《外语电化教学》《教育学月刊》《开放教育研究》各 2 篇（5.9%）；除此之外，其他类型共计 16 篇（47.1%）。

综上，虽然混合学习相关研究的文献数目庞大，也获得了教育类和英语教学类期刊的关注，但综合权威类期刊极少。这说明，研究者对其研究仍不够深入和具体，在学术领域内还不能获得更高层次的认可。今后的研究可向纵深发展，尝试开展跨学科研究和实践，推广混合学习研究，从而提升英语教学质量，以期在核心类或更高层次的刊物上发表文章。

（三）关键词共现

研究的热点领域和方向可通过关键词来体现（吴晓秋、吕娜，2012）。本文用 CiteSpace 软件分析文献关键词，将选取的 777 篇文献导入 CiteSpace 软件，绘制出关键词共现图谱，得到"混合学习"研究的关键词可视化分析（如图 3 所示）。

将相同或相近的词（如混合学习、混合式学习等）进行合并，并删除了一些相对宽泛的术语（如英语教学等），得到 20 个高频关键词（如表 1 所示）。

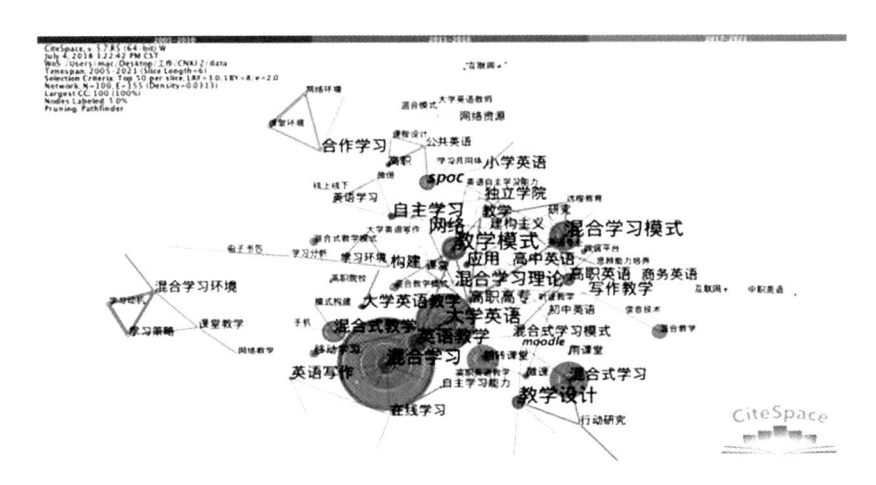

图 3 "混合学习"研究关键词共现知识图谱

表 1   "混合学习"研究高频词排序

序号	频次	关键词	序号	频次	关键词
1	222	混合学习/混合式学习	11	9	微课
2	100	大学英语/大学英语教学	12	8	写作教学/英语写作
3	45	混合学习模式/教学模式	13	8	初中英语
4	45	翻转课堂	14	8	深度学习
5	24	SPOC	15	7	MOOK
6	21	教学设计	16	7	混合学习环境
7	17	高职英语/高职	17	6	"互联网+"
8	14	移动学习	18	6	信息化
9	13	自主学习	19	6	商务英语
10	9	小学英语	20	6	微信平台

结合图3和表1，可以看出，除"混合学习""大学英语教学""混合学习模式"等主题词之外，排在前几位的高频关键词有"翻转课堂""SPOC""教学设计""高职英语""移动学习""自主学习"等。此外，还有"小学英语""微课""写作教学""初中英语""深度学习"等，这些关键词揭示了"混合学习"研究的热点方向：研究重点从最初的关注教学模式和教学设计，转向学习者自身因素以及混合学习的实践应用；混合学习研究的对象从大学本科阶段转向基础教育阶段。这说明，随着研究的不断深入，研究的范围逐渐广泛，研究者的研究视角更加多元化，关注

的问题更加具体明确。

（四）研究演变趋势

用 CiteSpace 制成关键词共现时区图，能够反映随着时间变化而衍生的关键词及研究热点。将时区图（如图 4 所示）和关键词凸显图（如图 5 所示）相结合，可看出教学模式和教学设计贯穿始终，混合学习的研究发展历经初步探索、缓慢发展和快速飞跃三个阶段。关注焦点从最初单纯地聚焦教学模式和设计，走向全面和纵深，即涉及信息技术、网络平台和移动学习等。

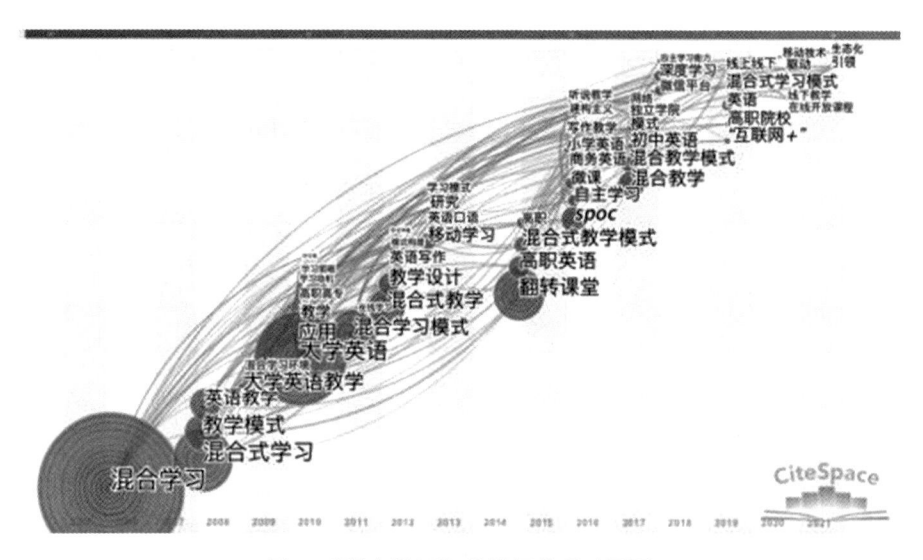

图 4 "混合学习"关键词共现时区图

1. 初步探索阶段（2005—2009）

2005—2009 年间，混合学习研究处于初步探索阶段，这一阶段主要聚焦于教学模式和教学设计的研究。高频关键词有"混合学习""大学英语教学""教学模式"等，凸显词有"大学英语教学""混合学习理论""在线学习""学习策略""混合学习环境"等。可以看出，这一时期的研究主要集中在大学本科阶段，聚焦于教学模式的构建和教学设计，但仍停留于起步阶段，研究缺乏深度和广度。

2. 缓慢发展阶段（2010—2014）

2010—2014 年间，混合学习研究缓慢发展。这一阶段，除"混合式学习模式""大学英语"等主题词外，高频关键词有"教学设计""英语

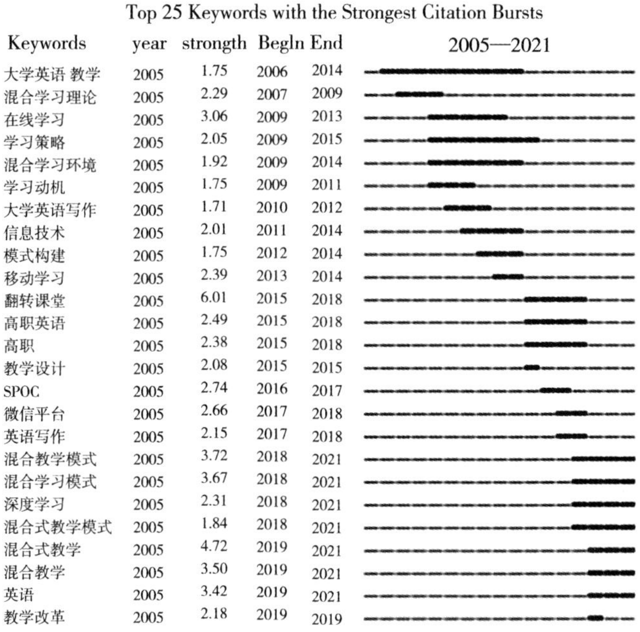

```
Top 25 Keywords with the Strongest Citation Bursts

Keywords        year  strength  BegIn  End   2005—2021
大学英语教学        2005  1.75     2006   2014
混合学习理论        2005  2.29     2007   2009
在线学习          2005  3.06     2009   2013
学习策略          2005  2.05     2009   2015
混合学习环境        2005  1.92     2009   2014
学习动机          2005  1.75     2009   2011
大学英语写作        2005  1.71     2010   2012
信息技术          2005  2.01     2011   2014
模式构建          2005  1.75     2012   2014
移动学习          2005  2.39     2013   2014
翻转课堂          2005  6.01     2015   2018
高职英语          2005  2.49     2015   2018
高职            2005  2.38     2015   2018
教学设计          2005  2.08     2015   2015
SPOC          2005  2.74     2016   2017
微信平台          2005  2.66     2017   2018
英语写作          2005  2.15     2017   2018
混合教学模式        2005  3.72     2018   2021
混合学习模式        2005  3.67     2018   2021
深度学习          2005  2.31     2018   2021
混合式教学模式       2005  1.84     2018   2021
混合式教学         2005  4.72     2019   2021
混合教学          2005  3.50     2019   2021
英语            2005  3.42     2019   2021
教学改革          2005  2.18     2019   2019
```

图 5 "混合学习"高频词凸显图

写作""学习动机""学习策略""学习者"等，高频凸显词有"学习动机""大学英语写作""信息技术""模式建构""移动学习"等。这表明，随着研究的不断深入，混合学习由最初的关注教学模式和教学设计转向其他领域，如：关注学习者主观能动性（王懿，2011）等。以上研究的新转向与《国家中长期教育改革和发展规划纲要》（2010—2020）明确提出的"育人为本"的工作方针不谋而合，即把育人为本作为教育工作的基本要求，教学要充分发挥学习者的主动性。

3. 快速飞跃阶段（2015—2021）

2015—2021 年间，混合学习研究快速发展，这一时期的研究主要集中在教学形式的研究和网络教学平台的开发及应用上。高频关键词有"高职高专""翻转课堂""微课""SPOC""初中英语""微信平台"等，这一阶段的凸显词有"翻转课堂""高职英语""SPOC""微信平台""深度学习"等。可以看出，经过几年的发展，研究者的视角更加广泛，研究主题也更加多元化。一些学者将不同网络平台用于辅助英语教学（贾巍巍，2019），并将各种教学形式应用于英语教学实践（邵钦瑜，2014），在教学实践中验证其有效性（王倩，2016）。2015 年，国家《政府工作报告》中首次提出了"互联网+",更加重视互联网在教育教学中的应用,推动了混合学习研究的飞跃发展。

(五) 研究主体内容

在深入阅读和仔细整理文献的基础上,结合关键词知识图谱(图3)和高频词凸显图(图5),可以看出混合学习相关研究主要集中在大学本科阶段,聚焦于模式建构、教学主体和教学评价等方面。

1. 研究对象

通过对文献的梳理发现,混合学习的研究对象广泛,涉及不同阶段、不同类型的学习者,但主要集中在大学本科阶段,如:刘小梅(2016)将混合学习用于大学英语听说教学;卢丹(2018)将其用于以批判性思维为导向的大学英语写作;陈争锋(2020)认为,大学英语教学应以多元智能理论和混合学习理论为基础。此外,混合学习被应用于博士生英语学习,如金晏旻等(2012)从生态视角出发,研究博士生线上英语写作。混合学习也被应用于其他阶段的英语教学,如:高职英语教学(金绍、肖前玲,2011)、中职英语(徐显龙等,2020)、中学英语(罗永华,2019)。混合学习在小学英语教学中也有涉及,如魏国营等(2020)设计了一个"线上+线下"相结合的区域性网络学习空间RREI教学模式。

研究对象集中在大学本科阶段,说明混合学习的相关研究未能较好地服务于基础教育。因为研究对象自身存在差异性,若研究范围太小,则会局限对混合学习的认识。未来,混合学习研究应适当扩大研究对象和范围,以便开展更加多元化的实践研究,使其更好地为教育服务。

2. 模式建构

混合学习教学模式的建构往往是针对某门课程的具体要求,提出一个教学模式,或者是采用教学实验,将混合式教学模式应用于实践,以验证该模式的有效性。相关主题的研究主要从以下两方面展开:理论研究和教学实践。

(1) 理论研究

混合学习教学模式的理论研究主要从理论层面出发,建构混合学习的教学模式。如:于夕真(2007)从教学主体出发,构建了一个传统教学和网络化教学相结合,教师主导和学生主体相结合的英语教学模式。也有学者基于平台建设,设计不同的教学模式,如:凌茜、马武林(2009)构建了一个基于Web2.0平台的大学英语混合学习模式,为学生提供适当的学习资源；贾巍巍（2019）提出了一个基于 ismart 平台、以 PBL 为教学方法的混合式教学模式。也有研究者单纯将传统教学与网络技术相结合，如：罗燕子（2012）构建了一个传统课堂和多媒体网络自主学习相结合的大学英语写作混合学习模式；胡加圣（2015）将信息技术与传统课程相融合，并针对不同类型的课程（基础语言类和文化类），设计了不同的教学模式。

混合学习在理论研究方面取得了诸多成就。然而，大部分研究只是针对不同的语言技能，设计相应的教学模式，而没有将听、说、读、写、译结合在一起，无法实现听、说、读、写、译的全面发展。同时，多数研究者设计的混合学习模式只是停留在理论层面，缺乏深入的探索与挖掘，教学模式的有效性并没有得到实践的验证。此外，混合学习的理论研究存在大量主题趋同的现象，研究视角未能实现多元化，提出的策略也流于形式，未能有效解决混合学习存在的实际问题。

（2）教学实践

混合学习教学模式的实践主要是将所设计的教学模式应用于实践，并在教学实践中验证该模式的可行性和有效性。邵钦瑜（2014）构建了一个网络和传统相结合的大学英语合作学习模式，并验证了该模式对学生的情感以及语言学习的积极作用。此外，有研究者依托相关的教学平台，如：牟占生、董博洁（2014）以 Coursera 教学平台为依托，将面对面课堂和 MOOC 相结合；也有学者（廖根福等，2019）将慕课学习平台用于口语教学中，并采取两轮行动研究以促进学习者的自主学习和深度学习。新媒体的兴起，也为混合学习教学实践的展开提供了便利：王倩（2016）将微博、微信等新媒体和英语教学相结合，设计了一个"螺旋式九宫格模式"，有利于提高学生的口语和阅读能力。

综上，混合学习在教学实践方面取得了诸多成就，其有效性也得到相关研究者的验证。然而，多数研究者采用问卷调查、访谈等方式检验教学效果，缺少信度和效度的检验。此外，多数混合学习的教学实践聚焦于语言知识，对于学生的情感、动机、态度、思维能力等方面的培养，关注度仍显不足。再者，多数混合学习的实践研究只关注其短期效应，混合学习能否产生长期效应未得到验证。

3. 教学主体

教师和学生是教学过程的基本要素。教师的素质、能力，学生的意识、动机、行为，共同影响混合学习的效果。因此，很多学者将研究视角转向教学主体。

（1）教师

混合学习对教师提出了新的要求，于是许多研究者将目光放在混合学习背景下教师所面临的困难、教师角色的转变以及教师应具备的素质等方面。研究者认为，在传统教学与信息技术相结合的背景下，教师面临着诸多挑战与困难（于蕾、齐振国，2011），教师也应具备相应的素质与能力，以便更好地应对教学中的变化与挑战，如：崔瑾英（2020）阐述了在信息技术背景中英语教师应完善和提高信息素养；也有研究者（侯建军，2010）认为在混合学习模式中，须兼顾教师信息化教学能力的培训和教师信息化教学意识的提升；教师应具备图片编辑、课件制作、音频视频剪辑等能力（蔡龙权、吴维屏，2014）。另外，混合学习也促使教师与学习者的关系发生变化，从而引发教师行为变化，如，王娜等（2018）认为信息技术与外语教学的深度融合，推动着"以学为中心"的教师行为发生了五大转变。也有研究者着眼于提高教师素养的具体措施，如唐进（2009）设计了一个基于混合学习理论的大学英语信息技术培训模式。

以上研究表明了教师能力、素质的提高在混合学习模式中的重要性。但大部分研究者只是从自己的教学经验出发，探讨教师应该如何应对混合学习带来的挑战和困难，在促进教师素养提高方面，没有形成完整的体系，只有少数研究者从实践角度进行深度探究。同时，不同教师对于培训的需求也不同，应有针对性地探讨适合英语教师发展的培训模式，关注教师的个性化需求，从而提升英语教师的教学能力。此外，混合学习需要教师加强交流于合作，以构建丰富的教学资源。

（2）学生

混合学习结合传统教学与信息技术，学习者按照教师的要求课前、课后在网络平台自主学习并完成相应的学习任务，这个过程需要学习者发挥主观能动性。因此，一部分研究者转向研究学习者的自主性和内在动机等。

研究者发现学习者的主观能动性是影响混合学习的一个重要因素（章木林，2017）；张梅、何曦（2020）对大学生混合学习情况进行调查，发现学习者缺乏自主学习策略，建议教师对学习者进行引导，重视学习者的自我管理与监控，使其成为自主学习的主体。此外，也有研究者发现混合学习能促进学习者的内在动机（王懿，2011），杨芳（2017）认为，课前和课中都要充分发挥学习者的主体地位，使学习者能参与教学的各个环节。再者，也有研究者探索促进学习者自主学习的集成模式（应洁琼，2019）。

以上研究可以看出，学习者的自主能动性在混合学习中的重要作用不言而喻，部分研究者通过实践验证了混合学习能促进学习者的内在动机。但多数研究实施周期短暂，没有建立长期的机制，未能促进学习者自主性长足发展。此外，一些研究者在设计教学模式时未能将学习者充分融入整个教学设计，教学活动缺少教师与学习者的共建性，无法充分保证学习者的自主能动性。再者，大部分教学模式只是针对学习者个体，忽略了学习者之间的交流和互动，较少关注自主学习过程中的相互协作、沟通与交流，故无法充分调动学习者主观能动性。

4. 教学评价

在混合学习的背景下，教学评价也发生了相应的转变，研究者将视角从"教师中心"转向"学生中心"，并采用多样的评价方式。刘芳（2011）认为应采用评价理念和评价技术相结合、定量和定性测试相结合、人评和机评相结合的混合评价；马武林、张晓鹏（2011）设计了一个网络和课堂教学相结合的三阶段混合学习模式，并采用混合评价方式来评价学习者在各个阶段对知识的掌握情况；王丽丽（2017）认为，应建立一个以形成性评价为主，奖励性评价为辅的评价模式，形成自我评价、教师评价、学生互评的多元化、多维度的考核体系。

虽然，在混合学习模式下，研究者们根据课程特点，设计了相对综合的评价体系，但仍集中于学业评价，忽略了学习者个性化的评价，学习者的情感、学习态度、学习习惯、学习能力等隐性因素没有被纳入评价体系。此外，虽然教学评价将线上和线下相结合，但评价的主体没有体现多元化，没有将学习者的互评纳入评价；教学评价的主要对象是学习者，对于教师的工作能力、教学效果等方面的评价，却很少有学者关注。

三 研究不足与趋势

（一）研究不足

1. 研究内容缺乏广度和深度

混合学习多数研究仅仅关注英语教学的语言知识层面，与其他学科联系不足。此外，以教学模式为主的研究占据多数，虽然看似是线上与线下结合，但实则是将传统的作业布置搬到线上，仍旧脱离不了传统教育模式的束缚。未来的教育研究应加强与其他学科的联系和交流，将语言知识和技能结合，从而拓宽视野，以便更好地促进混合学习在英语教学研究领域的发展。混合学习不仅是在线教学和面授的混合，而且是各种技术、教学资源、媒体、教学环境的混合，未来的研究应综合不同的因素，探索混合学习研究的新领域。

2. 研究对象还不均衡

虽然混合学习研究对象广泛，涉及不同阶段的英语教学，如中小学、高职、博士阶段等，但多数研究集中在大学本科，混合学习在基础教育阶段及其他阶段的应用与研究数量明显不足。再者，目前多数研究只是单向证明混合学习模式对某一阶段的学习者产生的促学作用，未能对比分析混合学习对不同阶段的学习者所产生的影响是否具有一致性。因此，有关混合学习的研究可适当扩大研究对象，将其应用于不同阶段的英语学习者，设计相应的混合学习模式，以此拓宽混合学习的研究范围，将其更好地运用于教学实践中。

3. 研究方法相对单一

目前，大多数研究以量性研究为主，多采用问卷的研究工具，但缺少对其信度和效度的分析。一些研究者只进行了基础性的描述性统计，却很少做相关分析和回归分析等。虽有部分研究者采用定性研究，但大多是教师经验的总结，缺乏深入的归纳、整理和分析。因此，在今后的研究中，研究者应结合量性研究和质性研究，以便获取更多客观数据，使研究结果更具信效度。定性的研究可继续深入具体地研究某个个体或某个小群体在混合学习研究中的效果，关注他们的情感、态度、认知和表现等。

4. 教学评价有待完善

文献数量发现，教学评价多聚焦于学习者对语言知识的掌握，忽视了学习者的情感、态度等方面，没有对学习者进行全面的评价，未能形成完整统一的体系，因此研究不够深入充分，评价不够系统。此外，多数研究者从理论层面出发建构教学评价，其有效性和可行性仍值得商榷；评价多关注短期效应，未能形成长期、动态的评价方式，因此无法判定混合学习的长期效果。因此，在今后的研究中，教学评价的探索应不仅关注学习者的学业情况，也要将学习者的情感、态度等纳入评价体系；须考量评价模式的可行性和有效性，注重建构长期的、动态的教学评价体系。

（二）混合学习研究的趋势

综合近年混合学习的研究发展可以看出：研究数量逐步增长、质量不断提高、领域逐步拓宽。数量上总体呈上升趋势，研究者从不同的层面和角度对混合学习在国内英语教学研究中的应用进行探究；质量不断提升，从最初关注理论构建、教学模式设计，转向关注学习者自身因素，探究混合学习模式的应用与可行性；混合学习研究逐渐扩展到英语教学的各个阶段和领域，无论是基础教育还是高等院校，语言知识教学或是语言技能培养，都在探索切实有效的混合学习模式。

未来混合学习的研究发展应继续遵循国家政策，在前人研究的基础上，探索新的研究方向。研究主题上会继续依托国家政策，呈现动态化和多样化的发展，更多的研究会关注"学习者""学习者动机""翻转课堂"等；研究者之间会加强学术交流与合作，从不同角度和层面共同探究混合学习研究的影响力和权威性；研究视角上会更多关注英语核心素养，继续深入研究混合学习的教学主体和教学评价等内容，使其在教学领域的应用更加广泛；研究方法上会向量性与质性研究相结合靠拢，单纯质性研究将会不断细化和深入。

四 结语

本文使用 CiteSpace（5.7.R5），从发文量总体趋势、文献来源分布、关键词共现、研究演变趋势、研究主体内容五个方面进行梳理，展现了近年来混合学习在国内英语教学研究中的现状、热点和趋势，发现混合学习在国内英语教学中的应用主要集中在大学本科阶段，研究者们从模式建构、教学主体、教学评价等多方面进行了研究，在理论研究和教学实践应用上取得了较多成果，但仍然存在很多问题，比如，研究内容缺乏深度和广度、研究对象还不均衡、研究方法相对单一、教学评价有待完善等。因此，今后混合学习的研究应适当扩大研究对象，围绕核心词拓展研究内容，探索新的研究方法，构建完善的混合学习评价体系，促进混合学习在英语教学实践和研究领域朝着更深、更广的方向发展。

参考文献

Chaomei Chen, CiteSpace II: Detecting and visualizing emerging trends and transient patterns in scientific literature, *Journal of the American Society for Information Science and Tech-*

nology，2006.

蔡龙权、吴维屏：《关于把信息技术作为现代外语教师能力构成的思考》，《外语电化教学》2014年第1期。

陈悦、陈超美、刘则渊、胡志刚、王贤文：《CiteSpace知识图谱的方法论功能》，《科学学研究》2015年第33卷第2期。

陈争峰、郑沛、刘楠：《后MOOC时代下O2O大学英语教学模式研究》，《教育学术月刊》2020年第5期。

崔瑾英：《基于"互联网+"思维的高校英语信息化教学路径研究》，《教育理论与实践》2020年第40卷第27期。

何克抗：《从Blending Learning看教育技术理论的新发展（上）》，《电化教育研究》2004年第3期。

侯建军：《基于混合学习的大学英语教学实践与研究》，《电化教育研究》2010年第5期。

侯剑华、胡志刚：《CiteSpace软件应用研究的回顾与展望》，《现代情报》2013年第33卷第4期。

胡加圣、靳琰：《教育技术与外语课程融合的理论与实践研究》，《中国电化教育》2015年第4期。

贾巍巍：《iSmart外语智能学习平台的开发与应用》，《中国大学教学》2019年第3期。

金绍荣、肖前玲：《高职英语混合学习模式改革构想》，《职教论坛》2011年第27期。

金晏旻、章国英、沈姝：《从生态视角看混合学习应用于网上英语写作》，《开放教育研究》2012年第18卷第3期。

廖根福、邹晓萍：《优化教学结构设计诱发学生自主学习与深度学习——大学英语口语混合式教学的行动研究》，《教育学术月刊》2019年第10期。

凌茜、马武林：《基于Web2.0平台的大学英语混合式学习探究》，《电化教育研究》2009年第6期。

刘芳：《基于混合学习的大学英语听说教学研究》，《现代教育科学》2011年第9期。

刘小梅：《新型混合式大学英语视听说教学模式的探究——以北京化工大学为例》，《现代教育技术》2016年第26卷第11期。

卢丹、解月光、唐烨伟、杨鑫：《批判性思维导向的新型混合学习模式研究——以英语写作教学为例》，《中国电化教育》2018年第6期。

罗燕子：《论"混合式"大学英语写作及其环境构建》，《兰州学刊》2012年第2期。

罗永华：《基于英语微课的中学生思维品质发展策略》，《教学与管理》2019年第6期。

马武林、张晓鹏：《大学英语混合式学习模式研究与实践》，《外语电化教学》2011年第3期。

牟占生、董博杰:《基于 MOOC 的混合式学习模式探究——以 Coursera 平台为例》,《现代教育技术》2014 年第 24 卷第 5 期。

邵钦瑜、何丽:《基于网络与课堂混合环境下的大学英语合作学习模型构建及实证研究》,《外语电化教学》2014 年第 2 期。

唐进:《混合学习模式在大学英语教师信息技术培训中的应用》,《现代教育技术》2009 年第 19 卷第 3 期。

王丽丽:《基于 SPOC 的混合式大学英语教学模式设计》,《黑龙江高教研究》2017 年第 10 期。

王娜、张敬源、陈娟文:《五个转变:破解"以学为中心"课堂教学的困境——兼谈"SPOC+小课堂"混合教学模式的设计与实践》,《现代教育技术》2018 年第 28 卷第 7 期。

王倩:《基于混合学习的螺旋式九宫格模式研究》,《现代教育技术》2016 年第 26 卷第 9 期。

王懿:《混合学习对大学生英语写作水平的影响》,《开放教育研究》2011 年第 17 卷第 2 期。

魏国营、庄可香、陈玉河:《区域性网络学习空间 GERI 教学模式构建及实证研究——以小学英语课堂教学为例》,《现代教育技术》2020 年第 30 卷第 2 期。

吴晓秋、吕娜:《基于关键词共现频率的热点分析方法研究》,《情报理论与实践》2012 年第 35 卷第 8 期。

徐显龙、赵慧、黄旦、顾小清:《促进英语语言技能提升的混合学习研究》,《现代教育技术》2020 年第 30 卷第 12 期。

杨芳、魏兴、张文霞:《大学英语混合式教学模式探析》,《外语电化教学》2017 年第 1 期。

应洁琼、宁强:《大学英语混合教学中合作学习与自主学习集成模式研究》,《教育理论与实践》2019 年第 39 卷第 3 期。

于蕾、齐振国:《数字化学习给我国大学英语教师带来的挑战》,《中国远程教育》2011 年第 8 期。

于夕真:《英语教学模式的整合性研究》,《外语学刊》2007 年第 2 期。

张梅、何曦:《混合式大学英语学习适应性调查研究》,《外语电化教学》2020 年第 4 期。

章木林:《英语自主学习能力对混合合作学习满意度的影响》,《现代外语》2017 年第 40 卷第 4 期。

Current Situation and Trends of Research on Blended-learning in English Language Teaching in China —A Visual Analysis Based on the Literature of China Knowledge Network from 2005-2021

Gao Fen　Hu Jilan

Abstract: With reference to the literature on blended learning in English language teaching in China published on China Knowledge Network (CNKI) from 2005-2021 as the research object, the author employs bibliometric method and visual analysis to analyze the current situation, hot spots and trends of blended-learning in English language teaching from the following five aspects: the number of articles published, the distribution of literature sources, the co-occurrence of key words, the trend of research evolution and the main content of research. The results show that the research on application of blended-learning in English teaching research is generally on the rise, mainly focusing on three aspects of model construction, teaching subjects and teaching evaluation at the undergraduate level, while there also occur problems, such as lack of depth and breadth of research content, uneven research objects, relatively single research methods and imperfect system for teaching evaluation.

Key words: English Language teaching; Blended-learning; Visual analysis

折中型师生双主体"日本概况"课教学模式的探索及实践

乐燕子[①]

摘 要：本文在折中教学理念下，尝试吸取任务教学法、产出导向法及翻转课堂三种教学法的部分理念，尝试构建了师生双主体"日本概况"课教学模式。该模式的特点在于重构教学内容，设计多样化教学任务，重视学用一体，以教师为主导、以学生为主体，明确教师和学生在课前、课中及课后的角色分工。教学实践和问卷调查结果显示，该教学模式教学效果良好，但也存在一定问题，今后应不断改进。

关键词：折中教学法；师生双主体；日本概况；教学模式

一 引言

随着经济全球化的不断推进，社会对具有跨文化交际能力的应用型外语人才的需求日益攀升。如何培养满足社会需求的外语人才一直是外语教学讨论的热门话题。越来越多的外语教育者将国内外前沿的教学方法应用于实际教学，探索外语教学改革，其中不乏关于日语教学改革的探索。刘琛琛、冯亚静（2019）论述了产出导向法在日语口译课中的应用效果。胡君平、杨中（2021）尝试将翻转课堂及任务驱动理念应用于高级日语课。不过，从任务教学法、产出导向法及翻转课堂等热门教学法探讨"日本概况"课教学改革的研究还很少。

"日本概况"课是概括性地介绍日本地理、政治、经济、文化、外交、生活、教育、艺术、信仰等各方面知识的课程，既是日语专业基础课

[①] 作者简介：乐燕子（1979— ），女，陕西师范大学外国语学院讲师，研究方向：日本社会、日语教学。

本文为 2020 年陕西师范大学本科一流课程建设项目"日本概况"阶段性研究成果。

程，也是修养课程，可以通过各种人文知识提高学生的人文素养，培养学生的国际化视野，加深学生对异文化的理解，为提高学生的跨文化交际能力打下坚实的基础。2018年教育部发布的《高等学校外语类专业本科教学质量国家标准》中，明确将"日本概况"课设定为日语专业核心课程。

然而，由于配套教材、网络资源等发展较慢，以及日语专业自身教改经验的缺乏，"日本概况"课的教学方式大都依然以"教师讲授""知识传授"为中心的传统教学方式进行，普遍存在教学内容宽泛、教学方式单一等问题。笔者结合自身的教学实践，在教学过程中灵活采用较为热门的任务教学法、产出导向法及翻转课堂等教学法的部分理念，尝试构建折中型师生双主体"日本概况"课教学模式，以期为日语专业探索行之有效的具有专业课程特色的新型教学模式。

二　折中教学法与师生双主体教学模式

（一）折中教学法的理念

Stern 和 Rivers 曾给折中主义教学下定义为："Practitioners cannot limit themselves to one teaching method, they try to absorb the best techniques of all the well-known language teaching methods into their classroom procedures, using them for the purposes for which they are most appropriate ."（王岩2001：25）折中法即博采各家之长，根据每一阶段的具体目标及学习者具体情况灵活采用各种方法，融合各教学法的长处（胡俊杰 2007：81）。方渝萍（2004）、胡俊杰（2007）等都指出中国外语教学是结合自身的教学环境、教学条件及传统教育等实际情况发展起来的，不能生搬硬套国外教学法，应该继承和保留传统教学法的合理部分，择优选用不同教学方法和理论观点，逐渐形成自己的特色教学法。

"日本概况"课不同于其他语言课程的教学，主要向学生教授人文知识，难以套用语言教学常用的方法。笔者在教学过程中，发现若以教师讲授为中心，就会出现课堂枯燥乏味的问题，而若以学生为中心，就会出现学生预习时间长、任务过重等问题，而且由于学生知识有限，课堂内容难免陷入知识杂乱、浅薄的困境。为了克服诸多问题，笔者尝试采用折中理念，吸取任务教学法、产出导向法及翻转课堂的部分理念，构建师生双主体的课堂教学模式。以下将在分别阐述任务教学法、产出导向法及翻转课堂理念的同时，具体阐述笔者在构建师生双主体教学模式中，是如何吸取各教学法理念的。

(二) 师生双主体教学模式

1. 基于任务教学法，重构教学内容，设计多样化教学任务

国内外关于任务型教学法的定义及内涵还未达成一致意见。Peter Skehan（1998：122-126）总结了 Candlin（1987）、Numan（1989）、Long（1989）等研究者的观点，对"任务型"中的任务做了五点定义：①任务以意义为主；②任务中要有问题需通过语言交际进行解决；③任务与真实世界的活动有类似之处；④首先要完成任务；⑤根据结果评估任务（方文礼 2003：17）。从国内外学者的论述可以看出，"任务"是任务型教学法的核心所在。任务教学法强调"任务"的意义、真实性与交际性，学习者利用已获取的语言资源和信息，在履行、完成课堂上以意义为中心、具有真实性交际任务的过程中，达到预期教学目标。贾志高（2005）指出任务设计应该遵循真实性、功能性、连贯性、可操作性、实用性、有趣性原则。方文礼（2003：20）指出"任务型"教学应包括任务前（pre-task）的准备，任务（during-task）实施与引导和任务后（post-task）的反思（reflec-tion）。

任务型教学法是本文构建师生双主体教学模式采用的核心教学法。"日本概况"课知识点繁杂，学生不可能记下所有的知识点，要尽量避免传统的死记硬背法，但有些常识性知识点，比如日本的行政区划如何设置、日本茶道的集大成者是谁等，作为基本的人文素养知识，学生应该记忆。教师根据概况课的知识特点，将知识点分成三类，即记忆性、理解性及探究性知识点，结合教学内容、学生兴趣及教学条件等多种要素，针对不同类型的知识点布置多样化任务。参与、完成各类任务是课前、课中及课后一系列课程操作的主线。

2. 基于产出导向法，注重学用一体，明确教师的角色分工

产出导向法是我国文秋芳教授及其团队发展的一种教学理论。邓海龙（2018）指出在教学理念上，任务教学法和产出导向法都重视"全人教育"和"在做中学"，但任务教学法采用了"学生中心"，而产出导向法采用"学习中心"；在教学假设上，两者都对"输出"和"输入"给予特别关注，但任务教学法重视"重用轻学"，而产出导向法注重"学用一体"；在教学流程上，两者都以语言运用作为教学活动的基础，但任务教学法"评学分离"，而产出导向法则"以评为学"。文秋芳、毕争

(2020）指出产出导向法特别强调教师在每个环节中的专业引领和指导作用，而任务教学法将教师作用边缘化，教学大纲要以任务为基础，课堂实施分为任务前、任务中和任务后三个阶段，但缺乏操作程序，特别是缺乏对教师在这三个阶段中具体活动的描述。

表1 任务型教学法与产出导向法的教学理念、假设和流程
（邓海龙 2018：57）

教学法\层次	任务型教学法	产出导向法
教学理念	"整体教育""学生中心""在做中学"等	"学习中心""学用一体""全人教育"
教学假设	"互动假说""认知假说""二语学习认知理论"	"输出驱动""输入促成""选择学习""以评为学"
教学流程	任务前→任务中→任务后	驱动＜=＞促成＜=＞评价（教师主导）

从学者们的论述可以看出产出导向法不仅重视语言的实际应用性，同时注重语言知识及理论的学习。另外，产出导向法特别强调教师在各个环节的主导作用以及对学习效果的评价。"日本概况"课是一门以传授人文知识为主的课程，不能只注重交际和实用功能，还要注重多元文化知识的摄取与学习，学用一体非常重要。笔者吸取产出导向法的理念，设计任务时，特别注意既激发学生学到更多知识，又激发学生运用所学知识思考、分析问题，另外，还注重教师的主导作用，明确教师在各个环节的角色定位，通过教师检查、引导、补充、总结、评价等环节，进一步深化知识，拓展学生视野。

3. 基于翻转课堂，发挥学生主体性

传统教学模式依靠教师在课堂中讲授，完成知识传授，通过学生课后操作或者实验完成知识内化。而翻转课堂打破了这种教学形式，教师提供以教学视频为主要形式的学习资源，学生在上课前完成对教学视频等资源的学习，从而完成知识传授。知识内化则通过课堂上师生一起完成作业、答疑、协作探究及互动交流等完成。

翻转课堂中，教师和学生的角色发生了很大转变，教师不再是知识的讲授者，而是学习的促进者和指导者。教师为学生提供个性化的帮助，组织课堂教学活动，参与到学生的学习活动中，引导、启发学生自主学习、合作学习和探究学习，提高学生思考、分析、解决问题的能力，增强师生

互动性。学生则不再是知识的被动接受者，而是主动研究者，他们可以进行个性化学习，可以自定学习时间、地点及内容等。

表2　传统课堂与翻转课堂中各要素的对比表（张金磊等 2012：46）

	传统课堂	翻转课堂
教师	知识传授者、课堂管理者	学习指导者、促进者
学生	被动接受者	主动研究者
教学形式	课堂讲解+课后作业	课堂学习+课堂探究
课堂内容	知识讲解传授	问题探究
技术应用	内容展示	自主学习、交流反思协作讨论工具
评价方式	传统纸质测试	多角度、多方式

"日本概况"课涉及知识面宽，激发学生主动学习、不断探究问题非常重要。笔者构建的师生双主体教学模式借鉴翻转课堂的理念，重视学生的学习主动性，课前为学生提供录制的微视频、PPT等教学资源，促使学生提前预习，思考课前任务，课堂上则通过小组合作学习、讨论、发表等多种形式，引导学生探究问题，提高学生思考分析问题的能力。

表3　　　　　　　　师生双主体教学模式特点

主体 阶段	教师	学生
课前	i. 提供微视频及网络资源等 ii. 布置任务 　　任务1：课前测试 　　任务2：理解性问题 　　任务3：探究性问题 iii. 收集学生问题	i. 观看视频 ii. 小组协作思考、完成各类任务 iii. 提出问题
课中	i. 提问答疑、总结深化 ii. 引导学生协作学习 iii. 评价、提出完善建议	i. 回答问题 ii. 小组协作展示成果、提问与讨论 iii. 互评打分
课后	评选优秀、以评促学	i. 查阅资料、完善成果 ii. 拓展阅读及实践活动

出处：笔者制作。

三　"日本概况"课师生双主体教学模式实践

笔者所在大学将"日本概况"课设置在日语本科一年级下半年，每周2学时，共36学时。笔者在2020级日语本科一年级学生的"日本概况"课中探索实践了师生双主体教学模式。参考教材为刘丽芸等主编的《新编日本概况》，由于教材存在部分内容滞后、不充分现象，笔者会根据章节内容，参考其他最新教材或信息，适当补充和完善教学内容。以下具体说明师生双主体教学模式的实施步骤及方法。

（一）以教师为主体的开课前准备

此环节是指该课程开课前的准备。教师主要完成以下任务：

第一，学情调查。教师利用问卷星、微信等平台，了解学生关注的、感兴趣的领域。很多刚上大学的学生虽然是第一次接触日语，但通过电视、网络及中学历史课等，对日本有一定了解。了解学生认识的日本及他们感兴趣的领域，对于教师合理安排教学内容、提高课堂教学质量有很大帮助。

第二，合理安排教学内容。"日本概况"课涉及地理、历史、经济、文化等各个领域，而各个领域又涵盖诸多知识点，很难在短时间内面面俱到。教师可根据学情调查及参考相关教材，有选择性地安排教学内容。笔者根据2020级学生的学情调查，最后确定了日本地理、政治、经济、历史、文学、文化及社会等七个领域，安排教学内容，每个领域约2—3周完成。而且根据各章节特点，教学知识点及侧重点各有不同，比如政治重点在当前日本政治特点及中日政治热点事件，而文学重点则在不同时期日本文学特点及名家名篇赏析。

第三，搜集相关资料。"日本概况"课涉及内容丰富，仅依靠教材知识远远不够。教师授课前应搜集与教学内容相关的书籍、网站资料及视频等资源，根据每章节内容，推荐学生阅读、观看，拓宽学生视野，为学生顺利完成各章节课前任务储备知识，奠定基础。

（二）以学生为主体的课前预习

在课前环节，教师会利用大学提供的Blackboard平台，为学生提供录制的微视频、讲解用PPT、相关网站等教学资源，供学生自主学习。学生根据教师提供的教学资源，思考、完成课前任务，为课堂活动的有效开展做好准备。

第一，在线观看微视频和PPT资料等。微视频由任课教师自己录制，约15—20分钟，主要讲解各章节的基础知识点、重难点及热点问题等。"日本概况"课知识面广，学生难以把握主线，需要教师提纲挈领，梳理出理解该领域的基本框架,让学生在把握基础知识的同时,有条不紊地扩展知识的广度,加深知识的深度,并能逐步自主发现、思考问题。学生在观看视频的同时,可参考讲解用 PPT 及相关网络资源,提高效率。

第二,完成课前测试、PPT 制作等不同类型的课前任务。针对记忆性的、常识性的知识点,教师结合各章节内容,设计 10—15 道填空题或选择题,进行课前测试,学生必须在规定时间内完成。针对理解性知识点,教师会布置理解、把握基本教学内容的问题,让学生带着思考看视频,加深对基本内容的理解,比如日本的政治体制由哪几部分组成?各自的功能和作用是什么?针对探究性知识点,教师会结合学生兴趣及当下热点问题等,布置激发学生主动发现、思考、分析问题的任务,比如请结合具体数据,谈谈你对日本抗疫的看法。学生根据自身的兴趣及关注点,搜集、整理资料,思考分析问题,整理成笔记或制作成 PPT,以备课堂发表。

第三,在线提交问题。学生预习教学内容后,可通过教学平台、微信群等,提出自己没有理解的问题或者与教学内容相关的问题。该任务并不是必做项目,学生根据实际情况而定。通过提问题,不仅可以促使学生将自己的疑惑传达给教师,也可以激发学生对所学内容进一步思考。教师根据学生提出的问题,可以把握学生关注点及疑点,并预先查阅资料,从容应答学生,丰富课堂内容。

(三) 以教师为主导、以学生为主体的课堂教学

课堂环节分为三部分,即教师主导的检查答疑部分,以学生为主体的协作学习部分,师生双主体参与的成果多元评价部分。

第一,教师主导的检查答疑部分。教师会对课前任务中的基础知识点,以提问的形式请学生回答,检查学生预习情况,比如教师展示一幅空白地图,标注部分地区,请学生回答该地区的县名等,检查学生对日本行政区划的预习情况。根据学生回答情况,教师补充学生理解不足的部分,同时提纲挈领,概括、归纳本节内容,强调重点难点。然后,教师就学生提出的疑难问题及关注点进行集中讲解,扩展和深化所学内容。

第二,以学生为主体的协作学习部分。协作学习形式有小组发表及讨论等。小组是协作学习的基础单位,教师让学生根据意愿自行分组,小组规模控制在 5 人左右,保证每个学生能够充分参与其中。各小组根据问题的难易度、类型等,搜集资料,协作分工,共同思考、探究、完成教师课前布置的个性化探究问题,并在课堂发表展示、讨论。

为了避免学生负担过重，教师会根据教学内容，每节课只指定1—2组同学发表，时间为10—15分钟，发表形式可以是PPT，也可以是黑板书写。大一学生刚进校不久，对探究性学习还较为陌生，很多学生无从下手，因此，教师在发表前会展示范例，讲解如何探究问题及整理材料，并提出一些要求和分析视角，比如知识的高阶性、数据可信度、热点问题及与中国比较等，引导学生发挥个性，探究问题。

指定小组将探究成果在课堂上展示出来，教师和其他小组可以进行提问、共同讨论。经过充分准备，学生避免了课堂上耗时的、毫无意义的空洞讨论，能更加全面、深刻、多角度认识问题，同时培养了学生之间合作、沟通、共同解决问题的能力，加强了学生的课堂参与性和师生互动性。不过，学生在发表、讨论过程中，教师要随时观察学生的动态，适时加以引导、组织、协调，让学生学会吸收同伴经验、反思自身想法的合理性，保证小组讨论活动有效地开展。

第三，师生双主体参与的成果多元评价部分。发表、讨论结束后，教师可围绕本节所学的主题，对各小组的成果进行总结深化，并对成员表现、参与程度等进行评价，提出今后改进的意见，以评促学。各小组也可对发表小组的展示进行评价，提出完善建议。另外，教师还会利用问卷星等小程序，让各小组从发表内容、语言表达、分工协作等方面，对发表小组进行打分，以便教师能更全面地把握学生的认识。通过这种师生之间、生生之间的开放式交流，学生自我表达、合作交流、分析解决问题的能力都能得到提升。

（四）以学生为主体的课后反思

课后，各小组可以根据教师及其他小组、参加人员的意见，进一步查阅相关资料，完善、改进小组学习成果，撰写报告、小论文或录制成视频提交到在线学习平台，教师会进行评分。学期末，教师会将每个小组的所有得分进行统计，评选出优秀小组，给予适当奖励，鼓励学生再接再厉。

四 师生双主体教学模式的实施效果及存在问题

（一）实施效果

师生双主体教学模式是笔者四年来在"日本概况"课教学实践中，尝试教学改革，逐步构建起来的。目前该教学模式仅对2020级日语专业本科生实践过，还没有充分的调查数据能证明其教学效果，但从2019、

2020级日语专业本科生"日本概况"课考试成绩及对2020级学生的问卷调查结果可以略见一斑。尽管总成绩构成比有所变化，但2019级和2020级期末考试形式相同，2019级的平均成绩为89.2分，2020级平均成绩为90.68分，2020级略高于2019级。

课程结束后，教师通过问卷星小程序，让2020级学生无记名对本学期的"日本概况"课教学效果进行了评价。调查结果显示学生普遍表示良好，评价到"课堂形式多样、生动有趣""上课很有意思、很放松""学生参与性强、互动多，为学生提供展示机会，能够锻炼学生的思考及表达能力""课堂内容丰富，激发了学生的学习兴趣和学习主动性""通过自己搜集资料，对日本的认识更加真实、准确"等。从学生的评价可以看到，师生双主体教学模式受到学生的普遍欢迎，基本达到了预期教学目标。

其实，在教学实践中，教师也切实感受到了教学效果。学生发表的内容十分丰富，搜集了很多有趣的视频、精确的数据等，讲解详细，总结到位，风格各异，比如学生讲到新潟大米为什么有名，日本皇室十二单衣怎么穿，有什么缘由等，这些问题看似简单，却是了解日本很好的切入点，补充、丰富了课堂教学内容。

（二）存在问题

当然，也有个别学生对该教学模式反映一般，觉得教师应该再丰富课堂内容。师生双主体教学模式减少了教师讲授的时间，对于很难适应探究性学习的学生来说，课堂内容显得不够充足、缺乏深度及逻辑性，上课没有充实感。学生反映的这些问题是逐渐向以学生为中心的教学模式改革会遇到的一般性问题。

此外，教师在教学操作过程中，也发现了一些具体问题：第一，小组发表时间过长，有时超过20分钟，从而没有充足的讨论和师生评价时间；第二，学生针对内容及小组发表，讨论、提问题还不够积极，经常需要教师不断提醒、引导，课堂气氛不够热烈；第三，学生还不太适应协作学习，教师要求各小组成员分工合作，探究问题，尽量每个同学都能在课堂上展示，但是除了个别小组，大部分小组的合作分工有些不够明确，停留在形式上，个别同学从不展示，课堂参与积极性不高。

针对以上问题，教师首先应该帮助学生厘清教学各个环节的意义，引导学生逐步改变学习习惯，适应新的教学模式。其次，教师应该给学生提供更多的探究学习的案例，让学生逐渐掌握探究性学习的方法，按照教师的要求，参与各个环节。此外，教师应在课堂任务难度、真实性、交际性、有趣性等方面不断凝练，设计学生愿意参与、容易参与、有意义的任务，提高学生的积极性，活跃课堂气氛。

五　结语

折中教学法主张博采众长，融合不同教学法的长处，逐渐形成具有自己特色的教学法。很多学者的教学相关研究都体现出折中教学的理念，尽管有的研究并未提到折中的概念，但其思想与折中型教学的理念不谋而合。不过，目前关于折中教学法的实证研究还很少，大部分实证研究都是从单一教学法的角度探讨教学模式创新。本文在折中教学理念下，尝试吸取任务教学法、产出导向法及翻转课堂的部分理念，构建了师生双主体教学模式。教学实践证明，该教学模式在培养学生主动学习、思考分析问题、表达能力等方面具有良好效果，受到学生的好评。不过，该模式也存在讨论、合作分工及展示表达不够充分等问题，今后教师应进一步引导学生改变学习方式，不断完善该教学模式。

参考文献

邓海龙：《"产出导向法"与"任务型教学法"比较：理念、假设与流程》，《外语教学》2018年第3期。

方文礼：《外语任务型教学法纵横谈》，《外语与外语教学》2003年第9期。

方渝萍：《论折衷教学法》，《四川外语学院学报》2004年第4期。

胡俊杰：《影响中国大学英语教学的教学法综述》，《中国大学教学》2007年第2期。

胡君平、杨中：《基于SPOC的师生双主体TPD教学模式探索和应用》，《教育教学论坛》2021年第1期。

刘琛琛、冯亚静：《基于"产出导向法"的"日语口译"课程教学实践》，《外语教育研究前沿》2019年第4期。

贾志高：《关于任务型教学法的几个核心问题的探讨》，《课程·教材·教法》2005年第1期。

王岩：《折中主义的外语教学》，《外语界》2001年第2期。

文秋芳、毕争：《产出导向法与任务教学法的异同评述》，《外语教学》2020年第4期。

张金磊、王颖、张宝辉：《翻转课堂教学模式研究》，《远程教育杂志》2012年第8期。

Exploration and Practice of Eclectic Teacher-student Dual Subject "Japan Overview" Teaching Mode

Yue Yanzi

Abstract: Under the eclectic teaching concept, this paper tries to absorb some ideas of task-based teaching method, Production-oriented approach and flipped classroom, and tries to construct the teaching mode of teacher-student dual subject Japanese Overview course. The characteristic of this model is to reconstruct the teaching content, design diversified teaching tasks, pay attention to the integration of learning and application, take teachers as the leading and students as the main body, and clarify the role division of teachers and students before, during and after class. The results of teaching practice and questionnaire survey show that the teaching effect of this teaching model is good, but there are also some problems, which should be improved in the future.

Keywords: Eclectic approach; Teacher-student dual-subject; Japan Overview; Teaching mode

中国学习者英语一般疑问句语调的音系表征和语音实现

刘 丹[①]

摘 要：本研究以Pierrehumbert的自主音段节律理论（Autosegmental Metrical Theory，AM理论）为理论依据，以实验语音学为研究手段，从音系表征和语音实现两个层面比较六名英语水平较高的学习者朗读英语一般疑问句的语调模式与六名本族语者的语调模式的差异。研究结果发现，在音系层面，大部分学习者在句末使用升调表达疑问语气，说明学习者已经习得了英语一般疑问句语调的音系属性。而在语音实现层面，中国学习者的英语语调与本族语者相比表现出音高水平低、音高变化小的特点，这说明学习者尚未习得英语语调的语音属性，但这并不是母语负迁移的结果，而表现为中介语特征。

关键词：语调；音系表征；语音实现

一 引言

语音、词汇、语法构成语言的三大要素。学习者在学习一门语言时，只要学会50%的语法和10%的词汇就可以表达了，但语音却必须是近乎100%的掌握（Gimson 1980）。在交际中，语音语调问题往往会造成听者理解困难甚至交际中断。在二语习得研究领域，与句法、形态的研究相比，语音的教学与研究一直都被"边缘化"（Derwing & Munro 2005），二语的语音研究更多地侧重音段习得研究，对超音段层面的研究十分缺乏。有研究通过英语本族语者对二语学习者的录音进行听辨、评判，发现语调

[①] 作者简介：刘丹（1977— ），女，陕西师范大学外国语学院讲师，研究方向：语音学、二语习得。

在话语可懂度（包括话语识别度以及话语意义理解度）中起着非常重要的作用（Anderson-Hsieh et al. 1992；Monro & Derwing 1995）。Ueyama & Jun (1998) 指出二语语调习得研究应该包括语调的音系表征以及语音实现两个方面，但目前的研究大多停留在对调型的语音描写，对二语学习者语调的音系描写很少涉及。本研究以 Pierrehumbert (1980) 的自主音段节律理论（Auto-segmental Metrical Theory，AM 理论）为理论依据，以中国英语水平较高的大学生为研究对象，从音系和语音两个层面分析学习者朗读英语一般疑问句的语调模式与本族语者的语调模式在调型及声学特征上的差异，试图分析中国学习者语调存在的问题以及造成这些问题的原因。

二　研究综述

语调是一种以音高运动为主要特征的超音段现象，在口语中传递非常丰富的信息，例如与句法功能相关的语言学信息（陈述、疑问、祈使、感叹），或各种感情、态度的副语言信息，甚至性别、年龄、地域背景等非语言信息（Crystal 1969；Ladd 2008）。罗杰·金登指出："语音是语言的外壳/载体，而语调则是语言的灵魂。"（Kingdon 1958）本族语者可以在一定程度上容忍外国人的发音不那么完美，但在很多情况下会因无法意识到语调在自己语言中的深远意义，而无法容忍外国人使用错误的语调（O'Connor & Arnold 1973）。Anderson-Hsieh et al. (1992) 调查了本族语者对非本族语者的发音的听辨判断与发音中音段、超音段以及音节结构实际偏误之间的关系，研究发现超音段对二语口语的可理解性影响更大。

AM 理论最早是 Pierrehumbert 在其博士学位论文《英语语调的音系与语音》(1980) 中提出的，它将自主音段音系学与节律音系学结合起来，将语调曲拱看作是独立于文本之外的、由两个基本平调 H（高）、L（低）所构成的音系实体，但同时又根据文本的韵律结构与文本相联（陈虎 2008）。Pirrehumbert 使用七个音高重音（H*，L*，H*+L，H+L*，L*+H，L+H*，H*+H）、两个短语重音（H-，L-）和两个边界调（H%，L%）表示英语语调的音系表征。短语重音通常位于最后一个音高重音和边界调之间，与边界调构成边缘调。之后，Beckman & Pierrehumbert (1986) 对 AM 理论进行了修改，取消了 H*+H，并提出了介于语调短语和韵律词之间的中间短语的概念。基于 AM 理论对语调进行研究的优势在于使用同一个框架标注语调并对语调进行分析，可以更好地考查不同语言语调的异同。因此 AM 理论是目前对语调进行音系分析时使用最广泛的理论框架（Graham & Post 2018）。另外，在对二语学习者的语调进行分析时，对语调的音系表征和语音实现进行区分，可以从音系和语音两个层面对学习者的语调问题进行深入分析，从而挖掘出语调问题的真正原因，使二语语调教学更加有的放矢（Kainada & Lengeris 2015）。

语调的音系表征指用 AM 理论中的高调（H）及低调（L）表征语调模式，通常运用基于 AM 理论的 ToBI 语调标注系统对语调短语中的音高重音和边界调进行标注及分析。多数研究显示学习者在产出二语时，会受到母语负迁移的影响，使用与母语相似的语调。而语音实现通常用基频值以及语调与音段之间的连接来考查。目前研究中在语音层面对二语语调进行的研究较多，结果大多指出学习者产出的二语语调存在调域窄、音高水平低的问题（Backman 1979；Willems 1982；Ullakonoja 2007；Urbani 2012；Zimmerer et al. 2014），但也有结果不支持这一结论，如 Busà & Urbani（2011）对母语为意大利语、二语为英语的学习者与本族语者朗读中的英语语调进行对比，大部分的数据显示两组受试的音高水平和调域没有显著差异，但与本族语者相比，学习者还是表现出音高水平高、调域窄以及语调变化小的特点。然而从音系表征和语音实现两个方面对二语学习者的语调问题进行的研究相对较少，结果不是非常一致。Jun & Oh（2000）对母语为美式英语、二语为韩语的水平不等的学习者的语调进行研究，结果表明学习者对语调的音系属性比语音属性习得早。Kainada & Lengeris（2015）对母语为希腊语、二语为英语且二语水平中等的学习者的母语、二语以及英语本族语者的语调事件、语调连接、语速、调域及音高水平进行对比研究。结果发现在产出一般疑问句时，学习者完全使用了母语的语调曲拱，表现出母语负迁移。学习者二语的语速不仅比本族语者慢，也比自身母语慢。学习者二语的调域不仅比本族语者窄，也比自身母语窄。学习者二语的音高水平比自身母语低。这些二语的语音特征都表现出中介语特征。

国内对学习者英语语调的研究大多基于 Halliday 的英语语调三重系统理论，从调群切分（Tonality）、调核位置（Tonicity）、调型（Tone）三个角度来分析中国学习者英语语调的特点和存在的问题。在调群切分方面，问题主要有停顿数目过多、过长，大多依赖句子结构及标点符号切分调群，而不是根据语气、语境等实际需要，因此不能很好地利用语调表达英语的语用意义（陈桦 2006b；杨军 2006）。在调核位置方面，问题表现为调群中重音过多或调核位置不当（陈桦 2005；田朝霞 2005）。在调型使用方面，中国学习者过度使用降调，升调、平调使用不当，不能准确表达说话者的情感、态度（陈桦 2006a，2008；洪薇 2012）。近年来，国内也有学者在 AM 理论框架下对学习者的语调问题进行研究，其中有的从音系表征的角度出发，对二语学习者的音高重音和边界调进行语调标注，并计算出不同语调模式使用的频率（孟小佳，王红梅 2009；纪晓丽 2010；毕冉 2017）；有的运用语音实验的方法，对学习者英语语调的音高值进行考察，揭示学习者的语调问题（蒋红柳 2012；高薇 2013）。但几乎没有从音系表征和语音实现两个层面对中国学习者英语语调进行的研究。本研究以英语一般疑问句为语料，试图发现中国学习者朗读中的语调问题究竟存在于音系层面还是语音层面，以期对语音教学，尤其是语调教学有一定指导意义。

三　研究设计

（一）研究问题

1. 从音系表征来看，英语水平较高的学习者产出的一般疑问句与本族语者有何不同？
2. 从语音实现来看，英语水平较高的学习者产出的一般疑问句与本族语者有何不同？

（二）受试

本研究选取 6 名西安某高校英语专业三年级的学生组成实验组，由 6 名本族语者组成对照组。对照组的 6 位本族语者均来自美国，年龄在 24—28 岁，均为女性。实验组的 6 名学生也均为女生，年龄在 20—22 岁，在全国英语专业四级考试中笔试成绩均在 85 分以上，口试成绩均为良好，受试的具体情况详见表 1。在对学生进行录音之后，我们邀请两位中国籍英语教师根据评分标准（主要参考于珏 2013 年的博士学位论文）对学习者的朗读语料进行独立评分。评分标准由分项评分和整体评分组成，均按 5 分制进行打分。分项部分分为音段层和超音段层，音段层主要考查元辅音的发音情况，超音段层主要考查重音、节奏、语调以及受试的流畅性及可懂度。然后按照分项部分占 60%、整体部分占 40% 来计算每位受试的总分。两位评分员对受试朗读评分的 Pearson 相关系数（r）为 0.845[**]，为显著正相关，表明评分者对同一语料的评分标准能保持高度一致。评分者给受试的分数均在 4.5—5 分，因此我们认为这 6 名学生可以作为英语水平较高的学习者的代表。

表 1   本研究实验组受试情况

受试	性别	学习英语的年限（年）	专四笔试成绩	专四口试成绩
1	女	10	89	良好
2	女	13	85	良好
3	女	14	86	良好
4	女	13	87	良好
5	女	11	85	良好
6	女	11	86	良好

（三）录音

朗读材料为一篇字数为 81 个单词的英语小故事，里面包含陈述句、一般疑问句、特殊疑问句等英语基本句型。选择语言简单的英语故事，一是为了不让语言困难成为受试朗读中的障碍，受试能关注自己的语音语调；二是故事情节为朗读提供了上下文语境，避免了朗读单个语句片段时可能出现的语调不自然的情况。

首先对实验组和对照组进行录音，录音在专门的录音室进行，录音使用的是笔记本电脑，采样率为 16KHz，精度为 16bit。在录音前我们将朗读材料提前发给受试，并给予她们充分的准备时间，即她们认为准备好了才开始录音，保证她们能够理解并熟悉朗读材料。在准备过程中，受试遇到不会的单词可以查词典。在录音开始前我们会告知受试本研究的目的是考查英语的语调问题，因此要求她们在朗读时注意语音、语调、重音、节奏等韵律特征，尽可能表现出最佳状态。

（四）标注

本研究首先使用标注工具 SPPAS 对实验组和对照组朗读语料中的一般疑问句"Is it raining again?"进行单词层以及音段层的自动切分。然后在听辨感知的基础上，利用语音标注及分析软件 Praat 所显示的音高曲拱、音强曲线、停顿时长等声学参数，对标注进行手工修正。最后采用

ToBI 标注系统对句中的语调模式进行标注，结果保存为 Praat TextGrid 文件。根据研究需要，本研究中共标注了四层：句子层、语调层、音段层、单词层。图 1 和图 2 分别为本族语者和学习者朗读语音样本标注示例。

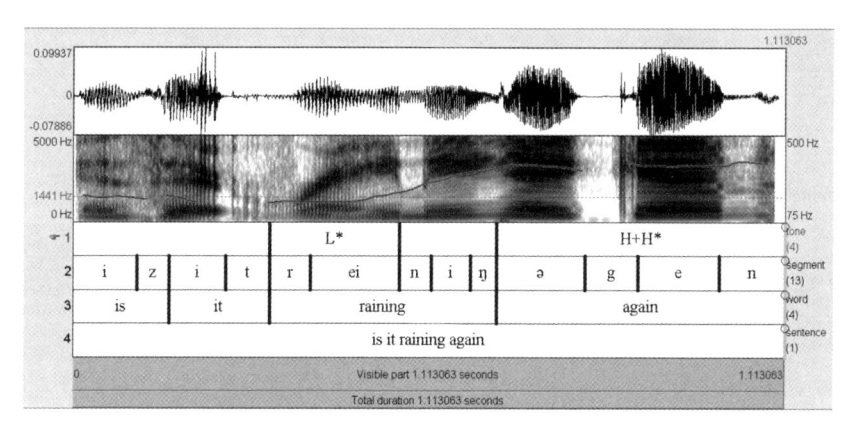

图 1　本族语者朗读语音样本

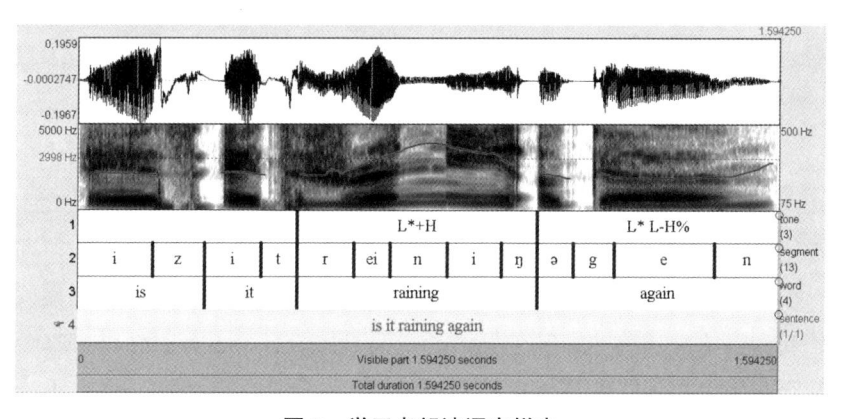

图 2　学习者朗读语音样本

四　结果与讨论

（一）音系表征

我们采用 AM 理论（Beckman & Pierrehumbert 1986）对学习者和本族语者的英语语调进行音系表征。下面主要从音高重音和边界调进行描写。

1. 音高重音

从本族语者的音高基频曲线（见图 1）可以看出，本族语者在音高重音处用降调,并在重读音节/rei/上用了音高最低调 L*,然后在重读单词 raining 的第二个音节上升,并在最后一个单词 again 继续上升,表现为短语重音 H-以及边界调 H%。这与 Ueyama & Jun(1998)研究中指出的英语一般疑问句的语调曲拱 L* H-H%保持一致。但从中国学习者的语调曲拱来看,大多数实验组受试在句中出现了两个音高重音(raining, again),甚至三个(it, raining, again),本族语者与实验组受试在一般疑问句中音高重音的分布及频率详见表 2。这是中国学习者口语中的一个突出问题,重音数量多。纪晓丽(2010)在对中国学习者的英语语调习得研究中也同样发现,不论句子长短,美国本族语者对调核音高的选择基本保持一致,而中国学习者则会因句子的长度变长而重读更多的词,且对哪些词重读也不能保持一致。毕冉(2017)的研究也指出中国学习者在重音分布和调核上与本族语者存在明显差异,主要表现在重音过多而且调核位置不恰当。

表 2　　在 "Is it raining again?" 句中音高重音的分布及频率

音高重音	本族语者			实验组受试		
	raining	raining & again	it & raining & again	raining	raining & again	it & raining & again
分布	6			1	3	2
频次	100%			16.7%	50%	33.3%

中国学习者在英语口语中使用过多的音高重音,听起来一字一顿,可能是受到汉语负迁移的影响。汉语是音节节拍语言,发音时每个字都会发得清晰、饱满,音强和音长都几乎相等。而英语是重音节拍语言,重读音节和非重读音节交替出现,两个重读音节之间可以出现多个非重读音节,但所占时长大致相等。本族语者在说话时通过音高、音长、响度等声学特征,使重读音节更加凸显,以便凸显新信息、对比信息,来达到交际目的,即听者准确理解说者的意思和意图。而听者在对语流进行解码时,也主要通过对重读音节的感知来帮助理解(Cutler 1984;Fear et al. 1995)。中国学习者按照汉语的语调节奏模式,过多地使用音高重音,会使他们的话语缺乏语意中心或信息中心,对听者理解造成困难,也使学习者的英语听起来带有外国口音。

2. 边界调

从图 3 可以看出，本族语者全部使用 L* H-H%调型。大多数学习者在音高重音/rei/上用低调 L* 或低升调 L*+H，只有一个学习者用高调 H*，这与本族语者基本保持一致。从边界调的使用来看，大部分学习者在句末使用 L-H%或者 H-H%来表达疑问语气，即学习者在音系层面已经习得英语一般疑问句使用升调表示疑问。但学习者与本族语者最大的不同是，本族语者的语调在音高重音后持续上升，表现为高调原（High Plateau）（Ueyama & Jun 1998）。而学习者中有两名在音高重音/rei/上用了最低调 L*，但之后语调并没有马上上升，而是继续保持低调，直到句末才出现语调的上升。还有两名学习者在音高重音/rei/上用了最低调 L*，之后音高升高又降低，在句末再次出现音高的上升。这与汉语一般疑问句在句末使用升调表示疑问非常相似。

汉语是声调语言（tone language），用音高来区别词义，而英语是"非声调语言"（non-tonal language）或"纯语调语言"（intonation-only language）（Gussenhoven 2004），音高不具有区别词义的功能，而用于表达短语结构和语篇意义。汉语在表达一般疑问句时比较复杂，既可以用词汇手段（如"吗"），也可以用词汇手段加语音手段，还可以只用语音手段。在只用语音手段时，其典型特点是句末音节音高的抬升（马秋武 1988）。但汉语的音高变化既用于辨别词义，又用来表达语调，那么音高的抬升是为了表征前者还是后者？林茂灿（2015）通过实验证明，汉语的疑问边界调的音高曲拱斜率是相对于该音节声调的逆时针加大，而陈述边界调音高曲拱的斜率是相对于该音节声调的顺时针加大。因此学习者也可能是受到母语一般疑问句的影响，在句末用升调表示疑问。

（二）语音实现

调域（pitch range）可以从两个维度来分析，即音高水平（pitch level）和音高范围（pitch span）（Ladd 2008）。

1. 音高水平

音高水平指说话者整体音高的高度，对音高水平的测量一般使用基频平均值，通常以赫兹为单位。我们利用 Praat 软件提取 12 名受试朗读中一般疑问句的基频平均值，再利用 SPSS20.0 软件对两组受试的基频平均值进行独立样本 t 检验。学习者的基频平均值为 252.4Hz，本族语者的基频平均值为 298.4Hz，两者具有显著差异（p=0.024<.05）。这说明本族语

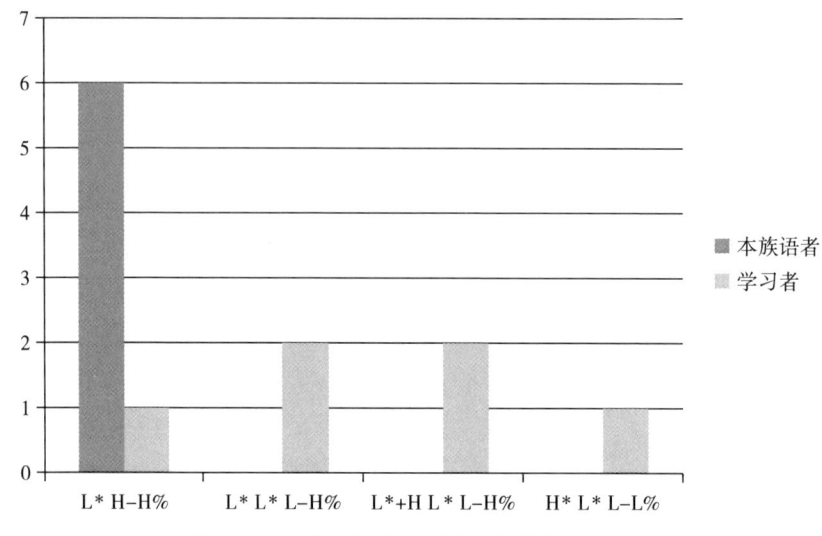

图 3　本组语者与学习者语调曲拱类型及人数

者在产出一般疑问句时音高水平比学习者高。

2. 音高范围

音高范围指基频的范围，对音高范围的测量一般使用基频最高值与最低值之差，通常以半音为单位。李爱军（2005）指出半音是适于反映心理—声学的对应关系的语调研究单位。

从赫兹到半音转换的计算公式为：

$$St = 12 * \lg (f/fr) / \lg 2$$

（其中"f"表示需要转换的赫兹数值，"fr"表示参考频率，设为 64 赫兹）

我们利用 Praat 软件提取 12 名受试朗读中一般疑问句的基频最高值和基频最低值，然后将基频最高值与最低值之差转换成半音，再利用 SPSS20.0 软件对两组受试的基频最高值与最低值之差进行独立样本 t 检验。学习者音高范围的平均值为 12.4St，本族语者音高范围的平均值为 19.69St，两者具有显著差异（$p = 0.045 < 0.05$）。这说明本族语者在产出一般疑问句时音高范围比学习者大。

Keating & Kuo（2012）对美式英语以及汉语的基频进行对比后发现，美式英语的音高水平更低，音高范围更窄。而在本研究中，学习者英语朗读的音高水平低于本族语者，且音高范围更窄，说明学习者没有受到母语的影响，而表现出中介语特征，即二语特征。前人的研究结果发现，二语学习者的语调与本族语者相比表现出调域窄、音高变化小的特点（Backman 1979；Willems 1982；Ullakonoja 2007；Busà & Urbani 2011；Zimmerer et al. 2014），这与本研究结果一致。

五 结语

本研究从音系表征和语音实现两个层面对中国英语水平较高的学习者朗读的一般疑问句的语调与本族语者的语调进行对比分析，结果发现大多数学习者在一般疑问句句末用升调来表达疑问语气，说明她们已经习得了英语一般疑问句语调的音系属性。但与本族语者相比，学习者表现出音高水平低、调域窄的特点，说明她们尚未习得其语音属性，这与之前国外研究者提出的二语学习者先习得语调的音系属性，再习得语音属性相吻合（Mennen 1999，2004；Ueyama 1997）。

从以上对英语学习者语调的音系表征及语音实现的分析可以看出，学习者可能在音系层面已经习得了英语一般疑问句的语调，但在语音实现上与本族语者还存在不同，这与国内语音教学中存在的"重音轻调"现象有关系。教师自身缺乏英语语调理论知识，在语音教学时会忽略语调教学，认为随着学生英语水平的提升，处理语调的能力自然也会提高。这就需要教师在今后的教学中加强对语调教学的重视，通过对英语语调理论的讲授与学习，对英汉两种语调体系的对比和分析，帮助学生增强语调学习的意识，并引导学生关注自身语调与本族语者语调的细微差别，使自己的语调不仅调似，而且做到形似，更接近本族语者。另外，在语调教学中，教师往往采用理论指导和模仿实践相结合的方式，但学生还是会对在哪里降或在哪里升，降多少或升多少感到很疑惑，因此教师可以尝试使用可视化手段进行语调教学。通过运用语音分析软件，在电脑屏幕上展示声学频谱图、音高曲线以及音高、音强、音长等参数，使学生更直观地观察到自己的语调与母语者的语调之间的差异，在听到语音语调的同时能看到语调曲拱的形态，帮助学生更准确地模仿本族语者的语音语调。这种声像并茂的语言教学环境不仅使英语语音教学手段多样化，还能让学生注意以前没有注意过的语调问题，能更有效地帮助学生通过练习使自己的语调接近本族语者。

需要指出的是，本研究选取的中国学生均为英语水平较高的学习者，她们的语音水平也较高，因此她们也许已经克服了语调习得中的一些问题。今后的研究可以对英语水平不同的学习者之间的语调进行对比研究，以便发现哪些问题是学习者随着语言水平的提高可以解决的，而哪些问题却可能石化，始终存在。此外，还可以对学习者产出的不同句型的语调进行比较，从而发现哪些句型的语调学习者容易掌握，而哪些句型的语调对于学习者而言难度很大，需要教师在教学中加强训练。值得注意的是，本研究的样本数量有限，今后的研究可以加大样本量，做进一步深入的研究。

参考文献

Anderson－Hsieh, J., R. Johnson & K. Koehler. 1992. The relationship between native speaker judgments of nonnative pronunciation and deviance in segmentals, prosody, and syllable structure, *Language Learning* (4): 529-555.

Backman, N. 1979. Intonation errors in second language pronunciation of eight Spanish-speaking adults learning English, *Interlanguage Studies Bulletin* (2): 239-266.

Beckman, M. E. & J. B. Pierrehumbert. 1986. Intonational structure in English and Japanese, *Phonology Yearbook* (3): 255-309.

Busà, M. & M. Urbani. 2011. A cross linguistic analysis of pitch range in English L1 and L2, In Proceedings of the 17th ICPhS. Hong Kong.

Crystal, D. 1969. *Prosodic Systems and Intonation in English*, Cambridge: Cambridge University Press.

Cutler, A. 1984. Stress and accent in language production and understanding, In D. Gibbon & H. Richter (eds.). *Intonation, Accent and Rhythm: Studies in Discourse Phonology*, Berlin: Walter de Gruyter.

Derwing, T. M. & M. J. Munro. 2005. Second language accent and pronunciation teaching: A research-based approach, *TESOL Quarterly* (3): 379-397.

Fear, B. D., A. Cutler. & S. Butterfield. 1995. The strong/weak syllable distinction in English, *Journal of the Acoustic Society of America* (3): 1893-1904.

Gimson, A. C. 1980. *An Introduction to the Pronunciation of English*, London: Edward Arnold.

Graham, C. & B. Post. 2018. Second language acquisition of intonation: Peak alignment in American English, *Journal of Phonetics* 66: 1-14.

Gussenhoven, C. 2004. *The Phonology of Tone and Intonation*, Cambridge: Cambridge University Press.

Jun, S. & M. Oh. 2000. Acquisition of second language intonation, *Proceedings of International Conference on Spoken Language Processing*. Beijing.

Kainada, E. & A. Lengeris. 2015. Native language influences on the production of second-language prosody, *Journal of the International Phonetic Association* (3): 269-287.

Keating, P. & G. Kuo. 2012. Comparison of speaking fundamental frequency in English and Mandarin, *Journal of the Acoustical Society of America* (2): 1050-1060.

Kingdon, R. 1958. *The Groundwork of English Intonation*, London: Longmans.

Ladd, D. R. 2008. *Intonational Phonology*, Cambridge: Cambridge University Press.

Mennen, I. 1999. *Second Language Acquisition of Intonation: The Case of Dutch Near-native Speakers of Greek*, Edinburgh: University of Edinburgh.

Mennen, I. 2004. Bi-directional interference in the intonation of Dutch speakers of Greek, *Journal of Phonetics* (4): 543-563.

Munro, M. J. & T. M. Derwing. 1995. Foreign accent, comprehensibility, and intelligibility in the speech of second language learners, *Language Learning* (1): 73-97.

O'Connor, J. D. & G. F. Arnold. 1973. *Intonation of Colloquial English* (2nd Edition), London: Longman Group Ltd.

Pierrehumbert, J. B. 1980. *The Phonology and Phonetics of English Intonation*, MIT: Massachusetts Institute of Technology.

Ueyama, M. 1997. The phonology and phonetics of L2 intonation: The case of Japanese English, *Proceedings of the 5th European Speech Conference*. Rhodes.

Ueyama, M. & S. Jun. 1998. Focus realization in Japanese English and Korean English intonation, *Japanese and Korean Linguistics* (7): 629-645.

Ullakonoja, R. 2007. Comparison of pitch range in Finnish (L1) fluency and Russian (L2), *Proceeding of the 16th ICPhS*. Saarbrücken.

Urbani, M. 2012. Pitch range in L1/L2 English. An analysis of f0 using LTD and linguistic measures, in M. Busà & A. Stella (eds.). *Methodological Perspectives on L2 prosody*. Padova: Cleup.

Willems, N. 1982. *English Intonation from a Dutch Point of View*, Dordrecht: Foris Publications.

Zimmerer, F., J. Jügler, B. Andreeva, B. Möbius & J. Trouvain. 2014. Too cautious to vary more? A comparison of pitch variation in native and non-native productions of French and German speakers, *The 7th Speech Prosody Conference*. Dublin.

毕冉:《学习者英语疑问句韵律特征的句法——语用界面研究》,《浙江外国语学院学报》2017年第4期。

陈虎:《语调音系学与AM理论综论》,《当代语言学》2008年第4期。

陈桦：《英语专业学生口语中的否定表达的韵律特征——一项基于SECCL的研究》，《解放军外国语学院学报》2005年第2期。

陈桦：《中国学生朗读口语中的英语调型特点研究》，《现代外语》2006年第4期。

陈桦：《中国学生英语朗读中的调群切分模式》，《外语教学与研究》2006年第5期。

陈桦：《中国学生英语语调模式研究》，上海外语教育出版社2008年版。

高薇：《中国英语学习者朗读口语中基于音高和音强的突显实现特点研究》，《外语与外语教学》2013年第1期。

洪薇：《中国学生英语语调格局实验研究》，博士学位论文，南开大学，2012年。

纪晓丽：《中国英语学习者的语调习得——一项基于实验语音学的实证研究》，硕士学位论文，浙江大学，2010年。

蒋红柳：《大学英语专业学生语调学习效果探讨——语音实验案例研究》，《中国外语》2012年第2期。

李爱军：《语调研究中心理和声学等价单位》，《声学技术》2005年第3期。

林茂灿：《汉英语调的异同和对外汉语语调教学——避免"洋腔洋调"之我见》，《国际汉语教学研究》2015年第3期。

马秋武：《汉语普通话语调语音系描写初探》，博士学位论文，天津师范大学，1988年。

孟小佳、王红梅：《中国英语学习者朗读口语的边界调模式研究》，《外语教学与研究》2009年第6期。

田朝霞：《英语口语语篇中的调核位置与信息焦点》，《外语与外语教学》2005年第4期。

杨军：《中国大学生英语朗读中的语调短语划分不当》，《现代外语》2006年第4期。

于珏：《中国学生英语朗读节奏模式研究——以母语为杭州话的学习者为例》，博士学位论文，浙江大学，2013年。

The Phonological Representation and Phonetic Implementation of Chinese EFL Learners' Intonation in English Polar Questions

Liu Dan

Abstract: The study examines the acquisition of English intonation by L1

Mandarine speakers within the autosegmental-metrical theory. The phonology (underlying tonal sequence) and phonetics (actual realization) of intonation in English polar questions produced by 6 native speakers of American English and 6 advanced English learners are compared. The results show that with respect to tonal events, most English learners use a native-like contour shape with L* as pitch accent and H% as boundary tone, which might be attributed to L1 transfer. Regarding phonetic realization, English learners have lower pitch level and narrower pitch range than native English speakers, which is not the result of L1 pitch span transfer, but the adoption of interlanguage forms.

Key words: Intonation; Phonological representation; Phonetic implementation